Oltre i Confini Digitali: La Trasformazione dei ChatGPT Millionaires

Strategie Avanzate, Impatti Etici e Percorsi di Successo nel Nuovo Panorama del Reddito Online

Simone Ercolani

1. **La storia di ChatGPT Millionaire**: Raccontare la storia di persone che sono diventate milionarie utilizzando ChatGPT e altre risorse online, esemplificando il potenziale di questo fenomeno.

2. **Come funziona ChatGPT per generare reddito**: Spiegare in dettaglio come funziona ChatGPT per generare entrate, inclusi esempi pratici e strategie efficaci.

3. **Le basi della scrittura persuasiva**: Esaminare le tecniche di scrittura persuasiva utilizzate per massimizzare le entrate con ChatGPT, inclusi suggerimenti su come scrivere testi coinvolgenti e convincenti.

4. **Strategie avanzate di utilizzo di ChatGPT**: Approfondire le strategie avanzate per sfruttare appieno le potenzialità di ChatGPT e massimizzare i profitti.

5. **Diversificazione delle fonti di reddito online**: Esplorare altre fonti di reddito online complementari a ChatGPT, come il content writing, l'affiliazione, la creazione di prodotti digitali, ecc.

6. **Costruzione di una presenza online efficace**: Fornire consigli su come costruire una presenza online solida e autorevole per massimizzare le opportunità di guadagno.

7. **Il ruolo dei social media**: Esaminare il ruolo dei social media nella generazione di reddito online e come integrarli efficacemente nella strategia complessiva.

8. **Automatizzazione e scalabilità**: Discutere di strumenti e strategie per automatizzare i processi e scalare l'attività online per massimizzare i guadagni.

9. **Gestione del tempo ed efficienza**: Offrire consigli pratici su come gestire il tempo in modo efficiente per massimizzare la produttività e i profitti.

10. **Affrontare le sfide e le difficoltà**: Esplorare le sfide e le difficoltà che gli aspiranti ChatGPT Millionaires potrebbero affrontare lungo il percorso e come superarle con successo.

11. **Lavoro in remoto e stile di vita flessibile**: Esaminare i vantaggi del lavoro in remoto e del conseguente stile di vita flessibile che la generazione di reddito online può offrire.

12. **Il ruolo dell'istruzione e dell'apprendimento continuo**: Sottolineare l'importanza dell'istruzione continua e del miglioramento personale nel raggiungimento del successo come ChatGPT Millionaire.

13. **Storie di successo di ChatGPT Millionaires**: Condividere storie ispiratrici di persone comuni che sono diventate milionarie utilizzando ChatGPT e altre risorse online.

14. **Etica e responsabilità**: Esaminare l'importanza dell'etica e della responsabilità nell'utilizzo di ChatGPT e nella generazione di reddito online in generale.

15. **Risorse utili e strumenti**: Fornire una lista di risorse utili, strumenti e piattaforme online che

possono aiutare i lettori a avviare e gestire con successo la propria attività online.

16. **Analisi del mercato e trend futuri**: Discutere delle tendenze attuali e future nel settore della generazione di reddito online e come i ChatGPT Millionaires possono adattarsi e capitalizzare su di esse.

17. **Consigli finanziari e gestione del denaro**: Offrire consigli pratici su come gestire saggiamente i guadagni online, investire in modo intelligente e pianificare per il futuro finanziario.

18. **Comunità e networking**: Esplorare il valore delle comunità online e del networking nel supporto e nell'ispirazione reciproca tra gli aspiranti ChatGPT Millionaires.

19. **Conclusioni e prospettive future**: Riassumere le principali lezioni apprese e fornire prospettive future sul futuro dei ChatGPT Millionaires e del reddito online.

20. **Conclusioni e prospettive future:** Riassumi le principali lezioni apprese e offri una visione del futuro dei "ChatGPT Millionaires" e del panorama del reddito online, incoraggiando i lettori a prendere l'iniziativa e perseguire i loro obiettivi.

1. Introduzione al fenomeno ChatGPT Millionaire: Spiegare cosa significa diventare un "ChatGPT Millionaire" e come questo concetto si inserisce nel contesto della generazione di reddito online.

L'introduzione al fenomeno dei "ChatGPT Millionaires" inizia con la comprensione di cosa significa effettivamente diventare un milionario grazie all'utilizzo di ChatGPT nel contesto della generazione di reddito online. Questo concetto si basa sull'idea che individui o imprenditori possano utilizzare la tecnologia dell'intelligenza artificiale, in particolare ChatGPT di OpenAI, per creare nuove opportunità di business, ottimizzare processi esistenti o creare contenuti di valore che possano tradursi in significative entrate monetarie.

Diventare un "ChatGPT Millionaire" non significa semplicemente guadagnare milioni di dollari in modo passivo grazie a un singolo utilizzo innovativo di ChatGPT. Piuttosto, implica un processo attraverso il quale un individuo sfrutta le capacità uniche di ChatGPT per identificare nicchie di mercato, creare prodotti o servizi innovativi, ottimizzare le strategie di marketing digitale, produrre contenuti ad alto valore aggiunto o migliorare l'efficienza operativa di un'attività esistente. In sostanza, i "ChatGPT Millionaires" sono imprenditori digitali che hanno capito come utilizzare le capacità di elaborazione del linguaggio naturale e di generazione di contenuti di ChatGPT per servire, ingaggiare e monetizzare il loro pubblico in modi precedentemente inimmaginabili.

Questo fenomeno si inserisce nel contesto più ampio della generazione di reddito online, che include una vasta gamma di attività come il blogging, il marketing di affiliazione, la vendita di prodotti digitali o fisici, l'offerta di corsi online e molto altro. La novità rappresentata da ChatGPT e dalle tecnologie IA correlate sta nella loro capacità di automatizzare, personalizzare e scalare queste attività a livelli che erano difficili o impossibili da raggiungere con le risorse umane da sole.

Il concetto di diventare un "ChatGPT Millionaire" riflette anche un cambiamento nel modo in cui pensiamo al lavoro, alla creatività e all'impresa. Dimostra come le tecnologie emergenti possono essere sfruttate non solo per migliorare l'efficienza, ma anche per aprire nuovi orizzonti di opportunità economiche. Sottolinea l'importanza dell'innovazione, dell'adattabilità e della conoscenza tecnologica come competenze chiave nel panorama economico digitale moderno.

In questo contesto, il libro mira a esplorare come individui di diversi background e con diverse competenze abbiano sfruttato ChatGPT per creare nuove fonti di reddito, affrontare le sfide del mercato digitale, e alla fine costruire imprese di successo che hanno generato milioni di dollari. Attraverso esempi pratici, storie di successo, e approfondimenti strategici, i lettori potranno capire non solo cosa significhi diventare un "ChatGPT Millionaire", ma anche come possono applicare questi principi e tecniche alla loro situazione per perseguire i propri obiettivi di reddito online.

Nel cuore del fenomeno dei "ChatGPT Millionaires" giace una trasformazione fondamentale nel modo in cui l'innovazione tecnologica sta rimodellando le opportunità economiche. Questo movimento non è soltanto una testimonianza della potenza dell'intelligenza artificiale, ma anche del cambiamento radicale nelle dinamiche del lavoro, dell'impresa e della creatività nel mondo digitale. Gli individui che riescono a navigare con successo in questo paesaggio emergente non si limitano a sfruttare una nuova tecnologia; stanno ridefinendo cosa significa essere imprenditori nel XXI secolo.

Alla base di questo fenomeno c'è l'accessibilità senza precedenti e la potenza computazionale di strumenti come ChatGPT. Con pochi clic e una conoscenza di base, gli utenti possono accedere a un assistente dotato di intelligenza artificiale in grado di generare testi che vanno da articoli di blog a codici software, da contenuti di marketing a poesie e racconti. Questo livello di accessibilità apre la porta a un'ampia gamma di applicazioni commerciali, democratizzando l'innovazione e offrendo a un numero sempre maggiore di persone la possibilità di trasformare idee creative in imprese redditizie.

Tuttavia, il successo nel diventare un "ChatGPT Millionaire" richiede più della semplice capacità di utilizzare l'intelligenza artificiale per creare contenuti. Implica un approccio strategico alla risoluzione dei problemi e all'identificazione delle opportunità di mercato. Gli imprenditori di successo in questo campo usano ChatGPT non solo come uno strumento per automatizzare la creazione di contenuti, ma come un partner nel brainstorming di idee, nella prototipazione rapida di prodotti e nella personalizzazione delle esperienze dei clienti. Questo uso strategico dell'IA permette loro di testare rapidamente diverse idee di business, ottimizzare le strategie di marketing e affinare i loro prodotti o servizi in base al feedback del mercato, il tutto a una velocità e con una scala che sarebbero state impensabili senza questa tecnologia.

Un aspetto cruciale del diventare un "ChatGPT Millionaire" è la capacità di anticipare e adattarsi alle mutevoli aspettative dei consumatori. Nel contesto digitale attuale, caratterizzato da una competizione acerrima e da un'evoluzione costante delle piattaforme e degli strumenti, comprendere e prevedere le esigenze del proprio pubblico diventa un fattore chiave di successo. Qui, ChatGPT può offrire un vantaggio unico, permettendo agli imprenditori di sperimentare con diversi tipi di contenuto, toni di voce e messaggi di marketing per scoprire ciò che risuona di più con il loro target di riferimento.

Inoltre, il concetto di "ChatGPT Millionaire" incorpora un elemento di scalabilità che è fondamentale per la generazione di reddito online. Utilizzando l'IA per automizzare parti del processo produttivo, gli imprenditori possono dedicare più tempo e risorse all'espansione del loro business, esplorando nuovi mercati e niches, e costruendo sistemi che consentono alla loro impresa di crescere oltre i limiti tradizionali delle operazioni gestite manualmente. Questa scalabilità non si limita alla produzione di contenuti, ma si estende alla gestione del cliente, all'analisi dei dati e al marketing, creando un ecosistema di business integrato che può adattarsi e crescere in modo dinamico.

La narrazione intorno ai "ChatGPT Millionaires" è anche una storia di resilienza e innovazione. Mentre emergono nuove tecnologie, così fanno le sfide, dalle questioni etiche legate all'uso dell'IA nella generazione di contenuti, alla navigazione nelle complesse normative che governano la proprietà intellettuale e la privacy dei dati. Gli imprenditori che riescono in questo ambiente non solo devono essere tecnologicamente competenti, ma anche eticamente consapevoli, capaci di navigare in queste acque complesse mantenendo l'integrità del loro lavoro e rispettando i diritti e le aspettative dei loro utenti.

In conclusione, diventare un "ChatGPT Millionaire" rappresenta l'apice di un viaggio che intreccia insieme tecnologia, creatività, strategia di business e innovazione etica. È un percorso che richiede più della mera capacità di utilizzare uno strumento potente; richiede una visione per identificare nuove opportunità, la resilienza per superare le sfide e l'impegno per costruire qualcosa di valore duraturo nel rapido e sempre cambiante panorama del reddito online.

Nell'esplorare ulteriormente il fenomeno dei "ChatGPT Millionaires", è fondamentale considerare l'impatto dell'evoluzione tecnologica sulla società e sulle economie globali. Questa rivoluzione digitale, con l'IA come uno dei suoi pilastri, sta ridefinendo non solo le professioni esistenti, ma sta anche creando interamente nuove categorie di lavoro e opportunità di business. In questo contesto, la figura del "ChatGPT Millionaire" emerge come simbolo di un nuovo tipo di imprenditorialità, una che abbraccia pienamente le potenzialità dell'intelligenza artificiale per innovare, ottimizzare e scalare.

Una componente chiave del successo nell'era di ChatGPT è la capacità di adattarsi rapidamente. L'ambiente online è notoriamente fluido, con tendenze che emergono e svaniscono con velocità vertiginosa. I "ChatGPT Millionaires" spiccano per la loro agilità nel navigare in questo paesaggio in costante mutamento, utilizzando strumenti basati sull'IA per anticipare i cambiamenti del mercato e adattare le loro strategie di conseguenza. Questa capacità di adattamento si estende oltre la mera reattività; implica anche un approccio proattivo nell'innovare e nel definire nuove tendenze, stabilendo così i "ChatGPT Millionaires" come pionieri nei loro rispettivi campi.

Oltre alla flessibilità e all'innovazione, la rete globale gioca un ruolo cruciale nel successo dei "ChatGPT Millionaires". L'interconnessione del mondo digitale significa che le idee, i prodotti e i servizi possono raggiungere un pubblico globale con una facilità senza precedenti. Gli imprenditori che sfruttano ChatGPT hanno a disposizione un mercato vasto e diversificato, che permette una segmentazione e una personalizzazione estreme nelle strategie di marketing e comunicazione. Ciò si traduce in una capacità unica di creare messaggi altamente mirati che risuonano profondamente con specifici gruppi di consumatori, massimizzando l'engagement e le conversioni.

In questo scenario, emerge anche l'importanza del valore e dell'autenticità. Nonostante l'automazione e l'efficienza offerte dall'intelligenza artificiale, i consumatori cercano connessioni autentiche e contenuti che riflettano un genuino valore aggiunto. I "ChatGPT Millionaires" riescono a trovare il giusto equilibrio tra l'uso dell'IA per scalare le loro operazioni e il mantenimento di un tocco umano nei loro prodotti, servizi e comunicazioni. Questo approccio bilanciato garantisce che, mentre sfruttano le tecnologie più avanzate per ottimizzare la loro efficienza, non perdono di vista l'importanza di costruire relazioni significative con il loro pubblico.

L'aspetto della sostenibilità del business è un altro tema cruciale per i "ChatGPT Millionaires". Nell'entusiasmo per le possibilità offerte dall'IA, è essenziale non trascurare i fondamenti di una gestione aziendale solida e responsabile. Questo include tutto, dalla conformità normativa e la protezione dei dati personali, fino alla creazione di modelli di business etici e sostenibili a lungo termine. In questo senso, i "ChatGPT Millionaires" non sono solo visionari tecnologici, ma anche leader nel pensare a come le imprese possono operare in modo responsabile nell'era digitale, contribuendo positivamente alla società e all'ambiente.

In conclusione, il concetto di "ChatGPT Millionaire" incapsula una gamma complessa e interconnessa di competenze, strategie e valori. Mentre ci avventuriamo ulteriormente nell'era dell'intelligenza artificiale, i principi che guidano il successo dei "ChatGPT Millionaires" – innovazione, adattabilità, autenticità, connessione globale e responsabilità – offrono preziose intuizioni non solo per gli aspiranti imprenditori digitali, ma per chiunque sia interessato a capire e navigare nel futuro del lavoro e del business nell'era dell'informazione.

La dimensione educativa e di apprendimento continuo rappresenta un pilastro fondamentale nel percorso verso il diventare un "ChatGPT Millionaire". In un'era caratterizzata da rapidi cambiamenti tecnologici e dall'evoluzione costante del mercato digitale, l'istruzione non è più un traguardo da raggiungere, ma un viaggio senza fine. Per coloro che aspirano a sfruttare al massimo le potenzialità di ChatGPT, diventa cruciale immergersi in un processo di apprendimento continuo, che non solo abbracci le nuove tecnologie ma anche le strategie di business, i principi di marketing digitale, e le pratiche etiche nell'uso dell'intelligenza artificiale.

Questo approccio all'apprendimento va oltre la semplice acquisizione di conoscenze tecniche. Si tratta di coltivare una mentalità di crescita che permetta di navigare attraverso l'incertezza e l'ambiguità, caratteristiche intrinseche dell'economia digitale. Per i "ChatGPT Millionaires", imparare a imparare diventa una competenza chiave, permettendo loro di adattarsi rapidamente ai nuovi sviluppi, di anticipare le tendenze e di innovare costantemente i loro modelli di business in risposta alle esigenze emergenti del mercato.

Allo stesso tempo, l'importanza della rete e del mentorship è inestimabile. La comunità globale online offre opportunità senza precedenti per la condivisione di conoscenze e per l'apprendimento collaborativo. Le piattaforme social, i forum online, i webinar, i podcast e i corsi online si sono rivelati risorse preziose per gli imprenditori che cercano di ampliare le loro competenze e di rimanere al passo con i cambiamenti. In questo contesto, i "ChatGPT Millionaires" spesso emergono come mentori e leader di pensiero, condividendo le loro esperienze e lezioni apprese per ispirare e guidare la prossima generazione di imprenditori digitali.

La questione dell'accesso alle risorse gioca un ruolo critico in questo paesaggio educativo. Sebbene internet offra una ricchezza di informazioni gratuitamente o a basso costo, la capacità di discernere tra contenuti di alta qualità e informazioni fuorvianti o obsolete diventa una competenza fondamentale. In questo senso, i "ChatGPT Millionaires" devono diventare esperti non solo nel trovare risorse, ma anche nel valutarle criticamente, assicurandosi che le informazioni e le strategie che adottano siano basate su fonti affidabili e aggiornate.

Parallelamente all'acquisizione di conoscenze, la dimensione pratica dell'apprendimento assume un'importanza critica. L'applicazione concreta delle competenze acquisite attraverso ChatGPT e altre tecnologie di intelligenza artificiale offre la possibilità di testare in tempo reale le strategie di business, di marketing e di comunicazione. Questo apprendimento basato sull'azione permette agli imprenditori di iterare rapidamente i loro approcci, di affinare le loro offerte e di sviluppare una profonda comprensione delle dinamiche del mercato. In questo modo, il ciclo di apprendimento si trasforma in un processo dinamico di sperimentazione, feedback e adattamento, che è essenziale per il successo nell'economia digitale.

In conclusione, la traiettoria verso il diventare un "ChatGPT Millionaire" è intrecciata con la continua evoluzione personale e professionale. Si tratta di un percorso che richiede una dedizione all'apprendimento senza fine, un impegno verso l'innovazione etica e responsabile, e una volontà di collaborare e condividere conoscenze all'interno di una comunità globale. Questi principi non solo definiscono il successo nel contesto della generazione di reddito online, ma offrono anche intuizioni preziose per qualsiasi individuo che aspiri a navigare con successo nel complesso e in continua evoluzione panorama digitale del XXI secolo.

Concludere l'esplorazione del fenomeno dei "ChatGPT Millionaires" richiede di intrecciare insieme le molteplici dimensioni che abbiamo esaminato, delineando un quadro complessivo che catturi l'essenza e le sfumature di questo concetto innovativo nel contesto della generazione di reddito online.

Alla base del successo dei "ChatGPT Millionaires" vi è un profondo apprezzamento per il potenziale trasformativo dell'intelligenza artificiale, in particolare delle capacità avanzate offerte da ChatGPT. Questi pionieri digitali hanno riconosciuto e sfruttato la potenza di queste tecnologie per rivoluzionare una vasta gamma di attività, dalla creazione di contenuti all'ottimizzazione dei processi aziendali, dal marketing personalizzato allo sviluppo di nuovi prodotti e servizi. Tuttavia, la loro visione va oltre il mero utilizzo tecnologico; comprende un approccio olistico che integra innovazione, strategia di business, e sensibilità etica e sociale.

Il percorso verso il diventare un "ChatGPT Millionaire" è
caratterizzato da un impegno ininterrotto all'apprendimento e
all'adattamento. In un mondo digitale in rapida evoluzione,
l'aggiornamento costante delle proprie conoscenze e competenze
diventa essenziale. Questo apprendimento continuo si estende
ben oltre la tecnologia IA, abbracciando le migliori pratiche del
marketing digitale, le strategie di business innovative, e
l'importanza di costruire relazioni autentiche con il proprio
pubblico. Inoltre, la capacità di valutare criticamente le
informazioni, di discernere tra tendenze effimere e cambiamenti
di fondo, e di applicare eticamente le tecnologie emergenti,
rappresenta una competenza fondamentale.

L'ascesa dei "ChatGPT Millionaires" segnala anche un
cambiamento più ampio nelle dinamiche del lavoro e
dell'impresa nel XXI secolo. Illustra come la creatività,
l'innovazione e l'imprenditorialità possono essere potenziate
attraverso l'uso intelligente e strategico delle tecnologie. Allo
stesso tempo, pone l'accento sull'importanza di una mentalità
globale, capace di navigare e trarre vantaggio da un mercato
interconnesso, e sull'essenzialità di pratiche di business
sostenibili e responsabili che rispettino sia gli individui sia
l'ambiente.

Infine, il fenomeno dei "ChatGPT Millionaires" esemplifica il
potere dell'educazione, della comunità e del networking.
Attraverso la condivisione di conoscenze, esperienze e risorse,
questi imprenditori non solo accelerano il proprio successo, ma
contribuiscono anche a plasmare un ecosistema digitale più
inclusivo e accessibile. Essi dimostrano che, mentre
l'intelligenza artificiale può offrire strumenti straordinari, il vero
potenziale per la trasformazione risiede nell'innovazione umana,
nella collaborazione e nel continuo impegno verso l'eccellenza.

Concludendo, diventare un "ChatGPT Millionaire" non è
semplicemente una questione di raggiungere un certo livello di
reddito attraverso l'uso di una tecnologia avanzata. È, piuttosto,

un viaggio complesso e multifacettato che incarna l'intersezione tra tecnologia, creatività, impegno etico e visione imprenditoriale. È una testimonianza di come, nell'era digitale, l'innovazione guidata da principi e l'adattabilità possano aprire nuove frontiere di opportunità economiche e personale realizzazione.

2. La storia di ChatGPT Millionaire: Raccontare la storia di
persone che sono diventate milionarie utilizzando ChatGPT e
altre risorse online, esemplificando il potenziale di questo
fenomeno.

La storia dei "ChatGPT Millionaires" è un mosaico di traiettorie
personali e professionali, ciascuna illustrando l'incredibile
potenziale delle tecnologie di intelligenza artificiale nel
trasformare idee innovative in realtà imprenditoriali di
successo. Benché le storie specifiche di individui che hanno
raggiunto il milionario grazie a ChatGPT siano inventate per
motivi di privacy e praticità, i concetti e le strategie descritti
riflettono le reali possibilità offerte dalla combinazione di
intelligenza artificiale e imprenditorialità digitale.

Una di queste storie potrebbe essere quella di Elena,
un'appassionata di scrittura creativa che ha scoperto in ChatGPT
un partner in grado di superare il blocco dello scrittore.
Inizialmente, Elena utilizzava ChatGPT per generare idee per
racconti e romanzi. Con il tempo, però, ha iniziato a
sperimentare con la creazione di contenuti più diversificati,
come post per blog, articoli su tendenze tecnologiche e script per
video YouTube. La scoperta che i suoi contenuti generati con
l'assistenza di ChatGPT riscuotevano un successo sempre
maggiore online l'ha portata a lanciare una piattaforma di
content writing che offriva servizi di scrittura creativa,
copywriting e generazione di contenuti SEO-ottimizzati per
aziende e imprenditori digitali. Il suo business si è espanso
rapidamente, trasformando quella che era iniziata come una
passione in una fiorente impresa online che le ha permesso di
diventare una "ChatGPT Millionaire".

Un altro esempio potrebbe essere quello di Marco, un developer
software con una forte passione per l'educazione. Marco ha
utilizzato ChatGPT per sviluppare un'applicazione di tutoring
personalizzato che offre aiuto nei compiti e preparazione agli

esami per studenti di tutte le età. Integrando ChatGPT per generare spiegazioni dettagliate, domande di pratica e feedback sugli esercizi, Marco ha creato un'esperienza di apprendimento altamente personalizzata che si adatta al ritmo e allo stile di apprendimento di ciascun utente. La sua startup è diventata rapidamente popolare tra studenti, genitori e scuole, attirando investimenti significativi e permettendogli di entrare nel club dei "ChatGPT Millionaires".

Vi è poi la storia di Sofia, un'esperta di marketing digitale che ha visto il potenziale di ChatGPT nel trasformare il modo in cui le aziende interagiscono con i loro clienti. Sofia ha fondato una startup che utilizza ChatGPT per creare chatbot personalizzati per l'assistenza clienti, il marketing e le vendite. I suoi chatbot sono stati progettati per offrire un'esperienza utente conversazionale naturale e coinvolgente, migliorando l'efficienza del servizio clienti e aumentando le conversioni. Il successo della sua impresa l'ha portata a collaborare con marchi internazionali, cementando la sua posizione come una "ChatGPT Millionaire".

Queste storie, sebbene fittizie, illustrano come ChatGPT e altre risorse online possano servire da catalizzatori per l'innovazione e la creazione di valore. I "ChatGPT Millionaires" rappresentano una nuova generazione di imprenditori che hanno saputo cogliere le opportunità offerte dall'avanzamento tecnologico per risolvere problemi reali, soddisfare bisogni inesplorati e creare nuove nicchie di mercato. La loro esperienza sottolinea l'importanza della creatività, della visione imprenditoriale e della capacità di sfruttare strategicamente le tecnologie emergenti per trasformare le sfide del mondo digitale in opportunità di successo e realizzazione personale.

Nell'orbita dei "ChatGPT Millionaires", si colloca anche la figura di Luca, un innovatore nel settore dell'e-commerce. Riconoscendo l'importanza di personalizzare l'esperienza di acquisto online per aumentare le vendite, Luca ha integrato ChatGPT nelle piattaforme e-commerce per creare descrizioni di prodotto altamente dettagliate e personalizzate, basate sulle preferenze e sul comportamento di acquisto dei clienti. Questo approccio ha rivoluzionato il modo in cui i clienti interagiscono con i prodotti online, trasformando la navigazione e la ricerca in un'esperienza conversazionale guidata dall'AI. La startup di Luca è cresciuta esponenzialmente, attirando l'attenzione di importanti investitori e rivoluzionando l'industria dell'e-commerce con soluzioni basate sull'intelligenza artificiale, portandolo a diventare un altro esemplare "ChatGPT Millionaire".

Un'altra storia è quella di Chiara, un'esperta in analisi dei dati e machine learning, che ha visto nel ChatGPT una straordinaria opportunità per migliorare il processo decisionale aziendale. Utilizzando ChatGPT in combinazione con algoritmi di analisi predittiva, ha sviluppato una suite di strumenti di business intelligence che aiutano le aziende a comprendere meglio i modelli di comportamento dei clienti, prevedere le tendenze di mercato e prendere decisioni informate in tempo reale. La capacità di fornire insight azionabili con un'interfaccia conversazionale ha reso la sua soluzione estremamente popolare tra le aziende di varie dimensioni, permettendo a Chiara di accumulare una fortuna significativa e unirsi alle file dei "ChatGPT Millionaires".

Poi c'è la storia di Alex, un creativo nel campo dell'intrattenimento digitale, che ha utilizzato ChatGPT per generare sceneggiature per giochi interattivi e realtà virtuale. Con una passione per le storie coinvolgenti e un occhio per la tecnologia, Alex ha fondato uno studio di sviluppo che crea esperienze narrative immersive, dove le decisioni dei giocatori influenzano il corso della storia in modi complessi e imprevedibili. Questa fusione di narrazione e tecnologia ha catturato l'immaginazione di un vasto pubblico globale, trasformando lo studio di Alex in un leader di mercato nel settore dell'intrattenimento digitale e facendogli guadagnare il titolo di "ChatGPT Millionaire".

Infine, consideriamo l'impatto di Valentina, una visionaria nel campo dell'istruzione online. Valentina ha sfruttato ChatGPT per creare corsi online dinamici che si adattano allo stile di apprendimento e al ritmo di ogni studente. Attraverso l'utilizzo di moduli interattivi guidati dall'AI, gli studenti possono esplorare argomenti complessi con il supporto di tutor virtuali, ricevere feedback immediato sui compiti e partecipare a sessioni di apprendimento personalizzate. Questo modello innovativo di educazione online ha reso l'apprendimento più accessibile e coinvolgente per studenti di tutto il mondo, stabilendo Valentina come una pioniera nel settore dell'edu-tech e conferendole lo status di "ChatGPT Millionaire".

Questi esempi illustrano solo una frazione del vasto panorama di opportunità che ChatGPT e le tecnologie correlate offrono agli imprenditori di oggi. Ogni storia è unica, ma tutte condividono temi comuni di innovazione, adattabilità e la capacità di vedere oltre l'orizzonte tecnologico attuale. Mentre ChatGPT continua a evolversi, è certo che emergeranno nuove storie di successo, ampliando la definizione di cosa significa essere un "ChatGPT Millionaire" nel contesto della nostra era digitale in continua espansione.

Incorporando ulteriormente la vastità e la diversità del fenomeno "ChatGPT Millionaire", incontriamo la storia di Giovanni, un pioniere nell'uso di ChatGPT per la consulenza aziendale. Riconoscendo la richiesta crescente di personalizzazione nelle strategie aziendali, Giovanni ha sviluppato una piattaforma di consulenza alimentata da ChatGPT, che fornisce consigli su misura per le imprese in base alla loro industria, dimensione e obiettivi specifici. La sua piattaforma utilizza l'intelligenza artificiale per analizzare grandi quantità di dati di mercato e tendenze industriali, offrendo poi strategie ottimizzate che guidano le aziende verso il successo. La sua iniziativa ha riscosso un tale successo che ha non solo rivoluzionato il campo della consulenza ma lo ha anche posizionato come una figura di spicco tra i "ChatGPT Millionaires".

Parallelamente, incontriamo Beatrice, che ha trasformato la sua passione per il benessere e la salute mentale in una piattaforma online innovativa. Utilizzando ChatGPT, ha creato un assistente virtuale per il benessere che offre supporto psicologico e consigli su misura 24 ore su 24, 7 giorni su 7. Questo servizio si basa sull'interazione personale e sulla privacy, fornendo agli utenti un'esperienza confortante e personalizzata. La sua piattaforma è diventata un rifugio per coloro che cercano sostegno nel loro percorso di benessere, e il successo straordinario del suo progetto ha reso Beatrice una dei "ChatGPT Millionaires", cambiando la vita di molte persone nel processo.

Non meno impressionante è la traiettoria di Matteo, che ha sfruttato ChatGPT per creare una soluzione innovativa nel settore immobiliare. La sua piattaforma utilizza l'intelligenza artificiale per analizzare il mercato immobiliare, prevedendo le tendenze dei prezzi e suggerendo i migliori investimenti immobiliari basati su algoritmi sofisticati. Ciò che rende unica la sua offerta è la capacità di fornire analisi dettagliate e personalizzate che tengono conto delle preferenze e dei requisiti finanziari degli utenti. La sua visione e l'adozione precoce delle tecnologie IA nel settore immobiliare lo hanno portato a diventare un altro esemplare successo tra i "ChatGPT Millionaires", trasformando il modo in cui le persone investono in immobili.

Inoltre, la storia di Sofia dimostra il potere di ChatGPT nel mondo dell'arte digitale. Sofia ha fondato una galleria d'arte virtuale che utilizza ChatGPT per creare opere d'arte personalizzate basate sulle emozioni e le preferenze degli utenti. Questo approccio unico all'arte e alla creatività ha aperto nuove vie per l'espressione personale e ha reso l'arte più accessibile a un pubblico globale. La capacità di Sofia di fondere tecnologia e arte l'ha non solo stabilita come una leader innovativa nel suo campo ma l'ha anche resa una dei "ChatGPT Millionaires", celebrata per la sua capacità di connettere le persone attraverso l'arte digitale personalizzata.

Queste storie, pur essendo ipotetiche, illustrano la profondità e la varietà del potenziale imprenditoriale che ChatGPT sblocca. Dall'ottimizzazione delle operazioni aziendali alla fornitura di servizi personalizzati in settori tradizionalmente non tecnologici, ChatGPT sta ridefinendo le frontiere del possibile. I "ChatGPT Millionaires" sono al centro di questa trasformazione, dimostrando che con l'innovazione tecnologica, una solida comprensione del mercato e un pizzico di creatività, le possibilità sono praticamente illimitate. Mentre procediamo in questa era digitale, il concetto di "ChatGPT Millionaire" continuerà ad evolversi, offrendo nuove storie di successo e ispirando la prossima generazione di imprenditori a sognare in grande e innovare senza sosta.

Nel tessuto delle narrazioni che circondano i "ChatGPT Millionaires", troviamo anche la vicenda di Alessandro, un visionario nel settore della musica. Identificando la crescente domanda di personalizzazione nell'industria musicale, Alessandro ha utilizzato ChatGPT per sviluppare un'applicazione capace di comporre musica su misura basata sui gusti specifici degli ascoltatori. Questa piattaforma, alimentata da algoritmi di intelligenza artificiale, analizza le preferenze musicali degli utenti e genera brani unici che si adattano ai loro gusti personali. L'innovazione di Alessandro ha rivoluzionato il modo in cui le persone scoprono e interagiscono con la musica, trasformando il suo progetto in un fenomeno globale e guadagnandogli un posto tra i "ChatGPT Millionaires".

Altrettanto notevole è la storia di Francesca, che ha combinato la sua passione per la sostenibilità con le capacità di ChatGPT per creare un assistente virtuale dedicato all'educazione ambientale.

Questo strumento AI fornisce consigli personalizzati su come ridurre l'impronta ecologica attraverso scelte quotidiane sostenibili, promuovendo pratiche di vita eco-compatibili tra gli utenti. L'approccio innovativo di Francesca non solo ha aumentato la consapevolezza ambientale ma ha anche ispirato un movimento più ampio verso la sostenibilità, cementando la sua posizione come una visionaria "ChatGPT Millionaire" che utilizza la tecnologia per promuovere un cambiamento positivo.

Emergendo da un contesto completamente diverso, troviamo Daniele, un esperto in sicurezza informatica che ha visto un'opportunità unica in ChatGPT per l'educazione e la formazione sulla sicurezza cyber. Creando un programma di addestramento personalizzato che simula attacchi informatici e scenari di phishing, Daniele ha fornito alle aziende uno strumento efficace per preparare i loro dipendenti contro le minacce cyber. Questo approccio pratico e interattivo alla formazione sulla sicurezza ha reso le organizzazioni più resilienti agli attacchi informatici, rendendo Daniele un imprescindibile "ChatGPT Millionaire" nel campo della cybersecurity.

Infine, c'è la straordinaria iniziativa di Lara, una pioniera nel settore dei viaggi, che ha utilizzato ChatGPT per creare un servizio di pianificazione di viaggi personalizzati. La sua piattaforma utilizza l'intelligenza artificiale per progettare itinerari su misura che si adattano perfettamente alle preferenze e ai budget dei viaggiatori, trasformando il processo di pianificazione del viaggio in un'esperienza fluida e personalizzata. La capacità di Lara di innovare nel turismo, uno dei settori più colpiti dalla digitalizzazione, non solo ha rivitalizzato l'industria ma l'ha anche stabilita come una "ChatGPT Millionaire", pioniera di una nuova era di viaggi personalizzati.

Questi esempi illustrano la portata quasi illimitata di applicazioni di ChatGPT nell'innovazione e nella creazione di imprese. Dalla musica alla sicurezza informatica, dalla sostenibilità ai viaggi, i "ChatGPT Millionaires" sfruttano la tecnologia per sfidare lo status quo, rispondere a bisogni insoddisfatti e creare nuove possibilità che arricchiscono la società e l'economia. Man mano che ChatGPT e le tecnologie correlate continuano a evolversi, è probabile che vedremo emergere ancora più storie di trasformazione e successo, ognuna contribuendo alla comprensione collettiva di come l'intelligenza artificiale possa essere utilizzata per forgiare un futuro migliore.

Immersi nell'universo in continua espansione dei "ChatGPT Millionaires", scopriamo la figura di Simone, un innovatore nel campo dell'editoria digitale. Con un'intuizione acuta, Simone ha intuito il potenziale di ChatGPT nel reinventare il modo in cui le storie vengono raccontate e consumate. Ha creato una piattaforma editoriale che utilizza ChatGPT per generare narrazioni interattive, dove i lettori influenzano il corso della storia attraverso le loro scelte. Questa fusione tra letteratura e tecnologia ha aperto nuovi orizzonti nell'esperienza di lettura, attirando milioni di utenti affascinati dalla possibilità di immergersi in racconti che si adattano dinamicamente ai loro desideri. Simone è diventato un "ChatGPT Millionaire", pioniere di un nuovo genere di narrativa digitale che sfuma i confini tra autore e lettore.

Altrettanto innovativa è la storia di Giulia, che ha portato la rivoluzione dell'IA nel campo del fitness e del benessere personale. Identificando una lacuna nel mercato per allenamenti personalizzati accessibili da casa, Giulia ha sviluppato un'app che utilizza ChatGPT per creare sessioni di esercizi su misura per i suoi utenti, basate sui loro obiettivi di fitness, livello di esperienza e preferenze personali. L'app di Giulia, con la sua interfaccia conversazionale intuitiva, ha reso il fitness personale più accessibile ed efficace, guadagnandole un posto d'onore tra i

"ChatGPT Millionaires" per il suo contributo all'incrocio tra tecnologia e benessere.

Da non dimenticare è il contributo di Tommaso, che ha sfruttato ChatGPT per rivoluzionare il settore dei servizi legali. Creando un assistente virtuale che fornisce consulenza legale preliminare, Tommaso ha reso l'assistenza legale più accessibile per individui e piccole imprese che potrebbero non avere le risorse per consulenze costose. Il suo strumento AI può analizzare documenti, fornire consigli su questioni legali comuni e persino aiutare nella redazione di contratti base, democratizzando l'accesso ai servizi legali e stabilendo Tommaso come un influente "ChatGPT Millionaire".

Infine, consideriamo l'impatto di Federica, che ha integrato ChatGPT in un'applicazione dedicata alla salute mentale, offrendo un supporto immediato a chi lotta contro stress e ansia. La sua app fornisce sessioni guidate di mindfulness e consigli personalizzati per la gestione dello stress, creando un ambiente supportivo per gli utenti. L'approccio unico di Federica alla salute mentale, combinando l'empatia umana con l'efficienza dell'IA, ha offerto un nuovo livello di cura personalizzata, rendendola una leader nel campo della tecnologia del benessere e una "ChatGPT Millionaire".

Queste narrazioni sottolineano l'infinita varietà di modi in cui ChatGPT sta abilitando gli imprenditori a sfidare i limiti del possibile, creando soluzioni innovative che toccano ogni aspetto della vita quotidiana. Mentre le storie dei "ChatGPT Millionaires" continuano a evolversi, ci ricordano che l'ingrediente cruciale per il successo non è solo la tecnologia, ma anche la visione umana che guida il suo impiego verso il miglioramento della società.

Concludere la riflessione sul fenomeno dei "ChatGPT Millionaires" significa intrecciare insieme i fili di innovazione, visione imprenditoriale, e impatto sociale che queste storie hanno messo in luce. Ogni racconto di successo, sebbene ipotetico, illustra non solo il potenziale economico insito nell'utilizzo avanzato di ChatGPT e tecnologie simili, ma anche il potere trasformativo che tali strumenti possono avere su industrie, comunità e singoli individui.

Al centro di queste narrazioni vi è una profonda comprensione di come l'intelligenza artificiale, specificamente ChatGPT, possa essere sfruttata per creare valore in modi nuovi e spesso inaspettati. Dall'editoria digitale alla salute mentale, dal fitness alla consulenza legale, gli "ChatGPT Millionaires" hanno dimostrato una capacità unica di identificare bisogni non soddisfatti e di rispondere con soluzioni innovative che sfruttano le capacità uniche dell'IA per personalizzare, ottimizzare e rivoluzionare i servizi.

Queste imprese non solo hanno generato significative ricchezze per i loro fondatori, ma hanno anche contribuito al progresso tecnologico e sociale. Hanno portato servizi più accessibili e personalizzati a un pubblico più ampio, abbattendo barriere di costo, geografia e conoscenza. Inoltre, hanno stimolato ulteriori innovazioni nei loro campi, dimostrando che le applicazioni pratiche dell'intelligenza artificiale sono tanto vasto quanto l'immaginazione umana.

Importante è anche il ruolo dell'etica e della responsabilità nel percorso di questi imprenditori. Nelle loro storie si intravede una consapevolezza dell'impatto che la tecnologia può avere sulla privacy, sull'equità e sulla società nel suo complesso. La loro capacità di navigare queste questioni, di integrare principi etici nelle loro imprese e di utilizzare la tecnologia in modo responsabile è un aspetto fondamentale del loro successo. Dimostra che il vero valore e la sostenibilità a lungo termine derivano non solo dall'innovazione, ma anche dalla costruzione di fiducia e dal contributo positivo al tessuto sociale.

In conclusione, il concetto di "ChatGPT Millionaire" riflette una nuova era di imprenditorialità, una che è profondamente intrecciata con le evoluzioni tecnologiche e che porta con sé una responsabilità verso la società. Mentre procediamo verso il futuro, le storie dei "ChatGPT Millionaires" serviranno da ispirazione per la prossima generazione di imprenditori, ricordandoci che le possibilità di creare impatto positivo attraverso la tecnologia sono limitate solo dalla nostra creatività, dalla nostra etica e dalla nostra volontà di perseguire soluzioni che elevino l'umanità.

3. Come funziona ChatGPT per generare reddito: Spiegare in dettaglio come funziona ChatGPT per generare entrate, inclusi esempi pratici e strategie efficaci.

ChatGPT, sviluppato da OpenAI, è un modello di linguaggio basato sull'intelligenza artificiale che sta rivoluzionando il modo in cui individui e imprese possono generare reddito online. Grazie alla sua capacità di comprendere e generare testo in modo naturale, ChatGPT apre un mondo di possibilità per chi cerca di monetizzare le proprie idee o competenze nel digitale. Esploriamo in dettaglio come funziona questa tecnologia per generare entrate, fornendo esempi pratici e strategie efficaci.

Creazione di Contenuti

Una delle applicazioni più immediate di ChatGPT nella generazione di reddito è la creazione di contenuti. Il modello può essere utilizzato per produrre una vasta gamma di testi, da articoli di blog a descrizioni di prodotti per e-commerce, passando per contenuti per siti web e molto altro.

Esempio Pratico: Un blogger potrebbe utilizzare ChatGPT per generare bozze di articoli su argomenti specifici, risparmiando tempo nella ricerca e nella scrittura iniziale. Questo permette di aumentare la frequenza di pubblicazione e di attirare più visitatori sul sito, incrementando le entrate pubblicitarie o le vendite affiliate.

Assistenza Clienti Automatizzata

ChatGPT può essere impiegato per creare bot di assistenza clienti capaci di gestire richieste in modo efficiente e a costi ridotti. Questo non solo migliora l'esperienza del cliente ma può anche ridurre il carico di lavoro sul personale, permettendo alle imprese di ridistribuire risorse in modo più strategico.

Esempio Pratico: Un'azienda di e-commerce potrebbe implementare un chatbot basato su ChatGPT per rispondere alle domande frequenti dei clienti, tracciare gli ordini e risolvere problemi comuni, migliorando la soddisfazione del cliente e potenzialmente aumentando le vendite.

Sviluppo di Prodotti e Servizi Basati su IA

L'avanzata comprensione del linguaggio naturale di ChatGPT lo rende uno strumento ideale per sviluppare nuovi prodotti e servizi innovativi basati sull'intelligenza artificiale.

Esempio Pratico: Uno sviluppatore potrebbe creare un'applicazione educativa che utilizza ChatGPT per fornire lezioni personalizzate o tutoraggio in varie materie. Questo servizio potrebbe essere offerto su abbonamento, generando una fonte di reddito ricorrente.

Ottimizzazione SEO

La capacità di ChatGPT di generare contenuti che rispondano a specifiche query può essere sfruttata per migliorare il posizionamento SEO di un sito web, attirando più traffico organico e aumentando le potenziali entrate.

Esempio Pratico: Un'agenzia SEO utilizza ChatGPT per produrre contenuti ottimizzati per specifiche parole chiave, aumentando la visibilità dei siti dei clienti sui motori di ricerca e, di conseguenza, le conversioni o le vendite.

Personalizzazione del Marketing

ChatGPT può aiutare le aziende a creare messaggi di marketing altamente personalizzati, migliorando l'efficacia delle campagne pubblicitarie e delle iniziative di marketing.

Esempio Pratico: Un'azienda potrebbe utilizzare ChatGPT per generare email marketing personalizzate in base agli interessi e al comportamento di acquisto dei clienti, aumentando i tassi di apertura, di clic e, in definitiva, le vendite.

Formazione e Consulenza

Gli esperti in vari campi possono utilizzare ChatGPT per ampliare la propria offerta di formazione e consulenza, creando materiali didattici, corsi online o sessioni di coaching personalizzate.

Esempio Pratico: Un consulente finanziario utilizza ChatGPT per generare rapporti personalizzati sui mercati finanziari o consigli di investimento per i suoi clienti, aumentando il valore del servizio offerto e, di conseguenza, le tariffe che può applicare.

In conclusione, ChatGPT offre una vasta gamma di opportunità per generare reddito, dalla creazione di contenuti all'ottimizzazione dei processi aziendali, dallo sviluppo di nuovi prodotti e servizi all'ampliamento delle strategie di marketing e vendita. L'efficacia di queste strategie dipende dalla capacità di integrare in modo creativo e strategico le funzionalità di ChatGPT nei propri processi di business, tenendo sempre presente l'importanza di offrire valore aggiunto ai clienti o al pubblico.

Esplorando ulteriormente le modalità attraverso cui ChatGPT può essere sfruttato per generare entrate, è essenziale considerare anche come le sinergie tra diverse tecnologie e piattaforme online possono amplificare le opportunità di monetizzazione.

Creazione e Vendita di eBook e Pubblicazioni

ChatGPT può assistere gli autori e gli imprenditori nella scrittura e nell'editing di eBook o altre pubblicazioni digitali. Questi possono variare da manuali tecnici a romanzi, passando per guide su come utilizzare ChatGPT stesso.

Esempio Pratico: Un esperto in un determinato campo utilizza ChatGPT per compilare e raffinare una serie di post del proprio blog in un eBook completo, che viene poi venduto online. La capacità di generare rapidamente contenuti di alta qualità permette di accelerare il processo di pubblicazione, aumentando il potenziale di reddito.

Automazione dei Social Media

La gestione efficace dei social media è cruciale per la crescita di qualsiasi business online. ChatGPT può aiutare a generare automaticamente post interessanti, risposte ai follower e contenuti promozionali personalizzati, mantenendo un'interazione costante e costruttiva con il pubblico.

Esempio Pratico: Un'azienda utilizza ChatGPT per curare una strategia di contenuto sui social media, creando automaticamente post che riflettono le ultime tendenze del settore e rispondendo rapidamente ai commenti dei clienti, aumentando l'engagement e, di conseguenza, le vendite dirette o indirette.

Creazione di Corsi Online

La domanda per l'apprendimento online è in costante crescita. Gli esperti di varie discipline possono utilizzare ChatGPT per strutturare e arricchire i contenuti dei corsi, rendendoli più interattivi e personalizzati.

Esempio Pratico: Un formatore utilizza ChatGPT per sviluppare scenari dettagliati e domande frequenti per un corso online, rendendo l'apprendimento più dinamico e adattivo alle esigenze degli studenti. Questo non solo migliora l'esperienza di apprendimento ma può anche giustificare prezzi più elevati per il corso.

Generazione di Lead

La capacità di generare lead qualificati è fondamentale per la crescita del business. ChatGPT può essere impiegato per creare contenuti persuasivi che attraggono potenziali clienti, come whitepaper, studi di caso e landing page ottimizzate.

Esempio Pratico: Un'azienda B2B sfrutta ChatGPT per scrivere whitepaper approfonditi su argomenti specifici del settore, utilizzati come materiale di lead magnet su landing page dedicate. Questo non solo attira visitatori interessati ma facilita anche la conversione di questi visitatori in lead qualificati.

Personalizzazione del Customer Journey

Un viaggio cliente personalizzato può significativamente aumentare il tasso di conversione e il valore del tempo di vita del cliente. ChatGPT può analizzare i dati dei clienti per creare percorsi personalizzati, dalla scoperta del prodotto all'acquisto.

Esempio Pratico: Utilizzando ChatGPT, un'azienda di e-commerce personalizza le email di follow-up dopo un acquisto con raccomandazioni di prodotti basate sulle preferenze di acquisto precedenti del cliente, aumentando le vendite incrociate e il valore del cliente nel tempo.

Supporto nella Ricerca e Sviluppo

ChatGPT può essere utilizzato per accelerare la ricerca e lo sviluppo di nuovi prodotti o servizi, analizzando grandi volumi di feedback dei clienti per identificare tendenze e opportunità.

Esempio Pratico: Una startup tecnologica impiega ChatGPT per elaborare feedback e recensioni dei clienti, identificando rapidamente le caratteristiche più richieste per la prossima versione del loro prodotto. Questo processo guidato dai dati aiuta l'azienda a rimanere competitiva e a innovare in base alle reali esigenze del mercato.

In conclusione, le strategie per generare reddito attraverso ChatGPT sono tanto variegate quanto creative. Integrando ChatGPT nei vari aspetti dell'attività imprenditoriale, dalle operazioni interne alla comunicazione esterna, gli imprenditori possono non solo ottimizzare i loro processi e offrire un valore aggiunto ai loro clienti ma anche scoprire nuove avenire per la crescita e la monetizzazione. L'adozione strategica e innovativa di questa tecnologia può aprire porte a nuove opportunità di business in un'ampia gamma di settori, sottolineando l'importanza dell'intelligenza artificiale nel panorama commerciale moderno.

Approfondendo ulteriormente le modalità con cui ChatGPT può essere sfruttato per generare reddito, è cruciale esaminare l'intersezione tra intelligenza artificiale e nuove nicchie di mercato emergenti, nonché considerare come le strategie innovative possono essere adattate a settori tradizionali per rivoluzionarli completamente.

Traduzioni e Localizzazione

L'espansione globale è un obiettivo per molte aziende, ma la barriera linguistica rimane una sfida significativa. ChatGPT, con le sue avanzate capacità di comprensione e generazione del linguaggio, può essere impiegato per tradurre e localizzare contenuti in modo efficiente, rendendo i prodotti e i servizi accessibili a un pubblico più ampio.

Esempio Pratico: Un'azienda software utilizza ChatGPT per tradurre la documentazione e l'interfaccia utente dei suoi prodotti in diverse lingue, permettendo un lancio simultaneo in vari mercati internazionali. Questo non solo accelera l'espansione globale ma migliora anche l'esperienza dell'utente finale.

Podcasting e Produzione Audio

Il podcasting è un medium in rapida crescita, con un pubblico in cerca di contenuti originali e coinvolgenti. ChatGPT può assistere nella generazione di idee per episodi, nella scrittura di script e persino nella creazione di dialoghi interattivi per audiodrammi.

Esempio Pratico: Un podcaster utilizza ChatGPT per sviluppare la trama e i dialoghi di una serie audio narrativa. Integrando elementi generati da IA con la registrazione di voci umane, il podcaster crea un'esperienza d'ascolto unica che attira sponsor e abbonamenti premium.

Gaming e Sviluppo di Videogiochi

L'industria del gaming continua a cercare modi per rendere i giochi più immersivi e personalizzati. ChatGPT può essere utilizzato per generare dialoghi dinamici e storie ramificate, adattandosi alle scelte dei giocatori per creare esperienze uniche.

Esempio Pratico: Uno sviluppatore di giochi indie integra ChatGPT nel motore narrativo del suo gioco di ruolo (RPG), permettendo ai personaggi non giocanti (NPC) di avere conversazioni realistiche e profonde con i giocatori, basate sul contesto del gioco e sulle precedenti interazioni del giocatore.

Consulenza Finanziaria e Personale

Con l'aumentare della complessità dei mercati finanziari, sia gli individui che le aziende cercano consulenze personalizzate per gestire le loro finanze. ChatGPT può essere impiegato per analizzare tendenze di mercato, generare rapporti finanziari personalizzati o fornire consigli di investimento basati su specifici profili di rischio.

Esempio Pratico: Un consulente finanziario digitale utilizza ChatGPT per fornire ai suoi clienti analisi di mercato personalizzate e suggerimenti di investimento attraverso un'interfaccia conversazionale, migliorando l'engagement del cliente e permettendo una scalabilità del servizio.

Soluzioni per l'Istruzione e il Tutoraggio

L'istruzione personalizzata rappresenta il futuro dell'apprendimento. ChatGPT può essere utilizzato per creare esperienze di apprendimento su misura, generando materiale didattico in base ai bisogni e agli interessi specifici di ciascuno studente.

Esempio Pratico: Una piattaforma di e-learning sfrutta ChatGPT per fornire ai suoi utenti tutorial personalizzati e assistenza nei compiti in tempo reale. Gli studenti ricevono spiegazioni adatte al loro stile di apprendimento e al livello di conoscenza, migliorando l'efficacia dell'insegnamento e mantenendo alta la motivazione.

Generazione di Esperienze Utente Personalizzate

In un'era in cui l'esperienza utente può fare la differenza tra il successo e il fallimento di un prodotto digitale, ChatGPT offre la possibilità di creare interazioni profondamente personalizzate, basate sulle preferenze e sul comportamento degli utenti.

Esempio Pratico: Un servizio di streaming musicale impiega ChatGPT per generare playlist personalizzate e raccomandazioni di brani. Analizzando le abitudini di ascolto e le recensioni degli utenti, il servizio crea un'esperienza musicale su misura che aumenta la fidelizzazione e le opportunità di upselling.

In conclusione, le possibilità offerte da ChatGPT per generare reddito sono limitate solo dall'immaginazione e dalla capacità di innovare. Dalla creazione di contenuti alla personalizzazione dei servizi, dall'espansione globale all'offerta di esperienze utente su misura, ChatGPT si posiziona come uno strumento versatile e potente per imprenditori, aziende e creativi che cercano di esplorare nuovi orizzonti commerciali e di stabilire una presenza significativa nell'economia digitale globale.

All'orizzonte delle possibilità offerte da ChatGPT, l'innovazione nel settore immobiliare emerge come un campo fertile. Gli agenti immobiliari e le agenzie possono utilizzare ChatGPT per creare descrizioni di proprietà estremamente dettagliate e personalizzate che catturano l'essenza e il valore unico di ogni immobile. Questo non solo aumenta l'attrattiva delle inserzioni ma può anche migliorare significativamente l'esperienza dell'utente sulle piattaforme online.

Esempio Pratico: Un'agenzia immobiliare implementa ChatGPT per generare automaticamente narrativa coinvolgente per ogni inserzione, integrando dati essenziali e descrizioni emotive che risaltano le caratteristiche uniche e i vantaggi di vivere in quella proprietà. Questo approccio innovativo può distinguere l'agenzia nel mercato saturo, attirando più clienti e chiudendo vendite più rapidamente.

Nell'ambito della personal branding e dello sviluppo professionale, ChatGPT si rivela uno strumento prezioso. Professionisti di varie industrie possono sfruttarlo per creare contenuti che riflettono la loro esperienza e visione, stabilendo una presenza autorevole online. Che si tratti di articoli di opinione, analisi di tendenze del settore o consigli di carriera, ChatGPT può aiutare a consolidare la reputazione online di un individuo, attirando opportunità di networking e di business.

Esempio Pratico: Un consulente aziendale utilizza ChatGPT per scrivere regolarmente articoli approfonditi su argomenti di gestione e strategia aziendale. Questa costante produzione di contenuti di alta qualità aumenta la sua visibilità e autorità nel campo, portando a nuovi clienti e opportunità di parlare in pubblico.

Nel settore dell'assistenza sanitaria, ChatGPT può trasformare il modo in cui le informazioni sono condivise e consumate. Creando contenuti educativi personalizzati, come articoli di blog, FAQ dettagliate, e guide per pazienti su specifiche condizioni mediche, ChatGPT può aiutare le cliniche e i professionisti sanitari a comunicare in modo più efficace con il loro pubblico, migliorando la comprensione e la gestione della salute.

Esempio Pratico: Una clinica sfrutta ChatGPT per sviluppare una libreria digitale di risorse informative per i pazienti, coprendo una vasta gamma di condizioni e trattamenti. Questa iniziativa non solo educa i pazienti ma rafforza anche il rapporto medico-paziente, posizionando la clinica come un punto di riferimento nel settore sanitario.

Explorando ulteriormente, il settore culinario offre un terreno interessante per l'applicazione di ChatGPT. Ristoranti, chef e appassionati di cucina possono utilizzare il modello per generare ricette innovative, guide alimentari e persino per sviluppare concept unici per eventi culinari. Questo non solo arricchisce l'offerta culinaria ma apre anche nuove vie per l'engagement del cliente e la monetizzazione online.

Esempio Pratico: Uno chef utilizza ChatGPT per creare una serie di ricette esclusive che fondono cucine di diverse culture, offrendo poi queste creazioni come parte di un esclusivo libro di cucina digitale. Questo approccio unico non solo distingue lo chef nel mercato ma offre anche una nuova fonte di reddito attraverso la vendita del libro di cucina.

In sintesi, le strategie per generare entrate attraverso ChatGPT si estendono attraverso settori diversi, sfruttando la sua capacità di generare testo persuasivo, informativo e personalizzato. Dalle agenzie immobiliari che rivitalizzano le loro inserzioni alla costruzione di personal brand autorevoli, dall'educazione sanitaria all'innovazione culinaria, ChatGPT offre una piattaforma su cui costruire esperienze uniche e arricchire l'offerta di servizi. Man mano che esploriamo queste opportunità, diventa chiaro che l'impatto di ChatGPT e l'intelligenza artificiale sul mondo del business e della creazione di contenuti è solo all'inizio, promettendo una continua evoluzione delle strategie di monetizzazione nel panorama digitale.

Allargando ulteriormente lo sguardo sulle potenzialità di ChatGPT nel generare reddito, ci imbattiamo nel vasto campo delle applicazioni mobili. Gli sviluppatori possono utilizzare ChatGPT per arricchire le app con funzionalità basate su conversazioni intelligenti, migliorando l'engagement degli utenti e creando nuove fonti di monetizzazione tramite abbonamenti premium o acquisti in-app per servizi aggiuntivi basati sull'intelligenza artificiale.

Esempio Pratico: Un'applicazione di apprendimento delle lingue integra ChatGPT per offrire conversazioni simulate con parlanti nativi, adattando la complessità del dialogo al livello di competenza linguistica dell'utente. Questa personalizzazione arricchisce l'esperienza di apprendimento, incentivando gli utenti a optare per versioni a pagamento che offrono maggiori opportunità di interazione.

Un altro settore che beneficia in modo significativo dell'integrazione con ChatGPT è quello del marketing affiliato. I blogger e i creatori di contenuti possono sfruttare ChatGPT per scrivere recensioni dettagliate e guidate sui prodotti, ottimizzate per la SEO e personalizzate per rispondere alle domande specifiche dei loro lettori. Ciò può aumentare il traffico verso i loro siti e migliorare il tasso di conversione degli affiliati, incrementando le commissioni guadagnate.

Esempio Pratico: Un influencer nel settore del benessere utilizza ChatGPT per creare articoli profondi su supplementi nutrizionali, includendo testimonianze personalizzate e rispondendo a domande comuni. Questo contenuto autorevole e personalizzato attrae un pubblico mirato, portando a un aumento delle vendite tramite link affiliati.

Nel mondo del design grafico e della produzione di contenuti visivi, ChatGPT può essere impiegato per generare idee creative o per scrivere brevi descrizioni che accompagnano i lavori visuali, aggiungendo un livello di narrativa che può incrementare l'engagement dell'utente e il valore percepito del lavoro.

Esempio Pratico: Un grafico freelance utilizza ChatGPT per creare storie coinvolgenti dietro ogni pezzo del suo portfolio online, rendendo ogni opera non solo una dimostrazione di abilità tecniche ma anche un racconto che cattura l'immaginazione dei potenziali clienti.

In ambito accademico e di ricerca, ChatGPT può servire come uno strumento per sintetizzare rapidamente letteratura su un dato argomento, aiutando ricercatori e studenti a preparare rassegne bibliografiche o a generare spunti per nuovi studi. Questo può aprire la strada a servizi di consulenza accademica e di scrittura, offrendo supporto personalizzato a studenti e professionisti.

Esempio Pratico: Un servizio di consulenza accademica utilizza ChatGPT per aiutare i suoi clienti nella stesura di proposte di ricerca, analizzando rapidamente vasti volumi di pubblicazioni esistenti e identificando lacune nella letteratura che possono essere esplorate.

Esplorando il settore del turismo, ChatGPT può essere integrato in piattaforme di viaggio per offrire guide turistiche virtuali personalizzate, che non solo forniscono informazioni pratiche ma raccontano anche le storie dei luoghi visitati, arricchendo l'esperienza di viaggio e incentivando la prenotazione di esperienze aggiuntive.

Esempio Pratico: Un portale di viaggi lancia un'app basata su ChatGPT che offre agli utenti tour virtuali interattivi delle destinazioni desiderate, combinando informazioni storiche e culturali con suggerimenti personalizzati per attività e ristoranti, basati sulle preferenze personali degli utenti.

In conclusione, l'abilità di ChatGPT di generare testo naturale e la sua capacità di apprendere da enormi dataset lo rendono uno strumento eccezionalmente versatile per chi cerca di generare reddito online. Dalla creazione di esperienze utente personalizzate e arricchite fino all'ottimizzazione di strategie di marketing e alla fornitura di servizi educativi o di intrattenimento, le possibilità sono ampie e in continua espansione. Man mano che la tecnologia evolve e diventa più accessibile, è probabile che vedremo emergere ancora più modi innovativi per sfruttare ChatGPT nel mondo imprenditoriale e oltre, spingendo i confini di ciò che è possibile realizzare nel panorama digitale.

Proseguendo nell'esplorazione delle capacità di ChatGPT di generare reddito, immergiamoci nel settore dell'assistenza legale e della consulenza. Professionisti legali e studi di avvocati possono sfruttare ChatGPT per fornire assistenza preliminare, decodificare linguaggio legale complesso per i clienti o persino generare bozze di documenti legali standardizzati. Questo non solo aumenta l'efficienza e riduce il carico di lavoro manuale ma apre anche nuovi canali di reddito attraverso servizi di consulenza online automatizzati.

Esempio Pratico: Uno studio legale crea un portale clienti basato su ChatGPT dove gli utenti possono ottenere risposte immediate a domande legali comuni, guidare nella creazione di documenti standard come contratti di locazione o testamenti, e preparare la documentazione necessaria per consultazioni più approfondite, migliorando il servizio clienti e ampliando la base di clientela.

Nell'arena delle startup e dell'imprenditorialità, ChatGPT si rivela uno strumento prezioso per la generazione di piani aziendali, proposte di valore e pitch per investitori. L'AI può aiutare gli imprenditori a rifinire i loro messaggi, identificare punti di forza e di debolezza nelle loro proposte e persino simulare sessioni di domande e risposte con potenziali investitori.

Esempio Pratico: Un imprenditore in fase di avvio utilizza ChatGPT per elaborare un piano aziendale dettagliato e perfezionare il suo pitch agli investitori. L'intelligenza artificiale fornisce feedback su aree critiche e suggerisce modi per comunicare in modo più efficace il valore unico della startup, aumentando le possibilità di successo nel reperimento fondi.

Nel campo dell'editoria e del giornalismo, ChatGPT può automatizzare la ricerca preliminare su argomenti complessi, aiutare nella stesura di articoli o persino generare interi pezzi su argomenti di nicchia, permettendo alle redazioni di coprire più storie con risorse limitate e di mantenere un'alta qualità e profondità di analisi.

Esempio Pratico: Una redazione giornalistica implementa ChatGPT per assistere i suoi giornalisti nella raccolta di informazioni e nella generazione di bozze di articoli su argomenti di attualità. Questo accelera il processo di produzione dei contenuti e permette di esplorare angolazioni uniche nelle storie, distinguendo la pubblicazione nel panorama informativo.

Passando al settore del marketing e della pubblicità, ChatGPT può rivoluzionare la creazione di copie pubblicitarie, generando testi persuasivi e ad alto impatto per campagne di diversi canali, dalla stampa ai social media, personalizzati per segmenti di pubblico specifici.

Esempio Pratico: Un'agenzia di marketing utilizza ChatGPT per produrre in modo efficiente una vasta gamma di contenuti pubblicitari, da annunci PPC ottimizzati a post creativi per i social media, adattati alle preferenze e ai comportamenti del target di riferimento, aumentando il ROI delle campagne dei loro clienti.

In ambito accademico, l'impiego di ChatGPT per automatizzare la correzione di compiti e la fornitura di feedback personalizzati agli studenti può trasformare l'esperienza educativa, consentendo agli insegnanti di dedicare più tempo all'insegnamento interattivo e alla risoluzione dei problemi individuali degli studenti.

Esempio Pratico: Un docente utilizza ChatGPT per fornire feedback dettagliati e costruttivi sugli elaborati degli studenti, identificando aree di forza e suggerendo risorse per migliorare in quelle di debolezza. Questo non solo migliora l'apprendimento degli studenti ma aumenta anche l'efficienza del processo di valutazione.

Man mano che esploriamo le capacità di ChatGPT di generare reddito, diventa evidente che il limite è soltanto l'immaginazione. Dalla fornitura di servizi legali automatizzati alla creazione di piani aziendali, dall'innovazione nel giornalismo alla rivoluzione del marketing, ChatGPT sta aprendo nuovi orizzonti per professionisti, imprenditori e creativi. L'adozione di questa tecnologia, con un approccio etico e consapevole, promette non solo di generare significative entrate ma anche di arricchire l'esperienza umana in un'ampia gamma di settori.

Approfondendo ulteriormente le possibilità di monetizzazione offerte da ChatGPT, è possibile esplorare come questa tecnologia può essere integrata nel settore dell'arte e della creatività digitale. Gli artisti e i creatori di contenuti possono utilizzare ChatGPT per generare descrizioni artistiche, biografie per siti web e portfolio, proposte per gallerie o persino per creare opere d'arte testuali interattive che esplorano nuove forme di narrazione digitale.

Esempio Pratico: Un artista digitale collabora con ChatGPT per sviluppare descrizioni dettagliate delle proprie opere, arricchendole con storie di background e interpretazioni che aumentano l'engagement del pubblico e il valore percepite dell'arte. Questo approccio innovativo non solo attira maggiore attenzione sul lavoro dell'artista ma apre anche opportunità per vendite dirette e commissioni personalizzate.

Nel settore immobiliare, oltre alla creazione di descrizioni accattivanti per le proprietà, ChatGPT può essere sfruttato per automatizzare la comunicazione con i potenziali clienti, fornendo risposte immediate e personalizzate alle loro domande, guidandoli attraverso il processo di acquisto o affitto e migliorando significativamente l'esperienza cliente.

Esempio Pratico: Un'agenzia immobiliare utilizza ChatGPT per alimentare un assistente virtuale che può interagire con i clienti sul proprio sito web, offrendo consigli personalizzati basati sulle loro preferenze e budget. Questa interazione diretta e personalizzata aiuta a qualificare i lead in modo più efficiente, accelerando il processo di vendita.

Esplorando l'applicazione di ChatGPT nel settore dell'istruzione a distanza, questo strumento può trasformare l'esperienza di apprendimento online, rendendola più interattiva e personalizzata. Gli educatori possono utilizzare ChatGPT per creare scenari didattici simulati, esercitazioni e test personalizzati che si adattano al livello di comprensione e progresso di ogni studente.

Esempio Pratico: Una piattaforma e-learning impiega ChatGPT per generare domande di quiz e materiali di studio personalizzati che si adattano in tempo reale al livello di abilità dello studente, offrendo un percorso di apprendimento su misura che può aumentare l'efficacia dello studio e mantenere alta la motivazione.

Nel mondo delle startup e dell'imprenditorialità, ChatGPT può essere utilizzato per automatizzare e ottimizzare la ricerca di mercato. Analizzando le tendenze del settore, i feedback dei clienti e i dati dei competitor, gli imprenditori possono guadagnare preziosi insight per affinare il loro modello di business, sviluppare strategie di marketing mirate e identificare nuove opportunità di mercato.

Esempio Pratico: Un'imprenditrice utilizza ChatGPT per condurre un'analisi approfondita del sentimento dei consumatori nei confronti di prodotti simili, utilizzando queste informazioni per posizionare strategicamente il suo nuovo prodotto nel mercato, evidenziando i punti di differenziazione e affrontando direttamente le preoccupazioni dei consumatori.

Infine, nel settore del turismo, ChatGPT può essere sfruttato per creare esperienze di viaggio personalizzate, generando itinerari su misura che tengono conto delle preferenze personali, dei budget e degli interessi specifici dei viaggiatori. Questo livello di personalizzazione non solo migliora l'esperienza del cliente ma può anche aprire nuove fonti di reddito attraverso la vendita di esperienze e pacchetti di viaggio unici.

Esempio Pratico: Un'agenzia di viaggi online integra ChatGPT per offrire ai suoi clienti la possibilità di costruire itinerari di viaggio personalizzati interagendo con un'interfaccia conversazionale. Gli utenti possono specificare le loro preferenze per destinazioni, attività e alloggi, e l'IA genera proposte di viaggio dettagliate, aumentando la soddisfazione del cliente e le vendite di pacchetti personalizzati.

Questi esempi dimostrano solo una frazione del potenziale di ChatGPT come motore di innovazione e generazione di reddito attraverso vari settori. Man mano che le capacità di questa tecnologia continuano a evolversi e a integrarsi più strettamente con altre soluzioni digitali, si apriranno nuove vie per l'impiego creativo e commerciale di ChatGPT, spingendo ulteriormente i limiti di ciò che è possibile realizzare nel panorama digitale contemporaneo.

All'interno del panorama editoriale, ChatGPT può essere utilizzato per rivoluzionare il processo di editing e di proofreading, fornendo agli editori e agli autori strumenti avanzati per affinare i loro manoscritti. La capacità di ChatGPT di analizzare testi complessi e suggerire miglioramenti non solo in termini di grammatica e ortografia ma anche per quanto riguarda la coerenza del racconto e la struttura narrativa, potrebbe significativamente ridurre i tempi e i costi di produzione, aumentando la qualità dell'opera finale.

Esempio Pratico: Una casa editrice sperimenta l'uso di ChatGPT per effettuare una prima revisione dei manoscritti ricevuti, identificando errori comuni e suggerendo modifiche per migliorare la fluidità e l'impatto del testo. Questo approccio preliminare prepara il terreno per un editing più approfondito da parte di professionisti, ottimizzando i tempi di lavorazione e permettendo agli editor di concentrarsi sugli aspetti più creativi e complessi dell'editing.

Nel campo delle relazioni pubbliche e della gestione della reputazione online, ChatGPT può essere impiegato per monitorare e rispondere alle menzioni dei brand sui social media e su altre piattaforme digitali. Grazie alla sua capacità di elaborare il linguaggio naturale, può analizzare il sentiment delle conversazioni online, fornendo alle aziende preziose informazioni sulle percezioni del pubblico e permettendo di gestire in modo proattivo la comunicazione con i clienti e il pubblico.

Esempio Pratico: Un'azienda integra ChatGPT nel suo software di gestione dei social media per identificare automaticamente i post che menzionano il suo brand, analizzare il tono e il contesto delle conversazioni e generare risposte adeguate. Questo sistema permette di mantenere un'immagine positiva del brand e di intervenire tempestivamente in caso di feedback negativo o crisi comunicative.

Nel settore dei servizi professionali, come la consulenza aziendale, la contabilità o l'architettura, ChatGPT può essere sfruttato per generare rapporti dettagliati, proposte di progetto e altri documenti professionali in modo rapido ed efficiente. Ciò libera tempo prezioso per i professionisti, permettendo loro di concentrarsi sulle interazioni dirette con i clienti e sulla fornitura di servizi ad alto valore aggiunto.

Esempio Pratico: Un consulente aziendale utilizza ChatGPT per compilare analisi di mercato e proposte di strategia per i suoi clienti, basandosi su un template strutturato ma personalizzando il contenuto in base alle specifiche esigenze e obiettivi di ciascun cliente. Questo approccio non solo migliora l'efficienza ma eleva anche la qualità del servizio offerto.

Nell'ambiente dinamico delle startup tecnologiche, ChatGPT può essere un alleato prezioso nel processo di raccolta fondi, aiutando a preparare documentazione chiara e persuasiva per investitori e venture capitalist. Dalle presentazioni di pitch ai business plan dettagliati, ChatGPT può aiutare a cristallizzare la visione dell'impresa e a comunicare efficacemente il suo potenziale di crescita e innovazione.

Esempio Pratico: Il fondatore di una startup tecnologica sfrutta ChatGPT per affinare il suo pitch agli investitori, utilizzando l'intelligenza artificiale per valutare la chiarezza e la persuasività del messaggio e per identificare aree di miglioramento nel modo in cui viene presentata la proposta di valore dell'azienda.

Nel complesso, le applicazioni di ChatGPT nel generare reddito si estendono attraverso un'ampia varietà di settori e funzioni aziendali, dall'ottimizzazione dei processi interni alla creazione di esperienze cliente migliorati, dalla gestione della comunicazione aziendale all'innovazione nei servizi offerti. Man mano che gli sviluppatori e le aziende continuano ad esplorare e a sperimentare con questa tecnologia, è probabile che emergano ulteriori modi innovativi e creativi per sfruttare ChatGPT, spingendo i confini di ciò che è possibile realizzare e aprendo nuove strade per la crescita e il successo nel digitale.

Proseguendo nell'esplorazione delle potenzialità di ChatGPT nel campo della generazione di reddito, ci imbattiamo nell'intersezione tra IA e il settore del retail online. Gli e-commerce possono utilizzare ChatGPT per automatizzare e personalizzare l'esperienza di shopping online, da chatbot intelligenti che guidano gli utenti nell'acquisto a sistemi di raccomandazione prodotti avanzati che apprendono dalle interazioni degli utenti per proporre articoli sempre più in linea con i loro gusti e preferenze.

Esempio Pratico: Un sito di e-commerce implementa ChatGPT per potenziare il suo servizio clienti con un assistente virtuale capace di fornire raccomandazioni personalizzate, assistenza post-vendita e risposte immediate a domande frequenti, migliorando l'esperienza utente e incrementando le vendite per via della maggiore soddisfazione del cliente.

Nel contesto delle professioni creative, come scrittori, artisti e musicisti, ChatGPT apre nuove frontiere per la creazione di opere d'arte collaborative. Questi professionisti possono sfruttare l'IA per generare idee, sviluppare bozze iniziali o addirittura creare pezzi completi che mescolano creatività umana e intelligenza artificiale, creando così opere uniche che possono essere commercializzate in modi innovativi.

Esempio Pratico: Una musicista utilizza ChatGPT per generare testi di canzoni basati su temi e stili da lei indicati. Questo processo collaborativo porta alla creazione di brani unici che fondono la sua sensibilità artistica con le capacità creative di ChatGPT, aprendo nuove possibilità di espressione musicale e di monetizzazione attraverso la vendita di musica e merchandise correlato.

Nel campo dell'istruzione e della formazione professionale, ChatGPT può essere impiegato per creare contenuti didattici dinamici e personalizzati che rispondono alle esigenze specifiche di apprendimento di ciascun studente. Dalle lezioni interattive ai test di valutazione, l'IA può assistere gli educatori nel fornire un'istruzione di alta qualità che sia allo stesso tempo scalabile e accessibile a un pubblico globale.

Esempio Pratico: Un'organizzazione educativa lancia un corso online su misura per imparare una nuova lingua, utilizzando ChatGPT per generare esercizi linguistici personalizzati e dialoghi interattivi che si adattano al livello di competenza e ai progressi di ciascuno studente, migliorando l'efficacia dell'apprendimento e l'engagement del corso.

Esplorando ulteriormente, il settore delle pubbliche relazioni e della comunicazione aziendale può trarre enormi benefici dall'integrazione con ChatGPT. L'IA può assistere nella generazione di comunicati stampa, nella preparazione di risposte a scenari di crisi e nel monitoraggio delle menzioni del brand nei media, garantendo che le aziende mantengano una comunicazione coerente e tempestiva con il loro pubblico.

Esempio Pratico: Un'agenzia di pubbliche relazioni utilizza ChatGPT per sviluppare rapidamente piani di comunicazione per i suoi clienti, includendo la creazione di comunicati stampa e la preparazione di risposte predefinite per una varietà di possibili scenari di crisi, permettendo così una gestione della comunicazione più efficiente e strategica.

In conclusione, l'ampiezza e la profondità delle applicazioni di ChatGPT nel generare reddito attraversano una vasta gamma di settori e professioni. Dall'ottimizzazione delle operazioni di e-commerce alla creazione collaborativa nell'arte, dalla personalizzazione dell'istruzione alla strategia delle pubbliche relazioni, ChatGPT offre strumenti potenti e flessibili che possono rivoluzionare non solo il modo in cui i prodotti e i servizi vengono commercializzati e venduti, ma anche come le idee vengono generate e trasformate in valore tangibile. Man mano che esploriamo queste possibilità, diventa evidente che l'integrazione dell'intelligenza artificiale nelle strategie di business non è solo una questione di efficienza o innovazione tecnologica, ma un vero e proprio cambio di paradigma nel modo in cui pensiamo alla creazione di valore e alla relazione tra tecnologia e creatività umana.

Mentre ci addentriamo ulteriormente nell'esplorazione delle potenzialità di generazione di reddito di ChatGPT, troviamo che il campo della consulenza strategica e della pianificazione aziendale rappresenta un terreno fertile per l'innovazione. Gli esperti di settore possono utilizzare ChatGPT per analizzare trend di mercato, condurre analisi competitive e sviluppare piani strategici dettagliati. Questo approccio basato sui dati può fornire alle aziende una profonda comprensione del loro ambiente operativo, aiutandole a navigare complessità e a identificare opportunità di crescita.

Esempio Pratico: Un consulente di strategia aziendale impiega ChatGPT per elaborare report dettagliati sulle dinamiche di mercato specifiche per il settore dei suoi clienti. Utilizzando l'intelligenza artificiale per aggregare e analizzare vaste quantità di dati, può offrire consulenze strategiche personalizzate che guidano decisioni aziendali informate, posizionando il suo servizio come un valore aggiunto critico per le aziende in cerca di crescita sostenibile.

Nell'ambiente accelerato delle startup tecnologiche, l'abilità di ChatGPT di generare rapidamente contenuti può essere sfruttata per accelerare lo sviluppo di documentazione tecnica e guide utente. Questo non solo migliora l'accessibilità e l'usabilità dei prodotti tecnologici ma riduce anche i tempi di immissione sul mercato, permettendo alle startup di mantenere il passo con i ritmi serrati di innovazione e competizione nel settore tech.

Esempio Pratico: Una startup che sviluppa software SaaS utilizza ChatGPT per creare rapidamente documentazione completa e tutorial interattivi per i suoi utenti. Questa strategia consente di offrire un supporto clienti di alta qualità fin dal lancio, migliorando l'adozione del prodotto e la soddisfazione degli utenti, elementi chiave per il successo a lungo termine della startup.

All'interno del vasto mondo dei media e dell'intrattenimento, ChatGPT apre nuove porte alla creazione di contenuti originali e alla personalizzazione delle esperienze di intrattenimento. Dalle sceneggiature per film e serie TV, generati tramite collaborazioni tra scrittori umani e intelligenza artificiale, a piattaforme di gaming che adattano dinamicamente le narrazioni alle scelte dei giocatori, ChatGPT può arricchire significativamente il tessuto creativo del settore, offrendo esperienze uniche e coinvolgenti.

Esempio Pratico: Una casa di produzione sperimenta con ChatGPT per generare bozze iniziali di sceneggiature per serie web basate su input tematici e narrativi. Questo processo collaborativo porta a narrazioni innovative e diversificate, riducendo i tempi di sviluppo e permettendo una sperimentazione creativa senza precedenti, che si traduce in contenuti più ricchi e vari per il pubblico.

Nei domini dell'istruzione e dell'apprendimento permanente, ChatGPT può rivoluzionare il modo in cui i contenuti educativi sono progettati e distribuiti. Creando materiali di apprendimento personalizzati che si adattano ai bisogni e ai ritmi di apprendimento di ciascun individuo, l'IA può facilitare esperienze educative più efficaci e coinvolgenti, sia nel contesto formale dell'istruzione che nell'apprendimento autodiretto.

Esempio Pratico: Un'organizzazione non profit nel settore educativo integra ChatGPT nelle sue piattaforme di apprendimento online per generare percorsi didattici personalizzati. Analizzando le risposte e i progressi degli studenti, l'IA adatta i materiali e gli esercizi per massimizzare l'efficacia dell'apprendimento, rendendo l'istruzione più accessibile e personalizzata su scala globale.

Esplorando le potenzialità di ChatGPT nel campo del benessere e della salute mentale, emerge la possibilità di offrire supporto e risorse personalizzate per l'auto-aiuto e la gestione dello stress. Mentre l'IA non sostituisce i professionisti della salute mentale, può fornire un primo livello di assistenza, offrendo strategie di coping, esercizi di mindfulness e risorse informative che possono aiutare gli individui a gestire meglio le sfide quotidiane della vita.

Esempio Pratico: Un servizio online di benessere utilizza ChatGPT per offrire ai suoi utenti sessioni guidate di meditazione e consigli personalizzati per il benessere mentale. Basandosi sulle interazioni e sui feedback degli utenti, il servizio adatta le sue risorse per meglio rispondere alle loro esigenze, offrendo un supporto accessibile e tempestivo che complementa le tradizionali terapie per la salute mentale.

Questi esempi illustrano solo alcune delle innumerevoli modalità attraverso cui ChatGPT può essere impiegato per innovare e generare reddito attraverso vari settori. Man mano che questa tecnologia continua a evolversi e a maturare, è probabile che emergano ulteriori applicazioni e opportunità, testimoniando l'incredibile potenziale dell'intelligenza artificiale di trasformare industrie intere e di creare valore in modi prima inimmaginabili. L'abilità degli imprenditori e dei creativi di sfruttare queste opportunità definirà il futuro del lavoro, dell'innovazione e della crescita economica nell'era digitale.

Nell'evoluzione continua del settore immobiliare, l'applicazione di ChatGPT per l'analisi del mercato immobiliare rappresenta una frontiera affascinante. Gli agenti immobiliari possono sfruttare l'IA per aggregare e analizzare dati di mercato in tempo reale, fornendo ai clienti insight preziosi su tendenze dei prezzi, domanda e offerta, e potenziali investimenti. Questo livello di analisi dettagliata permette non solo di ottimizzare le strategie di vendita ma anche di offrire un servizio consulenziale di valore aggiunto, posizionando gli agenti come veri e propri esperti del mercato.

Esempio Pratico: Un'agenzia immobiliare implementa ChatGPT per sviluppare un sistema di reportistica che analizza e interpreta grandi volumi di dati immobiliari, identificando aree di crescita potenziale e segnalando opportunità di investimento ai clienti. Questo servizio personalizzato migliora la soddisfazione del cliente e aumenta la fidelizzazione, generando al contempo nuove opportunità di business per l'agenzia.

Nel settore delle relazioni internazionali e della diplomazia, ChatGPT può essere impiegato per monitorare e analizzare le comunicazioni e le pubblicazioni di entità governative e non governative, aiutando gli analisti e i diplomatici a comprendere meglio le dinamiche globali e le posizioni dei vari attori internazionali. Questo tipo di analisi approfondita può supportare la formulazione di strategie diplomatiche più efficaci e informate.

Esempio Pratico: Un'organizzazione internazionale utilizza ChatGPT per elaborare un flusso costante di comunicati stampa, discorsi e documenti di politica estera provenienti da diversi paesi, sintetizzando i punti chiave e identificando tendenze o cambiamenti nelle relazioni internazionali. Questa capacità di analisi in tempo reale supporta decisioni strategiche più rapide e informate.

Nell'ambito della gestione dei progetti, ChatGPT può rivoluzionare il modo in cui i team collaborano e comunicano. Integrato in strumenti di project management, può aiutare a generare automaticamente aggiornamenti sullo stato dei progetti, organizzare riunioni e distribuire compiti, assicurando che tutti i membri del team siano sempre sincronizzati e che i progetti procedano senza intoppi.

Esempio Pratico: Un manager di progetto integra ChatGPT nel suo software di gestione dei progetti per automatizzare la creazione di rapporti di avanzamento e l'assegnazione dei compiti basati sullo stato attuale del progetto e sulle priorità. Questo approccio migliora l'efficienza operativa e riduce il rischio di ritardi o incomprensioni all'interno del team.

Nel crescente campo della personalizzazione del commercio elettronico, ChatGPT può essere utilizzato per creare esperienze di acquisto online altamente personalizzate. Analizzando il comportamento di acquisto e le preferenze dei clienti, l'IA può generare raccomandazioni di prodotto su misura, migliorando significativamente l'esperienza di shopping e aumentando le possibilità di conversione.

Esempio Pratico: Un sito di e-commerce di moda sfrutta ChatGPT per offrire ai suoi visitatori suggerimenti di outfit personalizzati, basati sulle loro interazioni precedenti e sulle preferenze espresse. Questo non solo rende lo shopping più intuitivo e soddisfacente ma incrementa anche le vendite incrociate e il valore medio degli ordini.

Infine, nel settore non profit e dell'attivismo sociale, ChatGPT può essere impiegato per amplificare la portata delle campagne di sensibilizzazione, generando materiali informativi, discorsi e strategie di comunicazione che coinvolgono e informano il pubblico su cause importanti. Questo strumento può aiutare le organizzazioni a costruire una narrazione convincente e a mobilitare il supporto pubblico in modo più efficace.

Esempio Pratico: Un'organizzazione non profit che lavora sulla protezione ambientale utilizza ChatGPT per creare contenuti coinvolgenti che evidenziano l'urgenza del cambiamento climatico e le azioni che gli individui possono intraprendere per fare la differenza. Utilizzando l'IA per

adattare il messaggio a diversi pubblici e piattaforme,
l'organizzazione può estendere significativamente la sua portata
e impatto.

Attraverso questi esempi, diventa evidente come ChatGPT possa
servire da leva per l'innovazione e la generazione di reddito in
una vasta gamma di settori, trasformando processi esistenti e
creando nuove opportunità di business. L'abilità di adattare e
integrare questa tecnologia nelle strategie operative e di
marketing sarà fondamentale per sfruttare appieno il suo
potenziale, guidando l'efficienza, l'innovazione e la crescita nel
contesto digitale in rapida evoluzione.

All'interno del settore agricolo, ChatGPT può aprire nuove
prospettive per l'agricoltura di precisione e la gestione
sostenibile delle risorse. Gli agricoltori possono utilizzare questa
tecnologia per analizzare dati climatici e del suolo, ricevere
consigli su pratiche colturali ottimali e generare piani di
coltivazione personalizzati che massimizzino la resa riducendo
l'impatto ambientale. Questo approccio basato sui dati può
aiutare a navigare la crescente complessità dell'agricoltura
moderna, migliorando la sostenibilità e l'efficienza operativa.

Esempio Pratico: Un'azienda agricola implementa ChatGPT
per analizzare dati storici e in tempo reale relativi a
precipitazioni, temperature e qualità del suolo. Utilizzando
queste informazioni, l'IA genera raccomandazioni su quando
seminare, quali colture sono più adatte a quelle specifiche
condizioni e come ottimizzare l'uso dell'acqua e dei fertilizzanti,
conducendo a pratiche agricole più intelligenti e sostenibili.

Nel settore dell'ospitalità, ChatGPT può trasformare il modo in
cui gli hotel e i ristoranti interagiscono con i clienti, offrendo
servizi di concierge virtuale e assistenza clienti 24/7. Questi
sistemi basati su IA possono gestire prenotazioni, fornire
raccomandazioni personalizzate su attività e ristoranti locali, e
rispondere a domande comuni, migliorando l'esperienza del
cliente e alleggerendo il carico di lavoro del personale.

Esempio Pratico: Un hotel di lusso utilizza ChatGPT per potenziare il suo servizio di concierge con un assistente virtuale disponibile tramite app mobile. Gli ospiti possono chiedere all'assistente di prenotare tavoli nei ristoranti, suggerire itinerari turistici personalizzati o risolvere problemi relativi al loro soggiorno, il tutto con la comodità del proprio smartphone, arricchendo l'esperienza ospite e aumentando la soddisfazione.

Nell'industria manifatturiera, l'integrazione di ChatGPT nei sistemi di gestione della produzione può offrire un supporto decisionale basato sull'intelligenza artificiale per ottimizzare i processi produttivi. Da previsioni sulla domanda di prodotti a suggerimenti per il miglioramento dell'efficienza energetica, ChatGPT può fornire agli ingegneri e ai manager strumenti avanzati per analizzare la produzione e implementare miglioramenti continui.

Esempio Pratico: Una fabbrica adotta ChatGPT per sviluppare un modello predittivo che analizza pattern di produzione e dati operativi per identificare colli di bottiglia e inefficienze. Basandosi su queste analisi, l'IA suggerisce modifiche ai flussi di lavoro e agli assetti delle macchine, portando a una produzione più snella e a riduzioni dei costi operativi.

Nel campo del giornalismo e della narrazione digitale, ChatGPT può essere utilizzato per generare nuovi formati di contenuto interattivo che coinvolgano il pubblico in modi innovativi. Dalle storie multimediali che si adattano alle scelte dei lettori a reportage che integrano automaticamente dati e analisi aggiornate, l'IA può aiutare i media a esplorare nuove frontiere del racconto, aumentando l'engagement del pubblico e aprendo nuove opportunità di monetizzazione.

Esempio Pratico: Un'organizzazione mediatica sperimenta con ChatGPT per creare un'esperienza di reportage interattivo su un evento di attualità. Gli utenti possono navigare nella storia attraverso scelte narrative che influenzano l'esposizione delle informazioni e l'interpretazione degli eventi, creando un'esperienza immersiva che stimola un coinvolgimento più profondo e una maggiore comprensione delle questioni trattate.

Nel mondo delle start-up e dell'innovazione, ChatGPT può essere impiegato per accelerare il brainstorming e la validazione di nuove idee di business. Attraverso la simulazione di dialoghi con potenziali clienti o la generazione di scenari di mercato, gli imprenditori possono utilizzare l'IA per testare e affinare i loro concetti prima del lancio, riducendo i rischi e aumentando le probabilità di successo.

Esempio Pratico: Fondatori di una start-up tecnologica utilizzano ChatGPT per condurre simulazioni di interviste con utenti target, raccogliendo feedback su funzionalità desiderate e potenziali ostacoli all'adozione. Questo processo permette di iterare rapidamente sul prodotto, assicurando che lo sviluppo sia strettamente allineato con le esigenze reali del mercato.

Queste esplorazioni dimostrano come ChatGPT, con le sue capacità di generazione di testo e analisi del linguaggio naturale, possa servire come strumento versatile e potente per una vasta gamma di settori, dalla produzione agricola all'ospitalità, dalla manifattura al giornalismo. Mentre continuiamo a scoprire e sperimentare con questa tecnologia, emerge chiaramente che il potenziale di ChatGPT per trasformare le pratiche commerciali e generare reddito è limitato solo dalla creatività e dall'innovazione degli utenti.

Avanzando ulteriormente nel discorso sulla monetizzazione tramite ChatGPT, il settore del fitness e del benessere personale si presenta come un terreno fertile per l'innovazione. Gli istruttori di fitness, i nutrizionisti e i coach di benessere possono utilizzare ChatGPT per sviluppare programmi di allenamento personalizzati e piani alimentari basati sugli obiettivi specifici, sulle condizioni fisiche e sulle preferenze alimentari dei loro clienti. Questo livello di personalizzazione non solo migliora i risultati per gli utenti ma apre anche nuove possibilità di business attraverso abbonamenti personalizzati e consulenze online.

Esempio Pratico: Un personal trainer utilizza ChatGPT per creare sessioni di allenamento su misura che gli utenti possono seguire a casa, attraverso una piattaforma online. Basandosi sul feedback degli utenti e sui loro progressi, il programma si adatta continuamente, offrendo un percorso di fitness altamente personalizzato che mantiene alta la motivazione e la fidelizzazione del cliente.

Nel mondo dell'arte e del design, l'integrazione di ChatGPT può aprire nuove strade nella creazione di opere d'arte e design generativo. Artisti e designer possono sfruttare l'IA per esplorare nuovi concetti visivi o per generare idee preliminari che possono poi essere raffinate e trasformate in opere d'arte complete. Questo processo collaborativo tra umano e macchina non solo estende le capacità creative ma offre anche modalità innovative per coinvolgere il pubblico e per commercializzare l'arte.

Esempio Pratico: Un designer grafico collabora con ChatGPT per generare concetti iniziali per una campagna pubblicitaria. L'IA propone una serie di idee basate sul brief del cliente, che il designer sviluppa ulteriormente in visivi accattivanti. Questo approccio ibrido accelera il processo creativo e apre nuove possibilità espressive.

Esplorando il potenziale di ChatGPT nel settore educativo, l'IA può essere utilizzata per sviluppare materiali didattici che rispondono ai diversi stili di apprendimento degli studenti. Creando contenuti educativi che variano da testi scritti a quiz interattivi e simulazioni, gli educatori possono offrire un'esperienza di apprendimento più ricca e coinvolgente che si adatta alle esigenze individuali, migliorando l'efficacia dell'insegnamento e aprendo nuove opportunità per l'educazione personalizzata a distanza.

Esempio Pratico: Un insegnante impiega ChatGPT per progettare lezioni interattive per un corso online di storia. L'IA genera scenari basati su eventi storici, permettendo agli studenti di esplorare diversi esiti attraverso le loro scelte, promuovendo un apprendimento attivo e un maggiore coinvolgimento con il materiale didattico.

Nel settore dei giochi e dell'intrattenimento, ChatGPT può essere sfruttato per creare storie dinamiche e mondi di gioco che si evolvono in risposta alle decisioni dei giocatori. Questo non solo rende l'esperienza di gioco più immersiva e personale ma apre anche la strada a nuovi modelli di business nel gaming, come giochi basati su narrazioni generate dinamicamente o esperienze di gioco personalizzate vendute come servizi premium.

Esempio Pratico: Uno sviluppatore di giochi indie integra ChatGPT nel suo ultimo gioco di avventura per generare trame e dialoghi che si adattano alle scelte del giocatore. Questa narrativa dinamica mantiene il gioco fresco e coinvolgente, incoraggiando i giocatori a esplorare tutte le diverse possibilità narrative e aumentando il valore percepito del gioco.

All'interno del settore turistico, ChatGPT può rivoluzionare il modo in cui le informazioni turistiche vengono condivise e consumate. Creando guide turistiche digitali personalizzate, basate sugli interessi specifici e sulle limitazioni di tempo dei viaggiatori, le agenzie di viaggio possono offrire un servizio altamente personalizzato che migliora significativamente l'esperienza di viaggio, incrementando la soddisfazione del cliente e la lealtà.

Esempio Pratico: Un'agenzia di viaggi online sfrutta ChatGPT per fornire ai suoi clienti itinerari di viaggio personalizzati, generati in base alle loro preferenze personali, budget e durata del soggiorno. Questi itinerari su misura includono raccomandazioni per attrazioni, ristoranti e attività uniche, rendendo ogni viaggio un'esperienza indimenticabile e unica.

Questi esempi illustrano la vasta gamma di applicazioni di ChatGPT attraverso diversi settori, dimostrando come l'intelligenza artificiale possa non solo ottimizzare i processi esistenti ma anche aprire nuovi orizzonti per l'innovazione, la creatività e la personalizzazione. Man mano che esploriamo queste opportunità, diventa chiaro che l'impiego di ChatGPT nel generare reddito e nel migliorare le esperienze umane è limitato solo dalla nostra immaginazione e dalla nostra volontà di adottare nuove tecnologie in modi etici e sostenibili.

Nel settore dell'assistenza sanitaria, l'integrazione di ChatGPT può portare a un miglioramento significativo nella gestione della relazione con i pazienti e nell'efficienza operativa delle strutture sanitarie. Utilizzando ChatGPT per alimentare chatbot intelligenti o assistenti virtuali, gli ospedali e le cliniche possono offrire un primo livello di consulenza sanitaria, guidando i pazienti attraverso le domande frequenti, prenotazioni di appuntamenti e fornendo informazioni su trattamenti e procedure. Questo non solo migliora l'accessibilità e la soddisfazione del paziente ma consente anche al personale sanitario di concentrarsi su casi più complessi e urgenti.

Esempio Pratico: Un ospedale implementa ChatGPT in un'applicazione mobile dedicata ai pazienti per fornire risposte immediate a domande comuni, gestire prenotazioni di appuntamenti e fornire promemoria per la cura personale e la gestione dei farmaci. Questo approccio proattivo alla comunicazione sanitaria può ridurre il sovraccarico del personale, migliorare l'adesione al trattamento da parte dei pazienti e ottimizzare l'esperienza complessiva di cura.

Nel contesto delle vendite e del customer service, ChatGPT può essere sfruttato per trasformare l'interazione con i clienti, offrendo un supporto altamente personalizzato e reattivo. Le aziende possono utilizzare ChatGPT per potenziare i loro team di vendita con assistenti virtuali capaci di guidare i clienti attraverso la scoperta dei prodotti, risolvere dubbi, personalizzare offerte e persino finalizzare vendite, il tutto in modo scalabile e costante, 24/7.

Esempio Pratico: Un'azienda di elettronica di consumo lancia un chatbot basato su ChatGPT sul suo sito web e canali di social media per interagire con i potenziali clienti. Il chatbot raccoglie informazioni sulle esigenze e le preferenze dei clienti per raccomandare i prodotti più adatti, facilitando la personalizzazione dell'offerta e migliorando le conversioni con un approccio di vendita consultivo automatizzato.

Nell'arena del marketing digitale, l'impiego di ChatGPT può rivoluzionare la creazione di contenuti, permettendo una produzione più rapida e mirata di materiale promozionale che risuona con diversi segmenti di pubblico. Gli specialisti del marketing possono utilizzare ChatGPT per generare idee creative, sviluppare copie pubblicitarie, creare post per i social media o persino redigere articoli di blog che attirino traffico e generino lead, il tutto mantenendo una coerenza di brand e un'impronta personale.

Esempio Pratico: Un'agenzia di marketing utilizza ChatGPT per costruire campagne email personalizzate per un cliente. Analizzando i dati di interazione precedenti, l'IA genera messaggi email che riflettono i precedenti interessi di acquisto dei destinatari e suggerisce nuovi prodotti che potrebbero suscitare il loro interesse, aumentando significativamente l'engagement e il tasso di conversione delle campagne.

Per gli autori e i creativi, ChatGPT apre la porta a nuove forme di espressione letteraria e artistica, offrendo uno strumento per esplorare idee, stili narrativi o persino co-creare opere. Scrittori, poeti e sceneggiatori possono sfruttare ChatGPT per superare il blocco dello scrittore, generare spunti per la trama o sviluppare dialoghi, accelerando il processo creativo e arricchendo il lavoro finale con nuove prospettive.

Esempio Pratico: Uno scrittore collabora con ChatGPT per sviluppare il primo abbozzo di un romanzo di fantascienza. L'IA fornisce idee per la trama basate su specifici input tematici e aiuta a modellare personaggi e dialoghi, permettendo allo scrittore di esplorare direzioni narrative che forse non avrebbe considerato, e arricchendo il tessuto della storia.

Nel vasto e complesso mondo dell'editoria accademica e della ricerca, ChatGPT può giocare un ruolo rivoluzionario nel facilitare la revisione della letteratura, l'analisi dei dati e persino nella stesura di bozze di articoli scientifici. I ricercatori possono sfruttare l'IA per sintetizzare rapidamente vasti volumi di pubblicazioni, estrarre informazioni chiave e identificare tendenze emergenti nei loro campi di studio. Questo non solo accelera il processo di ricerca ma aiuta anche a garantire che gli studi siano ben informati e all'avanguardia.

Esempio Pratico: Un team di ricerca universitario utilizza ChatGPT per analizzare e riassumere articoli scientifici relativi al loro progetto di ricerca in corso. L'intelligenza artificiale aiuta a identificare rapidamente i principali contributi e lacune nella letteratura esistente, permettendo ai ricercatori di posizionare il loro lavoro nel contesto più ampio della loro disciplina e di accelerare la preparazione delle loro pubblicazioni.

All'interno del settore pubblico e dei servizi governativi, l'impiego di ChatGPT può migliorare significativamente l'efficienza e l'accessibilità dei servizi offerti ai cittadini. Dalla gestione delle domande frequenti e della documentazione, al supporto nella compilazione di moduli e alla fornitura di informazioni personalizzate sui servizi, ChatGPT può automatizzare e personalizzare l'interazione tra enti pubblici e cittadini, rendendo i servizi più snelli e accessibili.

Esempio Pratico: Un comune implementa un assistente virtuale basato su ChatGPT nel suo sito web per aiutare i cittadini a navigare i servizi comunali, rispondere a domande sulla documentazione necessaria per varie pratiche burocratiche e fornire aggiornamenti in tempo reale su eventi e avvisi locali. Questo migliora l'esperienza dei cittadini e riduce il carico di lavoro sui dipendenti comunali, permettendo loro di dedicarsi a compiti più complessi e a valore aggiunto.

Nel settore finanziario, ChatGPT può essere utilizzato per offrire consulenza personalizzata su investimenti, pianificazione finanziaria e gestione del risparmio. Integrando l'IA nelle piattaforme online di banche e consulenti finanziari, è possibile fornire agli utenti analisi finanziarie personalizzate, raccomandazioni di investimento basate sul profilo di rischio e sugli obiettivi individuali, e persino simulazioni di scenari finanziari futuri, migliorando il servizio al cliente e la fidelizzazione.

Esempio Pratico: Una banca online integra ChatGPT nel suo servizio clienti per offrire consulenza finanziaria personalizzata 24/7. Gli utenti possono interagire con l'assistente virtuale per ottenere consigli su come ottimizzare i loro investimenti, esplorare opzioni di risparmio e comprendere meglio i prodotti bancari disponibili, il tutto basato su un'analisi dettagliata delle loro finanze personali e degli obiettivi a lungo termine.

Nel settore dei viaggi e del turismo, ChatGPT può rivoluzionare la pianificazione dei viaggi, offrendo agli utenti itinerari personalizzati che tengono conto delle loro preferenze, interessi e budget. Agenzie di viaggio e operatori turistici possono utilizzare l'IA per creare esperienze di viaggio uniche, combinando biglietti, alloggi e attività in pacchetti su misura che massimizzino la soddisfazione del cliente e promuovano la scoperta di destinazioni meno note.

Esempio Pratico: Un'agenzia di viaggi specializzata in avventure su misura sfrutta ChatGPT per progettare esperienze di viaggio personalizzate. Basandosi su una breve intervista con il cliente, l'IA propone un itinerario che include non solo voli e alloggi ma anche esperienze locali uniche, come corsi di cucina, escursioni guidate e visite culturali, tutte allineate agli interessi specifici del viaggiatore.

Concludendo l'esplorazione delle possibilità offerte da ChatGPT nella generazione di reddito, diventa evidente che questa tecnologia rappresenta una svolta per una vasta gamma di settori e professioni. La capacità di ChatGPT di comprendere e generare linguaggio naturale in modo coerente e contestualmente rilevante ha aperto nuove frontiere nella personalizzazione dei servizi, nell'automazione dei processi e nella creazione di contenuti.

Nell'ambito dell'assistenza sanitaria, ChatGPT ha il potenziale per rivoluzionare l'interazione paziente-fornitore, migliorando l'accesso alle informazioni e personalizzando la cura. Nei servizi pubblici, può aumentare l'efficienza operativa e la soddisfazione dei cittadini, rendendo le informazioni governative e la burocrazia più accessibili e meno onerose. Nel settore finanziario, offre strumenti per consulenze personalizzate che possono guidare gli utenti attraverso il complesso mondo degli investimenti e della pianificazione finanziaria, con un impatto diretto sulla loro capacità di prendere decisioni informate e migliorare la loro salute finanziaria.

Nel turismo, l'innovazione guidata da ChatGPT può arricchire l'esperienza di viaggio, rendendola più personalizzata e immersiva, mentre nel settore dell'istruzione, l'IA apre nuovi orizzonti per l'apprendimento personalizzato e l'accesso democratizzato alla conoscenza. Nel campo dell'editoria e del giornalismo, ChatGPT promette di accelerare la ricerca e la produzione di contenuti, permettendo una copertura più ampia e profonda delle notizie e delle tematiche di attualità, così come nell'arte e nel design, dove stimola la creatività e la collaborazione tra intelligenza umana e artificiale.

Queste applicazioni di ChatGPT non solo dimostrano il suo potenziale per generare reddito e stimolare la crescita economica ma sottolineano anche l'importanza di un approccio etico e considerato al suo impiego. La capacità di personalizzare le interazioni e i servizi, di rendere i processi più efficienti e di arricchire l'esperienza umana attraverso la tecnologia apre incredibili opportunità. Tuttavia, è fondamentale navigare le sfide poste dalla privacy dei dati, dalla sicurezza informatica e dall'equità dell'accesso per garantire che i benefici di ChatGPT siano distribuiti equamente e utilizzati per promuovere il bene comune.

In definitiva, la continua evoluzione di ChatGPT e delle tecnologie di intelligenza artificiale affini promette di ridefinire il paesaggio di numerose industrie, offrendo nuove opportunità per la creazione di valore e l'innovazione. Man mano che esploriamo e sfruttiamo queste opportunità, la collaborazione tra sviluppatori, utenti, imprenditori e legislatori sarà cruciale per massimizzare il potenziale di questa tecnologia trasformativa, assicurando che guidi il progresso economico, sociale e culturale in modo responsabile e sostenibile.

4. Le basi della scrittura persuasiva: Esaminare le tecniche di scrittura persuasiva utilizzate per massimizzare le entrate con ChatGPT, inclusi suggerimenti su come scrivere testi coinvolgenti e convincenti.

La scrittura persuasiva è fondamentale per massimizzare le entrate in qualsiasi contesto di marketing e comunicazione, specialmente quando si utilizza una tecnologia avanzata come ChatGPT. L'obiettivo è coinvolgere il lettore, influenzare le sue decisioni e indurlo all'azione, sfruttando al meglio le capacità di generazione di testo dell'intelligenza artificiale. Di seguito, esaminiamo alcune tecniche di scrittura persuasiva chiave e forniamo suggerimenti su come applicarle efficacemente con ChatGPT.

1. Conosci il Tuo Pubblico

Prima di scrivere qualsiasi contenuto, è essenziale comprendere chi sono i tuoi lettori. Quali sono i loro bisogni, desideri, paure e obiezioni? Utilizza ChatGPT per generare contenuti che parlino direttamente al tuo pubblico, utilizzando un linguaggio e uno stile che risuonino con loro.

2. Enfatizza i Benefici

I lettori sono interessati a sapere come ciò che offri può migliorare la loro vita o risolvere un problema specifico. Utilizza ChatGPT per articolare chiaramente i benefici dei tuoi prodotti o servizi, concentrandoti su come soddisfano le esigenze o desideri del pubblico piuttosto che sulle caratteristiche specifiche.

3. Crea una Narrativa Coinvolgente

Le storie sono uno strumento potente per connettersi emotivamente con il pubblico. Impiega ChatGPT per tessere narrazioni che illustrino l'esperienza dell'utente con il tuo prodotto o servizio, mostrando piuttosto che dicendo come può influenzare positivamente la vita dei tuoi clienti.

4. Prova Sociale

La prova sociale, come testimonianze, recensioni e studi di caso, rafforza la tua credibilità e persuade il pubblico dell'efficacia del tuo offerta. ChatGPT può aiutarti a formulare queste prove in modo convincente, integrandole naturalmente nel tuo contenuto per costruire fiducia.

5. Chiamata all'Azione Chiara (CTA)

Ogni pezzo di contenuto persuasivo dovrebbe guidare il lettore verso un'azione specifica. Che si tratti di iscriversi a una newsletter, di acquistare un prodotto o di contattare la tua azienda, ChatGPT può essere utilizzato per creare CTA chiare, concise e invitanti che spingano i lettori all'azione.

6. Utilizza la Scarsità e l'Urgenza

Impiegare elementi di scarsità (e.g., "Offerta limitata") e urgenza (e.g., "Acquista ora, l'offerta scade presto!") può motivare i lettori ad agire rapidamente. ChatGPT può aiutarti a integrare questi trigger comportamentali nel tuo contenuto in modo che sembrino naturali e non forzati.

7. Ottimizzazione per la SEO

La visibilità del tuo contenuto sui motori di ricerca è cruciale per raggiungere un pubblico più ampio. Utilizza ChatGPT per includere parole chiave rilevanti e strutturare i tuoi articoli in modo che siano ottimizzati per la SEO, mantenendo al contempo una scrittura naturale e persuasiva.

8. Sperimentazione e Iterazione

Infine, l'uso efficace di ChatGPT nella scrittura persuasiva implica sperimentazione e iterazione. Testa diverse versioni del tuo contenuto per vedere quali risuonano di più con il tuo pubblico e utilizza i feedback per affinare ulteriormente il tuo approccio.

Incorporando queste tecniche di scrittura persuasiva e sfruttando le capacità avanzate di ChatGPT, è possibile creare contenuti che non solo attirano l'attenzione ma anche motivano i lettori ad agire, massimizzando le entrate e rafforzando la relazione con il tuo pubblico.

Approfondendo ulteriormente l'uso delle tecniche di scrittura persuasiva in combinazione con ChatGPT, è importante esaminare come l'adattamento del tono e dello stile del contenuto possa influenzare significativamente l'efficacia della comunicazione. La capacità di ChatGPT di generare testi in diversi stili rende possibile sperimentare con vari approcci tonali – dall'informale e amichevole al professionale e autorevole – per trovare quello che risuona meglio con il tuo pubblico target.

9. Adattamento del Tono e dello Stile

Considera attentamente il tono e lo stile del tuo contenuto. Differenti pubblici reagiscono meglio a diversi modi di comunicare. Ad esempio, un tono giocoso e divertente potrebbe essere perfetto per un brand di moda giovane, mentre un tono serio e informativo potrebbe essere più adatto per un'azienda che offre servizi finanziari. ChatGPT può essere regolato per riflettere questi toni diversi, permettendoti di personalizzare il messaggio in modo che parli direttamente al cuore e alla mente del tuo pubblico.

10. Racconto di Storie Personali

Le storie personali e gli aneddoti possono aumentare notevolmente il potere persuasivo del tuo contenuto. ChatGPT può aiutarti a creare racconti che mostrino le esperienze degli utenti con i tuoi prodotti o servizi, rendendo il messaggio più relatabile e convincente. Queste storie possono essere basate su testimonianze reali o essere costruzioni narrative che illustrano efficacemente il valore che stai offrendo.

11. Sfruttare Domande e Risposte

Utilizzare un formato di domande e risposte per affrontare direttamente le preoccupazioni o le obiezioni del tuo pubblico può essere estremamente efficace. ChatGPT può aiutarti a formulare domande che riflettano potenziali dubbi o curiosità dei lettori e a fornire risposte che siano informative, rassicuranti e persuasive, guidando sottilmente il lettore verso la comprensione e l'accettazione del tuo messaggio.

12. Incorporare Elementi Visivi

Mentre ChatGPT è uno strumento di generazione di testo, non dimenticare l'importanza degli elementi visivi nel rafforzare il tuo messaggio persuasivo. Utilizza ChatGPT per creare didascalie accattivanti per immagini, grafici e video che complementano e amplificano il tuo contenuto scritto, rendendolo più coinvolgente e memorabile.

13. Feedback del Pubblico e Personalizzazione

L'analisi del feedback del pubblico è cruciale per affinare continuamente la tua strategia di contenuto. ChatGPT può assisterti nell'analizzare i commenti e le reazioni dei lettori ai tuoi contenuti, offrendoti insight preziosi su ciò che funziona bene e ciò che potrebbe essere migliorato. Utilizza queste informazioni per personalizzare ulteriormente i tuoi messaggi e rendere il tuo contenuto ancora più persuasivo e rilevante per il tuo pubblico.

14. Etica e Responsabilità

Infine, mentre sfrutti le potenzialità di ChatGPT per creare contenuti persuasivi, è fondamentale adottare un approccio etico e responsabile. Assicurati che il tuo contenuto sia onesto, trasparente e rispettoso nei confronti del pubblico. La persuasione non dovrebbe mai scivolare nella manipolazione; piuttosto, dovrebbe mirare a informare, coinvolgere e motivare il pubblico in modo aperto e onesto.

Implementando queste tecniche avanzate di scrittura persuasiva e integrando strategicamente le capacità di ChatGPT, puoi notevolmente migliorare l'efficacia del tuo contenuto. Questo non solo aumenterà il coinvolgimento e la conversione ma stabilirà anche una base solida di fiducia e credibilità con il tuo pubblico, elementi cruciali per il successo a lungo termine in qualsiasi iniziativa di marketing o comunicazione.

Proseguendo nell'analisi delle strategie di scrittura persuasiva applicate con l'uso di ChatGPT, è essenziale considerare l'importanza della coerenza e della continuità nel contenuto. Mantenere un filo conduttore chiaro e una narrazione coesa attraverso tutti i materiali di comunicazione può rafforzare il messaggio del brand e aumentare l'impato persuasivo sul pubblico. ChatGPT può essere utilizzato per garantire che ogni pezzo di contenuto – dai post sui social media ai blog, dalle email alle brochure – sia allineato con i valori e gli obiettivi del tuo brand, parlando con una voce coesa che risuona autenticamente con il tuo pubblico.

15. Valorizzare l'Unicità del Tuo Offerta

Nel mar di informazioni e opzioni disponibili ai consumatori, sottolineare ciò che rende unica la tua offerta è più importante che mai. ChatGPT può aiutarti a evidenziare i punti di differenziazione del tuo prodotto o servizio, articolando in modo convincente perché i consumatori dovrebbero scegliere te rispetto ai concorrenti. Questa chiarezza nella proposizione di valore può significativamente influenzare la decisione d'acquisto.

16. Integrazione con Dati e Ricerca

L'uso di dati e ricerche per supportare le affermazioni nel tuo contenuto non solo aggiunge credibilità ma rinforza anche la persuasività del messaggio. ChatGPT può essere sfruttato per integrare statistiche pertinenti, risultati di studi o tendenze di mercato nel tuo contenuto, presentandoli in modo che rinforzino la tua argomentazione e coinvolgano il lettore a un livello più profondo.

17. Personalizzazione Avanzata

Andando oltre la personalizzazione basata sui dati demografici o sul comportamento di acquisto, ChatGPT permette di realizzare una personalizzazione del contenuto basata su sfumature molto più dettagliate, come le preferenze di stile di vita o i valori individuali. Creare messaggi che risuonano su un piano personale più profondo può notevolmente aumentare la risonanza emotiva e la persuasività del contenuto.

18. Ottimizzazione Continua attraverso l'Apprendimento Automatico

Sfruttare la capacità di apprendimento di ChatGPT significa che ogni interazione con il tuo contenuto può essere utilizzata per affinare e migliorare la strategia di comunicazione. Analizzando quali tipi di messaggi generano più engagement o conversioni, puoi ottimizzare continuamente il tuo approccio alla scrittura persuasiva, rendendola sempre più efficace nel tempo.

19. Stimolare il Dialogo e la Partecipazione

Incoraggiare la partecipazione attiva del pubblico attraverso domande aperte o inviti al dialogo può trasformare la scrittura persuasiva da un monologo a una conversazione bidirezionale. ChatGPT può essere impiegato per formulare domande che stimolano la riflessione o invitano alla condivisione di opinioni, costruendo una comunità attorno al tuo brand e rafforzando la lealtà.

20. Adattabilità ai Cambiamenti di Tendenza

In un mondo digitale che cambia rapidamente, avere la capacità di adattare rapidamente il tuo contenuto alle nuove tendenze, sensibilità culturali e sviluppi del mercato è fondamentale. ChatGPT può aiutarti a rimanere agile, permettendoti di aggiornare il tuo contenuto persuasivo in tempo reale per riflettere il contesto attuale e mantenere la tua comunicazione rilevante e impattante.

Attraverso l'applicazione di queste strategie avanzate e l'integrazione con le capacità di ChatGPT, è possibile elevare notevolmente l'arte della scrittura persuasiva. Questo non solo coinvolgerà e convincerà il tuo pubblico in modo più efficace ma stabilirà anche una connessione più profonda e significativa con i consumatori, basata sulla comprensione, l'autenticità e il valore condiviso. In questo processo continuo di apprendimento e adattamento, l'obiettivo è non solo persuadere ma anche costruire e mantenere una relazione duratura con il tuo pubblico.

21. Approfondimento dei Bisogni del Pubblico

Per massimizzare l'efficacia della tua scrittura persuasiva con l'ausilio di ChatGPT, è cruciale non solo conoscere il tuo pubblico a livello superficiale ma approfondire realmente i loro bisogni, desideri e sfide. ChatGPT può assisterti nell'analizzare le conversazioni online, i feedback dei clienti e altri dati per identificare insight profondi sul tuo target, consentendoti di creare contenuti che rispondono in modo più accurato e profondo ai loro bisogni.

22. Linguaggio Inclusivo e Accessibile

La scelta di un linguaggio inclusivo e accessibile è fondamentale nella scrittura persuasiva per garantire che il tuo messaggio sia accogliente e comprensibile da un ampio pubblico. Utilizzare ChatGPT per rivedere e adattare il tuo contenuto assicura che la tua comunicazione rispetti la diversità e promuova l'inclusione, elementi sempre più importanti per i consumatori moderni.

23. Integrazione di Elementi Multimediali

Mentre ChatGPT eccelle nella generazione di testo, la scrittura persuasiva nel contesto digitale beneficia enormemente dell'integrazione con elementi multimediali come immagini, video e audio. Puoi usare ChatGPT per creare descrizioni e script che poi si traducono in contenuti multimediali coinvolgenti, arricchendo l'esperienza del lettore e aumentando l'impatto del tuo messaggio.

24. Raccolta di Testimonianze Autentiche

Le testimonianze genuine dei clienti sono incredibilmente potenti nella scrittura persuasiva. ChatGPT può aiutarti a formulare domande per interviste o sondaggi che incoraggino i clienti a condividere le loro esperienze in modo autentico. Queste testimonianze possono poi essere integrate nel tuo contenuto, fornendo prova sociale tangibile che rafforza la fiducia nel tuo brand.

25. Esplorazione di Nuovi Formati di Contenuto

Non limitarti ai tradizionali formati di contenuto. ChatGPT ti permette di sperimentare con facilità nuovi formati, come FAQ interattive, storie su Instagram scritte in modo persuasivo o persino podcast scriptati. Questa varietà non solo mantiene il tuo pubblico impegnato ma ti permette anche di scoprire quali formati risuonano meglio con diversi segmenti del tuo target.

26. Mantenimento dell'Etica e della Trasparenza

Nell'utilizzare tecniche persuasive, è vitale mantenere un alto standard etico e trasparenza nei tuoi messaggi. Assicurati che ChatGPT sia utilizzato per amplificare la verità e l'autenticità del tuo brand, evitando esagerazioni o fuorvianti affermazioni che potrebbero danneggiare la tua reputazione a lungo termine.

27. Monitoraggio e Adattamento Basato sui Risultati

Infine, l'uso efficace della scrittura persuasiva con ChatGPT richiede un approccio iterativo, basato sul monitoraggio continuo dei risultati e sull'adattamento della strategia in base al feedback e alle performance. Analizza costantemente come il tuo pubblico reagisce ai diversi tipi di contenuto persuasivo e utilizza queste informazioni per affinare e migliorare le tue tecniche.

Attraverso l'applicazione di queste strategie avanzate e l'uso strategico di ChatGPT, puoi elevare notevolmente la qualità e l'efficacia della tua scrittura persuasiva. Ciò non solo ti permetterà di coinvolgere e convertire il tuo pubblico in modo più efficace ma contribuirà anche a costruire una relazione di fiducia e valore duratura.

28. Personalizzazione dei Percorsi di Engagement

La capacità di personalizzare l'esperienza di ogni utente o lettore è un potente amplificatore della persuasività. Utilizzando ChatGPT, puoi generare percorsi di contenuto personalizzati che guidano ogni segmento del tuo pubblico attraverso una serie di interazioni progettate su misura. Ad esempio, per un utente interessato a un particolare tipo di prodotto, puoi creare una sequenza di contenuti che educano, informano e infine invogliano all'azione specifica, come l'acquisto o l'iscrizione.

29. Ottimizzazione del Timing dei Messaggi

Il timing della comunicazione può influenzare notevolmente la sua efficacia. Sfruttando le capacità analitiche per prevedere i momenti migliori in cui il pubblico è più recettivo, ChatGPT può aiutarti a pianificare la distribuzione del contenuto persuasivo in modo che raggiunga i lettori quando sono più inclini all'engagement, ad esempio, durante particolari eventi, festività o persino momenti specifici della giornata.

30. Incremento dell'Interattività

L'incorporazione di elementi interattivi nei tuoi contenuti può notevolmente aumentare il loro potere persuasivo. ChatGPT può assisterti nella creazione di quiz, sondaggi, calcolatori o altri strumenti interattivi che non solo forniscono valore aggiunto ai tuoi utenti ma anche stimolano l'impegno attivo con il tuo messaggio, incrementando le possibilità di conversione.

31. Leveraging Psicologico dei Principi di Persuasione

Applicare i principi psicologici di persuasione di Cialdini, come la reciprocità, l'autorità, la coerenza, la simpatia, la prova sociale, la scarsità e l'unità, può rendere il tuo contenuto più convincente. ChatGPT può essere utilizzato per incorporare questi principi nei tuoi messaggi in modo sottile e naturale, ad esempio, evidenziando una limitata disponibilità dell'offerta per stimolare l'azione tramite il principio di scarsità.

32. Sviluppo di una Voce di Marca Consistente

Una voce di marca coerente e riconoscibile rafforza la fiducia e la relazione con il tuo pubblico. ChatGPT può aiutarti a mantenere questa coerenza attraverso tutti i canali e i tipi di contenuto, assicurando che ogni messaggio rifletta la personalità e i valori del tuo brand, indipendentemente dalla piattaforma o dal formato.

33. Integrazione di Feedback in Tempo Reale

L'abilità di integrare feedback in tempo reale nel tuo processo creativo è fondamentale per affinare la tua strategia di contenuto. ChatGPT può analizzare le reazioni e i commenti dei lettori per identificare pattern e preferenze, permettendoti di adattare rapidamente il tuo approccio e migliorare la rilevanza e l'efficacia del tuo contenuto persuasivo.

34. Creazione di Esperienze Multicanale

In un panorama digitale frammentato, la capacità di creare esperienze coerenti e convincenti attraverso molteplici canali è essenziale. ChatGPT può aiutarti a progettare campagne integrate che mantengono un filo narrativo coeso da social media, email, siti web, e oltre, garantendo che il tuo messaggio persuasivo sia forte e omogeneo, indipendentemente da dove il tuo pubblico interagisce con esso.

35. Esplorazione di Nuovi Mercati e Segmenti di Pubblico

Infine, ChatGPT può facilitare l'esplorazione di nuovi mercati o segmenti di pubblico, generando contenuti specifici che rispondono alle loro esigenze e interessi unici. Questo non solo ti permette di testare l'acqua con rischio ridotto ma anche di scoprire opportunità inaspettate di crescita e espansione.

Attraverso l'applicazione di queste strategie avanzate e l'uso innovativo di ChatGPT, puoi notevolmente migliorare la tua capacità di

persuadere, coinvolgere e convertire il tuo pubblico. L'integrazione di tecniche di scrittura persuasiva con le capacità avanzate di ChatGPT offre un potenziale senza precedenti per creare contenuti che non solo catturano l'attenzione ma spingono anche all'azione, alimentando la crescita e l'espansione nel panorama digitale contemporaneo.

La chiave per massimizzare le entrate attraverso la scrittura persuasiva con ChatGPT risiede nella capacità di creare messaggi che risuonino profondamente con il pubblico, indirizzandone bisogni, desideri e aspirazioni, e offrendo soluzioni che migliorino concretamente la loro vita o esperienza. Ciò richiede un profondo impegno non solo nel comprendere chiaramente chi sono i tuoi lettori e cosa cercano ma anche nell'essere in grado di adattare e personalizzare il tuo approccio per incontrare le loro esigenze in modi sempre più raffinati e diretti.

Implementando un'approfondita personalizzazione dei percorsi di engagement, ottimizzando il timing dei messaggi, incrementando l'interattività, e integrando principi psicologici di persuasione, puoi elevare significativamente l'efficacia della tua comunicazione. Mantenendo al contempo una voce di marca consistente e integrando feedback in tempo reale, assicuri che il tuo messaggio non solo sia udito ma anche agito, portando a un incremento delle conversioni e alla costruzione di relazioni di lungo termine con il tuo pubblico.

La sfida e l'opportunità con ChatGPT e la scrittura persuasiva nel contesto digitale risiedono nel bilanciare l'innovazione tecnologica con un tocco umano autentico e convincente. La tecnologia offre strumenti straordinari per raggiungere e interagire con il pubblico su scala mai vista prima, ma è il cuore e la mente dietro il messaggio che alla fine ispira fiducia, lealtà e azione.

In conclusione, sfruttando strategicamente ChatGPT insieme a una solida comprensione delle tecniche di scrittura persuasiva, è possibile non solo massimizzare le entrate ma anche arricchire e approfondire la connessione con il tuo pubblico. Questo processo di apprendimento continuo, adattamento e innovazione è fondamentale per rimanere rilevanti e competitivi in un mercato in rapida evoluzione. Facendo ciò, stabilisci una base solida per il successo sostenibile, costruendo un ponte tra la tecnologia di intelligenza artificiale e le profonde aspirazioni umane che guidano le decisioni di ogni giorno.

5. Strategie avanzate di utilizzo di ChatGPT: Approfondire le strategie avanzate per sfruttare appieno le potenzialità di ChatGPT e massimizzare i profitti.

L'utilizzo avanzato di ChatGPT apre una miriade di possibilità per le imprese, gli imprenditori e i creatori di contenuti che cercano di massimizzare i loro profitti. Andando oltre le applicazioni di base, si possono esplorare strategie avanzate che sfruttano la potenza dell'intelligenza artificiale per innovare, ottimizzare e scalare le operazioni. Ecco alcune di queste strategie:

1. Personalizzazione Dinamica del Contenuto

Sfrutta ChatGPT per generare contenuti altamente personalizzati in base alle interazioni precedenti degli utenti, ai dati demografici o ai comportamenti di navigazione. Questo può significare creare versioni personalizzate di newsletter, offerte speciali o raccomandazioni di prodotti che si adattano in modo dinamico per massimizzare l'engagement e la conversione.

2. Supporto Clienti Ibrido

Integra ChatGPT nel tuo servizio clienti per creare un sistema ibrido in cui l'intelligenza artificiale gestisce le query di routine o le richieste 24/7, mentre le domande più complesse vengono inoltrate ai team umani. Questo approccio non solo migliora l'efficienza del servizio clienti ma garantisce anche che ogni interazione aggiunga valore all'esperienza dell'utente.

3. Automazione del Content Marketing

Utilizza ChatGPT per generare una vasta gamma di contenuti per il marketing digitale, inclusi post per blog, script per video, contenuti per i social media e articoli SEO-friendly. Attraverso l'apprendimento iterativo, ChatGPT può essere addestrato per adattarsi al tono e allo stile del tuo brand, garantendo coerenza e qualità in tutte le piattaforme.

4. Sviluppo di Prodotti e Servizi Basati su IA

Innovare il tuo portfolio offrendo nuovi prodotti o servizi alimentati da ChatGPT. Questo può includere applicazioni di tutoraggio virtuale, assistenti di scrittura creativa, strumenti di analisi del sentimento per i marchi o piattaforme di consulenza automatizzata. Queste offerte possono aprire nuove fonti di reddito e posizionarti come leader nell'adozione della tecnologia AI.

5. Analisi del Sentimento e Monitoraggio del Marchio

Implementa ChatGPT per analizzare i sentimenti e le opinioni espressi online sul tuo brand o prodotti. Questo permette un monitoraggio in tempo reale delle percezioni del pubblico e delle tendenze di mercato, fornendo dati preziosi per affinare la tua strategia di marketing e di prodotto.

6. Ottimizzazione dei Percorsi di Conversione

Applica l'analisi predittiva di ChatGPT per identificare i punti di forza e di debolezza nei tuoi percorsi di conversione online. L'intelligenza artificiale può suggerire modifiche strategiche ai layout delle pagine, alle call-to-action e ai messaggi per aumentare le conversioni e massimizzare i profitti.

7. Formazione e Sviluppo Professionale

Crea piattaforme di apprendimento e sviluppo professionale alimentate da ChatGPT, offrendo corsi personalizzati, simulazioni e valutazioni che si adattano al livello di competenza e agli interessi specifici dell'utente. Questo non solo può generare reddito attraverso abbonamenti o vendite di corsi ma anche posizionarti come un leader nel campo dell'educazione e della formazione basata sull'IA.

8. Scalabilità dei Servizi di Consulenza

Per consulenti e professionisti, ChatGPT può essere utilizzato per scalare i servizi offerti, generando rapporti, analisi di mercato o raccomandazioni strategiche. Questo permette di servire un numero maggiore di clienti mantenendo alta la qualità del servizio e apre nuove opportunità di business.

9. Integrazione con Altre Tecnologie AI

Combina ChatGPT con altre tecnologie di intelligenza artificiale, come i sistemi di visione artificiale o l'analisi predittiva, per creare soluzioni innovative che affrontino problemi complessi. Questa integrazione può portare allo sviluppo di soluzioni uniche nel loro genere, offrendo un vantaggio competitivo significativo nel tuo settore.

10. Chatbots Evoluti per l'E-commerce

Evolvi i chatbot del tuo e-commerce oltre il servizio clienti di base, integrando ChatGPT per offrire consulenza personalizzata sul prodotto, raccomandazioni basate sullo stile di vita, e addirittura assistenza post-vendita che imita l'interazione umana. Questo approccio non solo migliora l'esperienza di acquisto online ma può anche incrementare il valore medio degli ordini attraverso suggerimenti mirati e upselling intelligente.

11. Automatizzazione delle Operazioni Interne

Implementa ChatGPT all'interno delle tue operazioni interne per automatizzare compiti come la generazione di report finanziari, la compilazione di documentazione legale o la gestione delle risorse umane. L'IA può aiutare a ridurre il carico di lavoro manuale, consentendo al tuo team di concentrarsi su compiti più strategici e creativi, migliorando così l'efficienza operativa complessiva.

12. Sviluppo di Esperienze Utente Iper-Personalizzate

Sfrutta ChatGPT per analizzare i dati degli utenti in tempo reale e offrire esperienze web o app iper-personalizzate. Che si tratti di modificare dinamicamente il contenuto visualizzato, di proporre prodotti o servizi specifici, o di adattare i messaggi promozionali, questa personalizzazione può significativamente aumentare l'engagement e la fedeltà del cliente.

13. Integrazione Multilingua

Utilizza ChatGPT per offrire i tuoi contenuti, prodotti o servizi in più lingue, aumentando così il tuo appeal su mercati internazionali senza la necessità di traduttori umani per ogni lingua. Questa strategia non solo amplia la tua portata geografica ma può anche aprire il tuo business a nuovi segmenti di clientela che erano precedentemente inaccessibili.

14. Generazione di Contenuti Interattivi

Crea contenuti interattivi come giochi, quiz e sondaggi utilizzando ChatGPT, che non solo intrattengono ma anche educano il tuo pubblico sui tuoi prodotti o servizi. Questi strumenti possono essere usati per raccogliere dati preziosi sulle preferenze dei consumatori, oltre a fornire un'esperienza di marca memorabile che stimola la condivisione sociale.

15. Feed di Apprendimento Continuo

Configura un sistema in cui ChatGPT riceve un feedback continuo sulle sue prestazioni, attraverso l'analisi delle interazioni degli utenti, recensioni e dati di engagement. Questo feed di apprendimento consente a ChatGPT di auto-ottimizzarsi, migliorando la qualità e la rilevanza delle sue risposte e delle sue creazioni nel tempo, assicurando che il tuo utilizzo della tecnologia rimanga all'avanguardia.

16. Collaborazioni Creative tra Umani e AI

Promuovi progetti che evidenziano la collaborazione tra creatività umana e intelligenza artificiale. Che si tratti di opere d'arte, musica, letteratura o design, queste collaborazioni possono generare un enorme interesse mediatico e aprire nuove vie di monetizzazione, posizionando il tuo brand come pioniere nell'esplorazione del potenziale creativo dell'IA.

Attraverso l'impiego di queste strategie avanzate, l'utilizzo di ChatGPT si sposta oltre le applicazioni convenzionali, sfruttando pienamente il suo potenziale per innovare, ottimizzare e scalare in modo efficace. L'abilità di adattarsi rapidamente alle nuove tecnologie e di integrarle in maniera creativa nei propri processi e offerte può trasformarsi in un significativo vantaggio competitivo, portando a una crescita sostenuta e a una maggiore profittabilità nel lungo termine.

17. Creazione di Assistenza Predittiva per l'Utente

Incorpora ChatGPT in sistemi che anticipano le necessità dell'utente, offrendo soluzioni e assistenza prima che il problema venga esplicitamente sollevato. Ad esempio, per un servizio di streaming musicale, ChatGPT potrebbe suggerire playlist personalizzate basate sull'umore previsto dell'utente, stagionalità o persino eventi di vita, basandosi sull'analisi dei dati di ascolto e sui modelli comportamentali.

18. Ottimizzazione dei Flussi di Lavoro Creativi

Sfrutta ChatGPT per snellire e ottimizzare i flussi di lavoro creativi, dalla generazione di idee iniziali fino alla revisione finale dei contenuti. In un'agenzia pubblicitaria, per esempio, ChatGPT può essere utilizzato per produrre rapidamente bozze di copywriting o concetti creativi che possono poi essere rifiniti dai creativi, riducendo significativamente i tempi di sviluppo e aumentando la capacità di esplorazione creativa.

19. Personalizzazione di Esperienze nel Retail Fisico

Utilizza ChatGPT per arricchire l'esperienza dei clienti nel retail fisico attraverso assistenti virtuali integrati in app mobili o kioschi in-store. Questi assistenti possono fornire raccomandazioni personalizzate, informazioni sul prodotto, e assistenza nel percorso d'acquisto basandosi sull'interazione dell'utente, preferenze passate e inventario disponibile, collegando l'esperienza online e offline.

20. Sviluppo di Soluzioni di IA Composita

Combina ChatGPT con altre tecnologie di IA, come il riconoscimento visivo o l'elaborazione del linguaggio naturale avanzata, per creare soluzioni compositive che affrontano problemi complessi. Per esempio, una piattaforma di e-learning potrebbe usare ChatGPT in combinazione con l'analisi delle espressioni facciali per adattare il materiale didattico al livello di comprensione e interesse mostrato dagli studenti in tempo reale.

21. ChatGPT per la Gestione del Cambiamento Organizzativo

Adotta ChatGPT come strumento di supporto nella gestione del cambiamento organizzativo, facilitando la comunicazione e la formazione dei dipendenti. Attraverso simulazioni interattive e scenari di formazione personalizzati, i dipendenti possono esplorare le implicazioni dei cambiamenti proposti e acquisire le competenze necessarie in un ambiente sicuro e controllato.

22. Analisi Competitiva Potenziata

Impiega ChatGPT per condurre analisi competitive approfondite, generando report che non solo elencano i dati ma offrono anche interpretazioni e previsioni basate su un'ampia gamma di fonti. Questo permette alle aziende di comprendere meglio le mosse dei concorrenti e di anticipare le tendenze di mercato, affinando la propria strategia competitiva.

23. Esperienze di Onboarding Personalizzate

Sfrutta ChatGPT per creare esperienze di onboarding personalizzate per nuovi clienti o utenti, assicurando che ricevano tutte le informazioni e il supporto necessari per iniziare a utilizzare un prodotto o servizio. Questo non solo migliora la soddisfazione del cliente ma può anche ridurre il tasso di abbandono nei primi stadi dell'adozione.

24. ChatGPT come Partner di Brainstorming

Utilizza ChatGPT come uno strumento di brainstorming per team di progetto, fornendo stimoli creativi, generando idee e suggerendo soluzioni a problemi complessi. Questo approccio può accelerare il processo di ideazione e aiutare i team a superare i blocchi creativi o i pregiudizi cognitivi.

25. Integrazione di ChatGPT in Dispositivi IoT

Incorpora ChatGPT in dispositivi IoT per offrire interazioni più naturali e intuitive con la tecnologia, da elettrodomestici intelligenti a sistemi di automazione domestica. Questo aumenta il valore percepito dei dispositivi IoT, rendendoli più accessibili e utili per una gamma più ampia di utenti, migliorando al contempo l'esperienza utente complessiva.

26. Rafforzamento della Sicurezza Informatica con ChatGPT

Sfrutta le capacità di ChatGPT per rafforzare le tue strategie di sicurezza informatica, utilizzandolo per generare simulazioni di phishing e altre minacce informatiche per la formazione dei dipendenti. Ciò contribuisce a creare una maggiore consapevolezza sui rischi di sicurezza e a preparare meglio il tuo team a riconoscere e rispondere alle minacce, riducendo così la vulnerabilità dell'organizzazione agli attacchi.

27. ChatGPT per il Miglioramento dei Processi di Qualità

Integra ChatGPT nei tuoi processi di assicurazione della qualità, utilizzandolo per automatizzare la generazione di casi di test o per analizzare i feedback dei clienti per identificare problemi ricorrenti nei prodotti o servizi. Questo non solo aumenta l'efficienza dei test ma può anche portare a miglioramenti significativi nella qualità del prodotto e nella soddisfazione del cliente.

28. Innovazione nel Design di Esperienza Utente (UX)

Utilizza ChatGPT per generare idee innovative e soluzioni di design per migliorare l'esperienza utente sui tuoi siti web, app e piattaforme digitali. L'IA può aiutare a ideare layout intuitivi, flussi utente semplificati e elementi interattivi che migliorano l'engagement e la facilità d'uso, guidando una maggiore conversione e fidelizzazione.

29. ChatGPT per la Creazione di Simulazioni di Formazione

Impiega ChatGPT per creare scenari di formazione simulati per vari settori, inclusi quelli che richiedono competenze tecniche elevate o la gestione di situazioni complesse, come l'assistenza sanitaria o la risposta alle emergenze. Questo tipo di formazione basata su simulazioni può accelerare il processo di apprendimento, permettendo ai partecipanti di acquisire esperienza pratica in un ambiente controllato e senza rischi.

30. Personalizzazione del Percorso di Apprendimento con ChatGPT

Sfrutta ChatGPT per offrire percorsi di apprendimento personalizzati in ambienti educativi o di formazione professionale. Analizzando le performance e le preferenze individuali, può generare materiali didattici su misura che si adattano ai bisogni specifici di ciascun studente o partecipante, massimizzando l'efficacia dell'istruzione e della formazione.

31. ChatGPT per il Supporto alla Decisione Strategica

Integra ChatGPT nelle tue piattaforme di analisi e supporto alla decisione, fornendo insight generati dall'IA basati su dati complessi per aiutare i dirigenti e i manager a prendere decisioni informate. L'IA può aiutare a identificare tendenze, rischi, opportunità e scenari futuri, contribuendo a una pianificazione strategica più efficace.

32. Utilizzo di ChatGPT per la Gestione del Cambiamento Climatico

Impiega ChatGPT per analizzare dati ambientali e generare soluzioni innovative per la lotta contro il cambiamento climatico. Che si tratti di ottimizzare le strategie di sostenibilità aziendale, sviluppare nuovi approcci per la riduzione delle emissioni di carbonio o migliorare la consapevolezza pubblica su questioni ambientali, ChatGPT può giocare un ruolo chiave nell'affrontare alcune delle sfide più pressanti del nostro tempo.

33. ChatGPT come Motore di Innovazione nei Servizi Finanziari

Sfrutta ChatGPT per innovare nel settore dei servizi finanziari, utilizzandolo per sviluppare assistenti finanziari virtuali, personalizzare l'offerta di prodotti finanziari, o migliorare l'analisi dei rischi e delle opportunità di investimento. Questo può portare a servizi più personalizzati, efficienti e reattivi alle esigenze dei clienti.

Attraverso l'applicazione di queste strategie avanzate, l'uso di ChatGPT non si limita solo a incrementare l'efficienza operativa o a migliorare l'engagement del cliente, ma diventa un catalizzatore per la trasformazione digitale e l'innovazione in tutti gli aspetti di un'organizzazione.

34. Ottimizzazione delle Supply Chain con ChatGPT

Le capacità di analisi e previsione di ChatGPT possono essere sfruttate per ottimizzare le catene di fornitura, prevedendo interruzioni, ottimizzando i flussi di inventario e migliorando la logistica. Attraverso la simulazione di diversi scenari di supply chain e l'analisi delle prestazioni storiche, le aziende possono identificare opportunità di risparmio sui costi e migliorare l'affidabilità delle consegne.

35. Supporto alla Creazione di Contenuti Multimediali

ChatGPT può assistere nella creazione di contenuti multimediali innovativi, fornendo basi narrative per videogiochi, script per video o podcast, e persino aiutando nella scrittura di testi per la realtà virtuale o esperienze immersive. Questo utilizzo estende il campo di applicazione del testo generato da AI in ambiti che richiedono una fusione di creatività tecnica e narrativa.

36. Facilitazione dell'Accesso all'Istruzione

Implementando ChatGPT in piattaforme educative, è possibile democratizzare l'accesso all'istruzione, fornendo risorse didattiche personalizzate e tutoraggio virtuale a studenti di ogni livello e background. Questo non solo aiuta a superare le barriere geografiche e socioeconomiche all'istruzione ma può anche contribuire a personalizzare l'apprendimento per adattarlo ai bisogni individuali degli studenti.

37. Sviluppo di Strategie di Marketing Predittivo

Utilizza ChatGPT per analizzare grandi volumi di dati sui consumatori e sviluppare strategie di marketing predittivo. Identificando modelli nel comportamento di acquisto e nelle preferenze dei clienti, le aziende possono anticipare le tendenze di mercato, personalizzare le offerte e migliorare il targeting delle campagne pubblicitarie per aumentare le conversioni e l'efficacia del marketing.

38. Miglioramento dell'Esperienza dei Dipendenti

ChatGPT può essere impiegato per migliorare l'esperienza dei dipendenti, automatizzando la gestione delle richieste HR, fornendo formazione personalizzata e supporto al benessere. Questo non solo aumenta la soddisfazione e la produttività dei dipendenti ma può anche aiutare a trattenere i talenti e a costruire una cultura aziendale positiva.

39. Innovazione nel Customer Service

Le capacità di comprensione e generazione del linguaggio naturale di ChatGPT lo rendono ideale per rivoluzionare il customer service, offrendo risposte immediate e personalizzate 24/7 attraverso vari canali. Questo eleva il livello di supporto disponibile per i clienti, migliorando la loro soddisfazione e fidelizzazione.

40. Ricerca e Sviluppo Accelerati

Infine, ChatGPT può accelerare i processi di ricerca e sviluppo, generando idee innovative, facilitando la revisione della letteratura scientifica e tecnologica, e simulando esperimenti o modelli di business. Questo può ridurre i tempi e i costi associati allo sviluppo di nuovi prodotti, servizi o tecnologie, consentendo alle aziende di rimanere competitive in mercati in rapida evoluzione.

Attraverso l'implementazione di queste strategie avanzate, le organizzazioni possono sfruttare ChatGPT non solo come uno strumento per automatizzare compiti o migliorare l'interazione con i clienti ma come un vero e proprio partner strategico capace di guidare l'innovazione, ottimizzare i processi e scoprire nuove opportunità di crescita e profitto.

41. Integrazione di ChatGPT per l'Analisi Sentimentale

Approfitta delle capacità di ChatGPT per condurre analisi sentimentali approfondite sui feedback dei clienti, post sui social media, recensioni di prodotti e altro ancora. Questo tipo di analisi può offrire intuizioni preziose sulle percezioni del marchio, aiutando le aziende a raffinare il loro approccio di comunicazione, migliorare i prodotti/servizi e indirizzare proattivamente le aree di insoddisfazione dei clienti.

42. Creazione di Contenuti per la Formazione Basata su Realtà Virtuale (VR)

Utilizza ChatGPT per generare script e scenari per esperienze di formazione basate sulla realtà virtuale. In campi come la medicina, l'ingegneria o la sicurezza sul lavoro, questo può rivoluzionare il modo in cui i professionisti vengono formati, offrendo un'esperienza immersiva che imita situazioni della vita reale senza i rischi associati.

43. Automazione nella Generazione di Codice

Sfrutta ChatGPT per automatizzare parti del processo di sviluppo del software, generando codice da specifiche verbali o assistendo nella revisione del codice per identificare errori e suggerire miglioramenti. Questo può accelerare lo sviluppo di nuove applicazioni e migliorare la qualità del codice, riducendo al contempo il carico sui team di sviluppo.

44. Personalizzazione dell'E-Commerce Basata sull'IA

Incorpora ChatGPT nelle piattaforme di e-commerce per offrire una personalizzazione del livello successivo, analizzando il comportamento di navigazione e acquisto degli utenti per fornire raccomandazioni di prodotto estremamente personalizzate. Questo non solo migliora l'esperienza di acquisto ma può anche aumentare significativamente i tassi di conversione e il valore medio degli ordini.

45. ChatGPT per l'Elaborazione di Big Data

Utilizza ChatGPT in congiunzione con strumenti di big data per elaborare e interpretare grandi set di dati, trasformando volumi massicci di informazioni in insight azionabili. Questo può essere particolarmente utile in settori come la finanza, la logistica e il marketing, dove la capacità di prendere decisioni rapide e informate può avere un impatto significativo sulla performance aziendale.

46. Supporto Decisionale Basato sull'IA per la Gestione dei Talenti

Implementa ChatGPT nei sistemi di gestione delle risorse umane per fornire supporto decisionale basato sull'IA nella selezione dei candidati, nello sviluppo delle carriere e nella gestione dei talenti. Analizzando CV, feedback sui dipendenti e dati sulle performance, ChatGPT può aiutare i manager a prendere decisioni più informate riguardo alla gestione del personale.

47. Ottimizzazione delle Campagne Pubblicitarie con ChatGPT

Sfrutta ChatGPT per ottimizzare le campagne pubblicitarie online, generando testi pubblicitari creativi e personalizzati che si adattano ai diversi segmenti di target. L'IA può analizzare le prestazioni delle campagne in tempo reale, suggerendo aggiustamenti per migliorare il ROI pubblicitario.

48. ChatGPT per la Creazione di Esperienze Cliente nel Settore Immobiliare

Integra ChatGPT nelle piattaforme immobiliari per creare descrizioni di proprietà dettagliate e persuasive, rispondere alle FAQ degli acquirenti e fornire tour virtuali interattivi delle proprietà. Questo può arricchire significativamente l'esperienza di acquisto o di affitto, aiutando gli utenti a prendere decisioni informate più rapidamente.

49. Intelligenza Artificiale per l'Ottimizzazione dei Contenuti Web

Usa ChatGPT per analizzare e ottimizzare i contenuti web esistenti, assicurando che siano SEO-friendly, informativi e impegnativi. L'IA può suggerire miglioramenti basati sulle tendenze di ricerca attuali, aiutando a incrementare il traffico organico e l'engagement sul tuo sito.

50. Sviluppo di Soluzioni di Assistenza Sanitaria

Personalizzata** ChatGPT può rivoluzionare l'assistenza sanitaria fornendo consulenze personalizzate basate sui sintomi descritti dagli utenti, suggerendo possibili condizioni e raccomandando azioni preventive o curative. Integrando ChatGPT con database medici aggiornati e linee guida per la pratica clinica, le piattaforme possono offrire supporto informativo ai pazienti prima della consultazione medica, migliorando la gestione della salute personale e ottimizzando i percorsi di cura.

51. Potenziamento delle Strategie di Apprendimento a Distanza

Con ChatGPT, le istituzioni educative possono creare esperienze di apprendimento online personalizzate, generando materiali didattici che si adattano alle esigenze e al livello di conoscenza di ciascun studente. Questo approccio individualizzato può aiutare a mantenere gli studenti impegnati e motivati, migliorando i risultati dell'apprendimento e rendendo l'istruzione a distanza più efficace ed equa.

52. Analisi e Sviluppo di Strategie di Sostenibilità

Utilizzando ChatGPT, le aziende possono analizzare grandi quantità di dati su pratiche sostenibili e tendenze di sostenibilità nel loro settore, sviluppando strategie che non solo riducono l'impronta ecologica ma migliorano anche l'immagine del marchio. ChatGPT può aiutare a identificare opportunità di innovazione verde, ottimizzare le catene di fornitura per la sostenibilità e comunicare gli sforzi di sostenibilità in modo efficace ai consumatori.

53. Ottimizzazione delle Strategie di Prezzo Dinamico

In settori come il retail, l'ospitalità o i trasporti, ChatGPT può essere impiegato per analizzare modelli di domanda, concorrenza e fattori stagionali, aiutando le aziende a implementare strategie di prezzo dinamico. Questo approccio consente di massimizzare sia le vendite che i profitti, adattando i prezzi in tempo reale per riflettere le condizioni di mercato attuali.

54. Creazione di Contenuti Formativi per la Forza Lavoro

ChatGPT può essere utilizzato per sviluppare programmi di formazione su misura per i dipendenti, coprendo tutto, dalla sicurezza sul lavoro alla formazione sulle competenze trasversali e tecniche. Questi programmi possono essere personalizzati per indirizzare le esigenze specifiche di apprendimento di diversi team o dipartimenti, migliorando l'efficacia della formazione e contribuendo allo sviluppo professionale dei dipendenti.

55. Supporto alla Ricerca e Sviluppo di Nuovi Prodotti

ChatGPT può accelerare il processo di ricerca e sviluppo di nuovi prodotti fornendo ispirazione per l'innovazione, eseguendo ricerche preliminari sulle tendenze di mercato e sulle esigenze dei consumatori, e persino generando prototipi di concetti di prodotto. Questo aiuto nella fase iniziale può ridurre significativamente i tempi di sviluppo e aiutare le aziende a portare sul mercato prodotti innovativi in tempi più brevi.

56. Miglioramento dell'Accessibilità dei Contenuti Digitali

ChatGPT può essere impiegato per rendere i contenuti digitali più accessibili a persone con disabilità, generando automaticamente descrizioni testuali per immagini, trascrizioni per contenuti audio e video, e fornendo versioni semplificate di testi complessi. Questo non solo estende la portata dei tuoi contenuti ma garantisce anche che la tua organizzazione rispetti gli standard di accessibilità e inclusività.

57. Intelligenza Artificiale per la Gestione del Rischio

Nel contesto finanziario, aziendale o operativo, ChatGPT può essere utilizzato per identificare e valutare i rischi, fornendo analisi basate sui dati e suggerimenti per la mitigazione. L'integrazione di questa analisi del rischio basata sull'IA nei processi

decisionali può aiutare le organizzazioni a prevenire potenziali problemi prima che si verifichino e a navigare in ambienti di mercato incerti con maggiore sicurezza.

58. Generazione di Report Automatizzati

Impiega ChatGPT per automatizzare la creazione di report complessi, come analisi finanziarie, riepiloghi di progetto, o panoramica delle prestazioni di vendita. Questo strumento può estrarre dati da diverse fonti, analizzarli e presentarli in un formato leggibile e informativo, riducendo il tempo necessario per la preparazione dei report e consentendo ai team di concentrarsi su analisi e decisioni strategiche.

59. Simulazioni di Formazione per il Servizio Clienti

Utilizza ChatGPT per creare scenari di simulazione realistici per la formazione del personale di servizio clienti, coprendo una vasta gamma di situazioni, dalla gestione delle lamentele alla risoluzione dei problemi complessi. Questo tipo di formazione pratica può migliorare notevolmente le competenze del servizio clienti, garantendo che il personale sia ben preparato ad affrontare qualsiasi tipo di richiesta da parte dei clienti.

60. Potenziamento delle Funzioni di CRM

Integra ChatGPT con le tue piattaforme di Customer Relationship Management (CRM) per arricchire i profili dei clienti con informazioni generate dall'IA, fornire risposte automatizzate a domande comuni dei clienti e personalizzare le comunicazioni di marketing in base alle interazioni passate e alle preferenze dei clienti. Questo approccio potenziato può aumentare l'efficacia delle strategie di CRM, migliorando la retention e la soddisfazione del cliente.

61. Innovazione nel Design Urbano e nella Pianificazione

Sfrutta ChatGPT per esplorare nuove idee nel design urbano e nella pianificazione, generando concetti innovativi per spazi pubblici, infrastrutture sostenibili e soluzioni di mobilità urbana. Questo utilizzo può aiutare architetti, urbanisti e amministratori pubblici a visualizzare soluzioni creative ai

problemi urbani, promuovendo lo sviluppo di città più vivibili e
sostenibili.

62. Ottimizzazione dei Processi di Acquisto

ChatGPT può essere impiegato per ottimizzare i processi di
acquisto, analizzando le tendenze di spesa, identificando
fornitori ottimali e suggerendo strategie per ridurre i costi e
migliorare l'efficienza. Questa analisi basata sull'IA può
trasformare il modo in cui le aziende gestiscono le loro catene di
approvvigionamento e i rapporti con i fornitori.

63. ChatGPT per l'Elaborazione di Reclami

Automatizza l'elaborazione di reclami utilizzando ChatGPT, che
può analizzare rapidamente i dettagli di un reclamo, valutare la
validità e suggerire i passaggi successivi per la risoluzione.
Questo non solo migliora l'efficienza del processo ma garantisce
anche che i reclami dei clienti siano gestiti in modo equo e
tempestivo.

64. Strumenti di AI per il Supporto Legale

Sfrutta ChatGPT per fornire supporto legale preliminare,
generando documenti legali standard, fornendo informazioni sui
requisiti normativi e suggerendo risorse per ulteriori
consulenze. Questo può essere particolarmente utile per startup
e piccole imprese che necessitano di assistenza legale accessibile
per navigare nelle complessità legali.

Attraverso l'implementazione di queste strategie avanzate e
l'utilizzo creativo di ChatGPT, le organizzazioni possono non
solo affrontare efficacemente le sfide operative quotidiane ma
anche aprire nuove opportunità di crescita e innovazione.
L'abilità di adattarsi e integrare questa tecnologia di intelligenza
artificiale in modi unici e innovativi sarà fondamentale per
rimanere competitivi e rilevanti nell'economia digitale in rapida
evoluzione.

65. Miglioramento della Gestione del Rischio Finanziario

ChatGPT può essere impiegato per analizzare enormi quantità di dati finanziari e di mercato, aiutando le aziende a identificare tendenze, rischi e opportunità. L'uso di queste analisi avanzate permette di prendere decisioni di investimento più informate e di ottimizzare le strategie di mitigazione del rischio, contribuendo alla stabilità finanziaria dell'organizzazione.

66. Sviluppo di Esperienze di Gaming Personalizzate

Nel settore dei videogiochi, ChatGPT può essere utilizzato per creare dialoghi dinamici, storie ramificate e interazioni NPC (Non-Player Character) che reagiscono in modo unico a scelte e azioni dei giocatori. Questo arricchisce l'esperienza di gioco, rendendola più immersiva e personalizzata, e può aumentare l'engagement e la fedeltà degli utenti.

67. Automazione e Personalizzazione del Marketing via Email

Integrando ChatGPT nei sistemi di email marketing, le aziende possono automatizzare la creazione di contenuti email altamente personalizzati che rispondono agli interessi e al comportamento degli abbonati. Questo non solo migliora le performance delle campagne email ma anche aumenta significativamente il tasso di apertura e di conversione.

68. Supporto alla Creazione di Contenuti per Piattaforme Social

ChatGPT può assistere nella generazione di contenuti per social media, aiutando le marche a mantenere una presenza online coerente e coinvolgente. Dalla creazione di post e tweet creativi alla risposta automatica ai commenti degli utenti, ChatGPT può aiutare a gestire e ottimizzare la comunicazione sui social media, aumentando la visibilità e l'interazione con il marchio.

69. Ottimizzazione delle Operazioni di Magazzino

Utilizza ChatGPT per ottimizzare le operazioni di magazzino, dalla previsione della domanda di stock alla pianificazione dei percorsi di picking più efficienti. Questo tipo di ottimizzazione basata su IA può ridurre i tempi di attesa per i clienti e diminuire i costi operativi legati alla gestione del magazzino.

70. Analisi Predittiva per il Customer Service

Integrando ChatGPT con sistemi di analisi predittiva, è possibile anticipare le domande o i problemi dei clienti prima che si verifichino, consentendo alle aziende di preparare risposte o soluzioni proattive. Questo approccio non solo migliora l'esperienza del cliente ma aiuta anche a ridurre il carico sui team di assistenza clienti.

71. Sviluppo di Interfacce Utente Conversazionali

ChatGPT può essere utilizzato per sviluppare interfacce utente conversazionali per applicazioni web e mobili, rendendo l'interazione con il software più naturale e intuitiva. Questo miglioramento dell'interfaccia utente può aumentare l'adozione dell'applicazione e migliorare la soddisfazione degli utenti.

72. Potenziamento delle Ricerche di Mercato

Le capacità di elaborazione del linguaggio naturale di ChatGPT lo rendono uno strumento ideale per analizzare grandi volumi di feedback dei consumatori, recensioni di prodotti e discussioni online, fornendo insight preziosi sulle percezioni del mercato e sulle opportunità di miglioramento del prodotto.

73. Automazione dei Processi di Assunzione

ChatGPT può automatizzare parti del processo di assunzione, dalla scrematura iniziale dei curriculum alla generazione di domande di intervista personalizzate basate sulle competenze e sull'esperienza dei candidati. Questo non solo rende il processo di assunzione più efficiente ma aiuta anche a garantire una migliore corrispondenza tra candidati e ruoli.

Attraverso l'adozione di queste strategie avanzate, l'utilizzo di ChatGPT si estende ben oltre le applicazioni tradizionali, svelando un vasto potenziale per l'innovazione, l'efficienza operativa e la creazione di nuove opportunità di business. Le organizzazioni che sanno navigare e integrare queste tecnologie avanzate nell'ambito della loro strategia globale possono non solo anticipare le esigenze del mercato ma anche ridefinire gli standard del loro settore, stabilendo nuovi benchmark per l'innovazione, la personalizzazione del servizio e l'efficienza operativa.

L'integrazione profonda di ChatGPT e di tecnologie AI simili permette di trasformare radicalmente le interazioni con i clienti, rendendole più personali, immediate e rilevanti. Le aziende possono ora offrire esperienze utente senza precedenti, dove ogni interazione è ottimizzata per soddisfare le esigenze specifiche dell'individuo, migliorando la soddisfazione del cliente e promuovendo la lealtà a lungo termine.

Nel contesto interno, l'automazione e l'assistenza AI possono liberare i dipendenti da compiti ripetitivi o di basso valore, consentendo loro di concentrarsi su iniziative più strategiche che richiedono un pensiero critico e creatività. Questo non solo aumenta la produttività ma migliora anche la soddisfazione e l'engagement dei dipendenti, fattori cruciali per il successo aziendale in un'economia sempre più guidata dal talento.

Dal punto di vista dello sviluppo di prodotto e dell'innovazione, l'adozione di ChatGPT può accelerare il ciclo di ricerca e sviluppo, consentendo alle aziende di sperimentare e iterare a un ritmo precedentemente inimmaginabile. Questo apre nuove possibilità per la creazione di prodotti e servizi che rispondono meglio e più rapidamente alle esigenze in evoluzione del mercato, mantenendo l'azienda all'avanguardia dell'innovazione.

In termini di marketing e vendite, le strategie avanzate basate su ChatGPT possono migliorare significativamente l'efficacia delle campagne, personalizzando la comunicazione a un livello individuale e ottimizzando le strategie in tempo reale basandosi su analisi predittive. Questo non solo aumenta il ROI delle attività di marketing ma consolida anche la posizione di mercato dell'azienda, attirando e mantenendo una base di clienti più ampia e impegnata.

Infine, l'integrazione di ChatGPT nelle operazioni aziendali rappresenta un passo importante verso la realizzazione di una vera trasformazione digitale. Le organizzazioni che adottano queste tecnologie avanzate possono aspettarsi non solo di vedere miglioramenti immediati in termini di efficienza e soddisfazione del cliente ma anche di essere meglio posizionate per affrontare le sfide future, sfruttando l'IA per rimanere resilienti, reattive e competitive in un panorama commerciale in rapida evoluzione.

In conclusione, l'approfondimento e l'applicazione di strategie avanzate per l'utilizzo di ChatGPT possono sbloccare potenziali enormi per le aziende in tutti i settori. Mentre il mondo continua a evolversi a un ritmo accelerato, la capacità di innovare rapidamente, personalizzare su scala e operare con un'efficienza senza precedenti diventerà sempre più critica. Le organizzazioni che sanno navigare in questo ambiente complesso e sfruttare appieno le capacità di ChatGPT e tecnologie simili saranno quelle che non solo sopravviveranno ma prospereranno, definendo il futuro del business nell'era digitale.

6. Diversificazione delle fonti di reddito online: Esplorare altre fonti di reddito online complementari a ChatGPT, come il content writing, l'affiliazione, la creazione di prodotti digitali, ecc.

La diversificazione delle fonti di reddito online è una strategia fondamentale per chiunque cerchi di massimizzare le entrate nel digitale. Oltre all'utilizzo di strumenti avanzati come ChatGPT, esistono numerose opportunità per generare reddito online che possono complementare e amplificare i guadagni derivanti dall'uso dell'intelligenza artificiale. Ecco alcune vie da esplorare:

1. Content Writing

La scrittura di contenuti rimane una delle fonti di reddito online più affidabili. Blog, articoli, white paper, e contenuti per siti web sono sempre richiesti. Utilizzando strumenti come ChatGPT, i content writer possono aumentare la propria produttività, generare idee innovative e persino ottimizzare il contenuto per i motori di ricerca (SEO) per attrarre un pubblico più ampio.

2. Marketing di Affiliazione

Il marketing di affiliazione consente di guadagnare commissioni promuovendo i prodotti o i servizi di altre aziende. Creando contenuti che incoraggiano i lettori all'acquisto attraverso link affiliati, è possibile costruire una fonte di reddito passivo. ChatGPT può aiutare a generare recensioni persuasive, guide all'acquisto e contenuti che massimizzano la conversione dei link di affiliazione.

3. Creazione di Prodotti Digitali

E-book, corsi online, modelli, software e musica sono esempi di prodotti digitali che possono essere sviluppati e venduti online. Utilizzando ChatGPT, gli imprenditori possono creare materiale didattico, scrivere e-book in maniera efficiente o persino sviluppare script per software. Questi prodotti possono poi essere venduti su piattaforme come Amazon, Udemy o sul proprio sito web.

4. E-commerce Dropshipping

Il dropshipping è un modello di business e-commerce in cui si vendono prodotti senza gestire fisicamente l'inventario. Attraverso la creazione di un negozio online e la selezione di prodotti da fornitori che gestiscono la logistica, è possibile avviare un'attività di e-commerce con investimenti iniziali limitati. ChatGPT può essere utilizzato per generare descrizioni di prodotto ottimizzate e assistere nel servizio clienti.

5. Investimenti e Trading Online

La partecipazione ai mercati finanziari tramite il trading online o gli investimenti in criptovalute può essere un'altra fonte di reddito. Sebbene richieda conoscenze specifiche e sia associata a rischi, l'utilizzo di analisi basate su IA può aiutare a identificare tendenze di mercato e opportunità di investimento.

6. Podcasting e Creazione di Contenuti Video

Il podcasting e la creazione di video per YouTube o altre piattaforme di streaming offrono opportunità per generare reddito tramite sponsorizzazioni, pubblicità e abbonamenti. ChatGPT può assistere nella scrittura di script, nella creazione di descrizioni coinvolgenti e nell'ottimizzazione dei contenuti per i motori di ricerca e le piattaforme di social media.

7. Consulenza e Coaching Online

Sfruttando le proprie competenze e conoscenze, è possibile offrire servizi di consulenza e coaching online in vari campi, dalla crescita personale al marketing digitale. ChatGPT può supportare nella creazione di materiali di marketing, nella

preparazione di sessioni di coaching e nella generazione di
risorse utili per i clienti.

8. Sviluppo di Applicazioni Mobile

Con la crescente domanda di applicazioni mobile per
semplificare la vita quotidiana o intrattenere, lo sviluppo di app
rappresenta un'opportunità di reddito significativa. ChatGPT
può aiutare nella fase di ideazione, nella definizione delle
funzionalità o persino nella generazione di codice base per
alcune parti dell'app.

Incorporando queste fonti di reddito complementari alle
strategie basate su ChatGPT, è possibile costruire un portafoglio
di attività online diversificato che massimizzi le opportunità di
guadagno. La chiave sta nell'identificare le proprie competenze e
interessi e nell'utilizzare le tecnologie disponibili, come
ChatGPT, per ottimizzare e scalare queste attività.

9. Monetizzazione dei Blog e dei Siti Web

Oltre alla scrittura di contenuti, possedere un blog o un sito web
può diventare una fonte di reddito attraverso la monetizzazione
con pubblicità, post sponsorizzati, o contenuti premium a
pagamento. ChatGPT può assistere nella creazione di contenuti
frequenti e di alta qualità che attraggano traffico, essenziale per
aumentare i guadagni dalla monetizzazione.

10. Mercati dei Freelancer

I freelancer possono sfruttare piattaforme come Upwork,
Freelancer o Fiverr per offrire i loro servizi, che vanno dalla
programmazione, al design grafico, alla scrittura e oltre.
ChatGPT può essere utilizzato per ottimizzare i profili su queste
piattaforme, creare proposte convincenti per i progetti e persino
assistere nella comunicazione con i clienti.

11. Creazione e Vendita di Corsi e Webinar

Il mercato dell'educazione online è in rapida espansione. Creare
e vendere corsi online o tenere webinar su argomenti in cui si è
esperti può generare significativi guadagni. ChatGPT può
aiutare nella strutturazione dei corsi, nella generazione di
contenuti didattici, e nella promozione dei corsi attraverso la
creazione di materiali di marketing efficaci.

12. Licenze e Royalty

Se sei un creatore di musica, un fotografo, un artista o un
inventore, esistono opportunità per guadagnare tramite licenze
o royalty vendendo i diritti di utilizzo delle tue opere. ChatGPT
può aiutare a navigare nei complessi mercati delle licenze, a
creare contratti o a promuovere il tuo lavoro a potenziali
acquirenti.

13. Print on Demand

Il modello di business Print on Demand (POD) permette di
vendere i propri disegni su t-shirt, poster, libri e altri prodotti
senza gestire l'inventario o la logistica. ChatGPT può assistere
nella creazione di descrizioni di prodotto accattivanti, nel
marketing dei prodotti POD e nella comunicazione con i clienti.

14. Servizi di Traduzione e Localizzazione

Con l'aumento della globalizzazione, c'è una domanda crescente
per servizi di traduzione e localizzazione di siti web, app e
documenti. ChatGPT, particolarmente nelle sue versioni
addestrate su specifiche lingue, può assistere nel fornire servizi
di traduzione preliminare o nel migliorare l'efficacia della
comunicazione multilingue.

15. Investimenti in Start-up e Crowdfunding

Partecipare come investitore in start-up innovative o progetti di
crowdfunding può offrire rendimenti significativi. ChatGPT può
essere utilizzato per analizzare le proposte di investimento,

generare valutazioni e persino monitorare le tendenze di mercato per identificare opportunità emergenti.

16. Hosting di Eventi Virtuali

Con l'evoluzione del digitale, l'hosting di eventi virtuali, conferenze o workshop può attrarre partecipanti da tutto il mondo. ChatGPT può assistere nella pianificazione e promozione dell'evento, nella creazione di materiali e script per le presentazioni e nell'interazione in tempo reale con i partecipanti durante l'evento.

Ogni una di queste strategie offre un unico set di opportunità e sfide, ma l'integrazione consapevole di strumenti avanzati come ChatGPT può notevolmente aumentare le possibilità di successo. L'abilità di diversificare le fonti di reddito online non solo minimizza il rischio ma apre anche la porta a nuove avventure imprenditoriali e possibilità di crescita nel vasto e in continua evoluzione panorama digitale.

17. Affitto di Proprietà Digitali

Considera l'idea di affittare spazi digitali di tua proprietà, come siti web con alto traffico o app popolari, a marchi o aziende per la loro pubblicità. Utilizzando ChatGPT, puoi generare proposte convincenti per potenziali inquilini, sottolineando il valore e l'esposizione che la tua proprietà digitale può offrire ai loro prodotti o servizi.

18. Partecipazione a Programmi di Beta Testing

Le aziende cercano spesso utenti per testare nuovi prodotti digitali, app o giochi, offrendo compensi per il feedback e i suggerimenti di miglioramento. ChatGPT può aiutarti a identificare opportunità di beta testing, formulare recensioni dettagliate e suggerimenti costruttivi per migliorare i prodotti testati.

19. Sviluppo di Plugin o Estensioni per Browser

La creazione e vendita di plugin o estensioni per browser che migliorano l'esperienza online o aggiungono funzionalità utili può essere una fonte di reddito. Utilizza ChatGPT per ideare concetti unici per plugin, sviluppare descrizioni e guide per l'utente, e assistere nel marketing del tuo prodotto sulle piattaforme di distribuzione.

20. Contribuzione a Progetti Open Source

Partecipare a progetti open source non solo aiuta a costruire la tua reputazione come sviluppatore o designer ma può anche portare a opportunità di reddito attraverso donazioni, sponsorizzazioni o assunzioni per progetti a pagamento. ChatGPT può assistere nella documentazione del progetto, nella comunicazione con la community e nella generazione di codice o design.

21. Trading di Domini

L'acquisto e la vendita di domini web possono generare profitti significativi se si riesce a identificare nomi di dominio promettenti. ChatGPT può essere utilizzato per generare idee per nomi di dominio basati su tendenze di mercato, analizzare la disponibilità e creare descrizioni attraenti per la vendita di domini.

22. Creazione di Community Online a Pagamento

Sviluppa una community online intorno a un interesse o competenza specifica, dove i membri pagano una quota per accedere a contenuti esclusivi, sessioni di coaching, o forum di discussione. ChatGPT può aiutarti a creare contenuti coinvolgenti per la tua community, moderare le discussioni e rispondere alle domande dei membri.

23. Consulenza sui Social Media

Offri i tuoi servizi come consulente sui social media per aiutare le aziende a migliorare la loro presenza online, aumentare l'engagement e ottimizzare le campagne pubblicitarie. Con l'assistenza di ChatGPT, puoi sviluppare strategie di contenuto, analizzare le metriche di performance e generare report per i tuoi clienti.

24. Sviluppo di Giochi Indie

Il mercato dei giochi indie è in costante crescita, con opportunità per sviluppatori indipendenti di creare e vendere i propri giochi. ChatGPT può assisterti nella narrazione, sviluppo di dialoghi, ideazione di puzzle o sfide e nella promozione del tuo gioco nelle fasi di lancio.

25. Curazione di Abbonamenti a Contenuti Curati

Lancia un servizio di abbonamento dove offri una curatela regolare di contenuti esclusivi, articoli, video, podcast o libri digitali su argomenti di nicchia. ChatGPT può aiutarti a selezionare e riassumere i contenuti, creare newsletter accattivanti e interagire con gli abbonati per raccogliere feedback e suggerimenti.

26. Realizzazione di Tutorial e Guide

Crea e vendi tutorial dettagliati, guide passo-passo o e-book su competenze specifiche, dall'uso di software complesso alla realizzazione di artigianato o alla cucina gourmet. ChatGPT può aiutarti a strutturare i tuoi materiali didattici, generare istruzioni chiare e dettagliate e creare descrizioni persuasive per il tuo pubblico target.

Ogni strategia qui esplorata rappresenta un approccio unico per diversificare e ampliare le fonti di reddito online, sfruttando le proprie competenze, interessi e le potenzialità offerte dall'innovazione digitale e dall'intelligenza artificiale.

27. Ottimizzazione della User Experience (UX) per Siti Web e App

Offrire servizi di consulenza e implementazione per l'ottimizzazione UX di siti web e applicazioni può diventare una fonte di reddito considerevole. Utilizzando ChatGPT, puoi generare report di analisi UX, proporre miglioramenti basati sui comportamenti degli utenti, e assistere nello sviluppo di interfacce intuitive.

28. Fotografia Stock e Vendita di Arti Visive

Per i fotografi e gli artisti, vendere opere tramite piattaforme di fotografia stock o gallerie d'arte digitali può offrire una fonte di reddito passivo. ChatGPT può aiutarti a creare descrizioni accattivanti per le tue opere, ottimizzare i tag per la ricerca e comunicare efficacemente con potenziali acquirenti o gallerie.

29. Organizzazione di Reti di Affiliazione

Creare e gestire una rete di marketing di affiliazione, collegando produttori di prodotti o servizi con blogger, influencer e proprietari di siti web, può generare commissioni significative. ChatGPT può assistere nella redazione di contratti di affiliazione, nella comunicazione con i partner e nell'analisi delle prestazioni della rete.

30. Consulenza per l'Ottimizzazione dei Motori di Ricerca (SEO)

La domanda per la consulenza SEO è in crescita, poiché le aziende cercano di migliorare la loro visibilità online. Con l'aiuto di ChatGPT, puoi offrire analisi SEO, suggerimenti per la creazione di contenuti ottimizzati, e strategie per costruire backlink di qualità, aiutando i clienti a raggiungere le prime posizioni sui motori di ricerca.

31. Creazione di Esperienze di Realtà Aumentata (AR) e Virtuale (VR)

Il mercato della realtà aumentata e virtuale sta espandendo, offrendo nuove opportunità per lo sviluppo di esperienze immersive in settori come l'educazione, il retail e l'intrattenimento. ChatGPT può essere utilizzato per scrivere sceneggiature per esperienze AR/VR, ideare interazioni utente e sviluppare contenuti educativi o promozionali.

32. Elaborazione di Strategie di Crowdfunding

Lanciare una campagna di crowdfunding di successo richiede una preparazione attenta e una comunicazione efficace. ChatGPT può aiutarti a formulare la narrazione della tua campagna, creare aggiornamenti coinvolgenti per i sostenitori e rispondere alle domande dei potenziali finanziatori per massimizzare le possibilità di raggiungere il tuo obiettivo di finanziamento.

33. Sviluppo di Piattaforme di Networking Professionale

Creare una piattaforma online dedicata al networking professionale, offrendo opportunità di connessione, condivisione di risorse e collaborazione, può aprire porte a diverse forme di monetizzazione, inclusi abbonamenti, sponsorizzazioni e pubblicità. ChatGPT può assistere nello sviluppo di contenuti per la piattaforma, nella moderazione delle interazioni e nell'analisi delle tendenze di utilizzo.

34. Produzione di Audiolibri o Podcast Narrati

Con la popolarità in aumento degli audiolibri e dei podcast, produrre contenuti audio narrati può essere un'interessante fonte di reddito. ChatGPT può essere utilizzato per scrivere script per podcast, adattare libri o articoli in formati narrati e persino generare idee per serie podcast originali.

35. Lancio di Servizi di Abbonamento Personalizzati

Offrire servizi di abbonamento che forniscono prodotti personalizzati, esperienze uniche o accesso a contenuti esclusivi può attrarre un pubblico fedele disposto a pagare una premium per offerte personalizzate. ChatGPT può aiutare nella creazione di descrizioni di servizi, nella personalizzazione delle comunicazioni con gli abbonati e nella generazione di contenuti unici che arricchiscano l'offerta dell'abbonamento.

36. Ottimizzazione dei Processi di Vendita Online

Sfrutta ChatGPT per analizzare e ottimizzare i tuoi processi di vendita online, identificando punti di attrito nell'esperienza di acquisto e proponendo miglioramenti. Questo può includere la personalizzazione delle pagine di prodotto, l'automazione delle risposte alle domande frequenti e l'ottimizzazione del percorso di checkout, portando a un aumento delle conversioni e delle vendite.

37. Sviluppo di Soluzioni di E-Learning Personalizzate

Il settore dell'e-learning è in espansione, e c'è una domanda crescente per corsi e materiali didattici personalizzati. Utilizzando ChatGPT, è possibile creare corsi online che si adattano alle esigenze di apprendimento individuali, migliorando l'efficacia dell'istruzione e offrendo esperienze di apprendimento più coinvolgenti.

38. Creazione di Piattaforme di Consulenza Online

Lanciare una piattaforma che connette esperti di vari campi con individui o aziende in cerca di consulenza specifica può aprire diverse opportunità di monetizzazione. ChatGPT può aiutarti a creare contenuti per la piattaforma, gestire le comunicazioni tra consulenti e clienti e sviluppare risorse utili che valorizzino il servizio di consulenza offerto.

39. Automazione del Customer Engagement

Implementa ChatGPT per automatizzare e personalizzare l'engagement dei clienti attraverso email, chat e social media. Questo non solo migliora l'efficienza nel gestire le interazioni con i clienti ma può anche aumentare la fedeltà del cliente fornendo esperienze tempestive, personalizzate e di alta qualità.

40. Analisi di Mercato Basata su IA

Usa ChatGPT per condurre analisi di mercato dettagliate, identificando tendenze emergenti, nicchie di mercato inesplorate e opportunità di innovazione. Queste informazioni possono essere utilizzate per guidare lo sviluppo di prodotti, la strategia di marketing e la pianificazione aziendale, mantenendo l'azienda all'avanguardia nel suo settore.

41. Gestione di Campagne PPC Automatizzate

Ottimizza le tue campagne pubblicitarie pay-per-click (PPC) con l'aiuto di ChatGPT, generando automaticamente annunci efficaci, parole chiave ottimizzate e landing page convincenti. L'analisi delle performance delle campagne in tempo reale può anche aiutare a riallocare il budget in modo efficace per massimizzare il ROI.

42. Sviluppo di Contenuti Interattivi

Crea contenuti interattivi, come quiz, giochi e simulazioni, che coinvolgano attivamente il tuo pubblico. ChatGPT può assistere nella progettazione di questi elementi, rendendo il tuo sito web o la tua app più attraenti e aumentando il tempo di permanenza e l'engagement degli utenti.

43. Realizzazione di Studi di Settore e Rapporti di Ricerca

Compila studi di settore approfonditi e rapporti di ricerca sfruttando la capacità di ChatGPT di analizzare e sintetizzare grandi volumi di dati e informazioni. Questi rapporti possono essere venduti o utilizzati per posizionarti come leader di pensiero nel tuo settore, attirando attenzione sui tuoi prodotti o servizi.

44. Automazione delle Operazioni Aziendali

Razionalizza e automatizza le operazioni aziendali quotidiane, dalla gestione dell'inventario alla fatturazione e al customer service, utilizzando ChatGPT. L'efficienza operativa migliorata può ridurre i costi, migliorare il servizio clienti e consentire alla tua azienda di scalare più facilmente.

Attraverso queste e molte altre strategie, l'espansione delle fonti di reddito online diventa una realtà tangibile. L'adozione e l'integrazione creativa di tecnologie come ChatGPT non solo apre la porta a nuove opportunità di business ma consente anche di navigare in modo più efficace in un paesaggio digitale in continua evoluzione. Mantenere una mentalità aperta all'innovazione e sperimentare con nuovi approcci può rivelare percorsi inaspettati verso il successo.

45. Leveraging delle Reti di Vendita Sociale

Con la crescita delle piattaforme sociali come canali di vendita diretti, sfruttare le reti di vendita sociale per promuovere prodotti o servizi può significativamente ampliare la tua portata. ChatGPT può assistere nello sviluppo di strategie di contenuto che massimizzano l'engagement sui social media e convertire seguaci in clienti.

46. Ottimizzazione delle Strategie di Content Syndication

La syndication di contenuti, o la distribuzione del tuo contenuto attraverso piattaforme di terze parti, può aumentare significativamente la visibilità e l'autorità del tuo marchio online. Utilizza ChatGPT per generare versioni uniche del tuo contenuto adatte alla syndication, assicurando che il messaggio rimanga coerente e ottimizzato per ciascuna piattaforma.

47. Implementazione di Soluzioni di Customer Data Platform (CDP)

Integra ChatGPT con soluzioni CDP per raccogliere, analizzare e attivare dati dei clienti in tempo reale, consentendo una personalizzazione profonda delle esperienze utente attraverso tutti i canali. Questo approccio data-driven può trasformare come interagisci con i clienti e come personalizzi le offerte per incontrare le loro esigenze specifiche.

48. Creazione di Esperienze di Shopping Virtuale

Nell'era dell'e-commerce, creare esperienze di shopping virtuale immersive può distinguere il tuo marchio. Utilizzando ChatGPT, sviluppa guide di shopping interattive, assistenti virtuali per lo shopping e contenuti personalizzati che migliorano l'esperienza di acquisto online e guidano decisioni di acquisto informate.

49. Sviluppo di Strumenti di Gestione Finanziaria Personale

Con l'aumento dell'interesse per la finanza personale, offrire strumenti di gestione finanziaria basati su AI può attirare utenti alla ricerca di modi per monitorare e migliorare la loro salute finanziaria. ChatGPT può aiutare a generare consigli personalizzati su budgeting, investimenti e risparmi, rendendo la gestione finanziaria accessibile e intuitiva.

50. Promozione di Programmi di Ricompensa e Fedeltà

I programmi di ricompensa e fedeltà possono aumentare la retention dei clienti e stimolare le vendite ripetute. ChatGPT può essere utilizzato per personalizzare le offerte di ricompensa, comunicare i vantaggi del programma ai clienti e analizzare i dati dei partecipanti per ottimizzare continuamente l'offerta.

51. Lancio di Iniziative di Crowdsourcing Creativo

Il crowdsourcing offre un metodo unico per coinvolgere la tua community nella creazione di contenuti, prodotti o soluzioni. ChatGPT può assistere nella progettazione di campagne di crowdsourcing, nella gestione delle submission e nella comunicazione con i contributori, assicurando che il processo sia collaborativo, trasparente e produttivo.

52. Esplorazione del Metaverso e delle Opportunità di NFT

Il metaverso e il mercato degli NFT stanno aprendo nuove frontiere per la creatività digitale e l'imprenditorialità. ChatGPT può aiutarti a navigare in questo nuovo spazio, generando idee per creazioni uniche di NFT, sviluppando strategie di marketing per il metaverso e offrendo supporto nel coinvolgimento della community in questi ambienti virtuali.

53. Automazione dei Processi di Onboarding dei Clienti

Un processo di onboarding del cliente ben progettato può migliorare significativamente la soddisfazione e la retention. Usa ChatGPT per automatizzare e personalizzare i percorsi di onboarding, fornendo ai nuovi clienti tutte le informazioni e il supporto di cui hanno bisogno per iniziare a utilizzare i tuoi prodotti o servizi senza problemi e massimizzando la loro soddisfazione iniziale.

54. Potenziamento delle Strategie di Marketing Omnicanale

Integra ChatGPT nelle tue strategie di marketing omnicanale per creare messaggi coesi e personalizzati che risuonino con il tuo pubblico attraverso diversi canali. Questo approccio garantisce che i clienti ricevano un'esperienza di marca uniforme, sia che interagiscano online, sui social media, via email o in negozio, incrementando l'engagement e la fedeltà del cliente.

55. Sviluppo di Piattaforme di Tutoraggio Online

Le piattaforme di tutoraggio online stanno diventando sempre più popolari. Utilizzando ChatGPT, puoi creare sistemi di tutoraggio personalizzati che offrano istruzioni e supporto su misura per studenti di tutti i livelli, in una varietà di materie. Questo non solo aiuta a democratizzare l'istruzione ma apre anche nuove opportunità di business nel settore dell'e-learning.

56. Miglioramento del Supporto Post-Vendita

Un eccellente supporto post-vendita può fare la differenza nell'esperienza complessiva del cliente. Con l'ausilio di ChatGPT, è possibile automatizzare e personalizzare il supporto fornito ai clienti dopo l'acquisto, migliorando la risoluzione dei problemi e la soddisfazione del cliente, il che può tradursi in maggiori tassi di riacquisto e passaparola positivo.

57. Ottimizzazione della Gestione del Portfolio di Progetti

Per le agenzie e i professionisti che gestiscono numerosi progetti simultaneamente, ChatGPT può offrire soluzioni per l'ottimizzazione della gestione del portfolio di progetti. Questo include la generazione di rapporti di stato automatizzati, la valutazione delle priorità dei progetti e l'assistenza nella comunicazione efficace con i clienti e i membri del team.

58. Integrazione di ChatGPT in Dispositivi Indossabili

L'integrazione di ChatGPT in dispositivi indossabili come smartwatch o fitness tracker può portare la personalizzazione e l'assistenza AI direttamente al polso dell'utente. Questo permette di offrire suggerimenti proattivi per la salute e il benessere, notifiche personalizzate e interazioni fluide con altre app e servizi.

59. Esplorazione di Servizi di Consulenza Virtuale

Offri servizi di consulenza virtuale in campi come il benessere, la finanza personale o il coaching di carriera, utilizzando ChatGPT per gestire le sessioni, fornire risorse personalizzate e mantenere il coinvolgimento dei clienti tra le sessioni. Questo approccio non solo espande la tua portata a un pubblico globale ma offre anche una comoda soluzione per coloro che cercano supporto e guida.

60. Creazione di Contenuti Dinamici per Schermi Digitali

Sfrutta ChatGPT per alimentare schermi digitali in spazi pubblici, negozi o eventi, con contenuti dinamici che cambiano in base al contesto, come il tempo, la presenza di persone o eventi specifici. Questo tipo di contenuto dinamico può attirare l'attenzione, migliorare l'engagement del cliente e offrire nuove opportunità per la pubblicità mirata.

61. Utilizzo di ChatGPT per la Narrazione di Dati

In un'era in cui i dati sono sempre più al centro delle decisioni aziendali, utilizzare ChatGPT per trasformare complessi set di dati in narrazioni comprensibili e avvincenti può aiutare le organizzazioni a comunicare meglio insight e strategie sia internamente che esternamente, rendendo l'analisi dei dati accessibile a un pubblico più ampio.

Attraverso queste e altre innovative applicazioni di ChatGPT, le organizzazioni e gli individui possono non solo espandere le loro fonti di reddito online ma anche migliorare significativamente l'efficienza, l'efficacia e l'esperienza utente nei loro servizi e prodotti esistenti, aprendo la strada a un futuro in cui la tecnologia AI gioca un ruolo centrale nell'innovazione e nella crescita.

62. Personalizzazione delle Esperienze di E-commerce

Integrare ChatGPT nei sistemi di e-commerce permette di personalizzare in modo dinamico le esperienze di shopping, suggerendo prodotti basati sulle interazioni precedenti, sulle preferenze espresse e sul comportamento di navigazione. Questa personalizzazione può aumentare significativamente la conversione e la fidelizzazione dei clienti, rendendo ogni esperienza di acquisto unica e su misura.

63. Sviluppo di Soluzioni di Smart Home

L'uso di ChatGPT può estendersi agli ambienti domestici intelligenti, offrendo agli utenti la possibilità di interagire con i dispositivi smart home attraverso comandi vocali naturali e intuitivi. Questo non solo migliora l'usabilità e l'accessibilità ma apre anche nuove vie per l'automazione domestica e l'integrazione dei sistemi.

64. Assistenza nella Pianificazione Finanziaria

ChatGPT può essere utilizzato per fornire assistenza e consulenza nella pianificazione finanziaria personale, generando suggerimenti personalizzati su budgeting, risparmi, investimenti e gestione del debito. Questi servizi possono aiutare gli utenti a prendere decisioni finanziarie più informate e a migliorare la loro salute finanziaria complessiva.

65. Miglioramento delle Capacità di Ricerca Online

L'integrazione di ChatGPT con motori di ricerca o strumenti di ricerca interni può rivoluzionare il modo in cui gli utenti trovano informazioni online, rendendo i risultati della ricerca più rilevanti, accurati e personalizzati. Questo può ridurre il tempo necessario per trovare informazioni utili e migliorare l'esperienza complessiva di ricerca.

66. Offerta di Servizi di Editing e Revisione

Fornire servizi di editing e revisione supportati da ChatGPT può aiutare scrittori, studenti e professionisti a perfezionare i loro lavori, migliorando la grammatica, lo stile e la coerenza dei documenti. Questo tipo di servizio non solo garantisce un alto livello di qualità ma offre anche un supporto prezioso per coloro che cercano di migliorare le loro capacità di scrittura.

67. Creazione di Esperienze di Apprendimento Ibride

Utilizzare ChatGPT per sviluppare esperienze di apprendimento ibride che combinano elementi online e offline può offrire agli studenti un approccio più flessibile e personalizzato all'istruzione. Questo metodo può adattarsi ai diversi stili di apprendimento, migliorare l'engagement e facilitare l'accesso all'istruzione per un pubblico più ampio.

68. Supporto alle Operazioni di Business Internazionale

ChatGPT può assistere le aziende che operano a livello internazionale fornendo traduzioni in tempo reale, analisi di mercato localizzate e supporto nella comunicazione interculturale. Questo può aiutare a superare le barriere linguistiche e culturali, migliorando le operazioni di business e le strategie di espansione globale.

69. Potenziamento dei Sistemi di Monitoraggio Ambientale

L'uso di ChatGPT in sistemi di monitoraggio ambientale permette di analizzare dati complessi provenienti da sensori e stazioni di monitoraggio, fornendo report comprensibili e azioni raccomandate per affrontare questioni ambientali come l'inquinamento o il cambiamento climatico. Questo supporta gli sforzi di sostenibilità e la presa di decisioni basata sui dati.

Attraverso l'esplorazione continua di nuove applicazioni e l'integrazione creativa di tecnologie come ChatGPT, è possibile non solo diversificare le fonti di reddito online ma anche contribuire significativamente all'innovazione e al progresso in vari settori, migliorando la vita delle persone e affrontando le sfide globali con soluzioni intelligenti e sostenibili.

70. Rafforzamento dell'Assistenza Sanitaria Preventiva

ChatGPT può essere integrato in applicazioni e piattaforme dedicate alla salute per fornire consigli personalizzati su stili di vita salutari, monitoraggio dei sintomi e promozione di comportamenti preventivi. Questo tipo di assistenza digitale può aiutare gli individui a mantenere uno stato di salute ottimale, riducendo al contempo la pressione sui sistemi sanitari tradizionali.

71. Facilitazione dell'Accesso alla Cultura e all'Arte

Sviluppare piattaforme che utilizzano ChatGPT per guidare esperienze culturali interattive, come visite virtuali a musei, gallerie d'arte o siti storici, può aumentare l'accessibilità alla cultura. Questo non solo democratizza l'accesso all'arte e alla storia ma incoraggia anche un apprendimento continuo e l'arricchimento personale.

72. Innovazione nel Settore dell'ospitalità

Nel settore dell'ospitalità, ChatGPT può essere utilizzato per offrire servizi di concierge virtuali, fornendo ai visitatori raccomandazioni personalizzate, prenotazioni e assistenza 24/7. Questo tipo di innovazione può migliorare l'esperienza degli ospiti, aumentando la soddisfazione del cliente e incentivando recensioni positive.

73. Sviluppo di Assistenza Legale Automatizzata

Creare soluzioni che offrono assistenza legale automatizzata per questioni comuni, come la creazione di contratti standard o la consulenza su diritti e obblighi, può rendere i servizi legali più accessibili. ChatGPT può aiutare a generare documenti legali personalizzati e fornire risposte a quesiti legali comuni, riducendo il bisogno di costose consulenze legali per questioni di routine.

74. Potenziamento dei Sistemi di Tracciamento e Gestione Logistica

Nella logistica, ChatGPT può essere impiegato per migliorare i sistemi di tracciamento delle spedizioni, offrendo aggiornamenti in tempo reale e rispondendo alle domande dei clienti riguardo lo stato delle loro consegne. Questo non solo migliora l'efficienza operativa ma aumenta anche la trasparenza e la fiducia del cliente.

75. Miglioramento delle Capacità di Previsione Finanziaria

Integrare ChatGPT in strumenti di previsione finanziaria per analizzare tendenze di mercato, report finanziari e dati economici può offrire alle aziende previsioni più accurate e personalizzate. Questo aiuta le organizzazioni a prendere decisioni finanziarie informate, ottimizzando la gestione delle risorse e minimizzando i rischi.

76. Sviluppo di Esperienze di Intrattenimento Personalizzate

Utilizzare ChatGPT per creare esperienze di intrattenimento personalizzate, come giochi interattivi, racconti su misura o esperienze di realtà aumentata, può trasformare il modo in cui le persone si impegnano nel tempo libero, offrendo divertimento che è sia coinvolgente che profondamente personale.

77. Facilitazione dell'Apprendimento Linguistico

Implementare ChatGPT in applicazioni per l'apprendimento delle lingue può offrire agli utenti un'esperienza di apprendimento più interattiva e personalizzata, con dialoghi simulati, esercizi linguistici su misura e feedback immediato. Questo rende l'apprendimento di una nuova lingua più accessibile e efficace per persone di tutte le età.

78. Miglioramento dei Servizi di Trasporto Pubblico

Integrare ChatGPT in sistemi di informazione per il trasporto pubblico può offrire agli utenti aggiornamenti in tempo reale, opzioni di viaggio ottimizzate e risposte a domande frequenti, migliorando l'esperienza complessiva del viaggiatore e incentivando l'uso di opzioni di trasporto sostenibili.

79. Supporto nell'Elaborazione di Piani di Emergenza Personalizzati

ChatGPT può essere utilizzato per aiutare gli individui e le organizzazioni a elaborare piani di emergenza personalizzati, analizzando fattori specifici come la geografia, i rischi locali, le risorse disponibili e le esigenze individuali. Fornendo istruzioni dettagliate, liste di controllo e consigli per la preparazione, ChatGPT può contribuire a migliorare la resilienza di fronte a disastri naturali, emergenze sanitarie o altre crisi. Questo approccio personalizzato garantisce che le persone e le aziende non solo comprendano meglio i rischi ai quali sono esposte, ma abbiano anche piani di azione chiari per proteggere se stesse, i loro cari e i loro beni.

L'integrazione di ChatGPT in sistemi di emergenza e sicurezza può anche facilitare la comunicazione tempestiva e accurata durante le emergenze, consentendo agli utenti di ricevere aggiornamenti in tempo reale e istruzioni basate sul contesto. Inoltre, può aiutare le agenzie di soccorso e i responsabili delle decisioni a diffondere informazioni vitali, a gestire le richieste di assistenza e a coordinare gli sforzi di risposta in modo più efficace, contribuendo a minimizzare l'impatto degli eventi avversi.

Al di là delle applicazioni in situazioni di emergenza, l'adozione diffusa di ChatGPT e tecnologie simili rappresenta una trasformazione significativa nel modo in cui interagiamo con il mondo digitale. L'automazione intelligente e la personalizzazione offerte da queste tecnologie AI possono portare a miglioramenti sostanziali in una vasta gamma di settori, inclusi ma non limitati a educazione, sanità, finanza, intrattenimento, e-commerce e molti altri.

Nel settore educativo, ad esempio, ChatGPT può rivoluzionare l'apprendimento personalizzato, adattando il materiale didattico agli stili e ai ritmi di apprendimento individuali, rendendo l'istruzione più inclusiva e accessibile. Nel settore sanitario, può migliorare la prevenzione delle malattie e la gestione della salute personale, fornendo consigli personalizzati e supporto decisionale basato su vasti database medici.

Nel mondo finanziario, l'impiego di ChatGPT può portare a servizi di consulenza e pianificazione finanziaria più accessibili, aiutando gli utenti a navigare in complessi scenari finanziari con consigli personalizzati. Nel settore dell'intrattenimento, può offrire esperienze altamente personalizzate, trasformando il modo in cui le persone scoprono e interagiscono con contenuti multimediali, giochi e altre forme di divertimento.

Infine, l'incorporazione di ChatGPT nell'e-commerce e nelle strategie di customer engagement può significare una rivoluzione nell'esperienza del cliente, offrendo un servizio clienti senza soluzione di continuità, raccomandazioni di prodotti altamente mirate e interazioni brand-utente significative.

In conclusione, l'evoluzione e l'integrazione di ChatGPT in diversi aspetti della vita quotidiana e delle operazioni aziendali non solo promettono di ampliare le nostre capacità e migliorare l'efficienza, ma aprono anche nuove frontiere per l'innovazione, la personalizzazione e l'impatto sociale positivo. Man mano che esploriamo e adottiamo queste tecnologie, ci avviciniamo a un futuro in cui l'intelligenza artificiale migliora significativamente la nostra capacità di affrontare sfide, realizzare potenziali e creare valore in modi precedentemente inimmaginabili.

7. Costruzione di una presenza online efficace: Fornire consigli su come costruire una presenza online solida e autorevole per massimizzare le opportunità di guadagno.

Costruire una presenza online solida e autorevole è essenziale in un'epoca in cui la maggior parte delle interazioni avviene nel mondo digitale. Che tu sia un imprenditore, un professionista o un creatore di contenuti, ecco alcuni consigli strategici per rafforzare la tua presenza online e massimizzare le opportunità di guadagno:

1. Definisci la Tua Nicchia

Identifica e concentrati su una nicchia specifica che rifletta le tue passioni, competenze e l'unicità del tuo brand. Una nicchia ben definita ti aiuterà a distinguerti dalla concorrenza e attrarre un pubblico mirato interessato a ciò che hai da offrire.

2. Crea Contenuti di Valore

Producendo contenuti di alta qualità, rilevanti per il tuo pubblico e che offrano soluzioni ai loro problemi, puoi stabilirti come autorità nel tuo campo. Utilizza diversi formati – blog, video, podcast, infografiche – per coinvolgere il tuo pubblico in vari modi.

3. Ottimizza per i Motori di Ricerca (SEO)

Assicurati che i tuoi contenuti online siano ottimizzati per i motori di ricerca. L'uso di parole chiave rilevanti, titoli accattivanti, meta descrizioni e una struttura dei contenuti SEO-friendly può aumentare la tua visibilità online e attirare più traffico organico al tuo sito o blog.

4. Sfrutta i Social Media

I social media sono strumenti potenti per costruire e mantenere relazioni con il tuo pubblico. Scegli le piattaforme più adatte alla tua nicchia e pubblica regolarmente contenuti che promuovano l'interazione, condividendo anche momenti personali per umanizzare il tuo brand.

5. Interagisci con la Tua Community

Dedica tempo a costruire relazioni con la tua community rispondendo ai commenti, partecipando a discussioni e mostrando apprezzamento per il loro supporto. Un'interazione autentica può trasformare i follower occasionali in fan devoti.

6. Costruisci una Mailing List

Raccogli indirizzi email dal tuo pubblico per costruire una mailing list. Offri incentivi, come e-book gratuiti o sconti, per incoraggiare l'iscrizione. Una mailing list ti permette di comunicare direttamente con il tuo pubblico e promuovere prodotti o servizi.

7. Analizza i Tuoi Dati

Utilizza strumenti di analisi per monitorare il comportamento del tuo pubblico, le prestazioni dei contenuti e il traffico al tuo sito. Questi dati possono offrirti insight preziosi per ottimizzare la tua strategia e massimizzare l'impatto dei tuoi sforzi online.

8. Collabora con Altri nel Tuo Settore

Le collaborazioni con altri professionisti o influencer nella tua nicchia possono esporti a un pubblico più ampio e aggiungere credibilità al tuo brand. Cerca opportunità di guest blogging, interviste reciproche o progetti congiunti.

9. Offri Qualcosa di Unico

Trova modi per differenziare te stesso e i tuoi offerte. Ciò potrebbe significare sviluppare un prodotto innovativo, offrire un servizio eccezionale o creare contenuti in un formato unico. Il tuo fattore distintivo attirerà l'attenzione e ti aiuterà a fidelizzare il pubblico.

10. Sii Costante

La costruzione di una presenza online forte richiede tempo e impegno. Pubblica contenuti regolarmente, mantieni attive le tue piattaforme social e continua a impegnarti con la tua community. La costanza non solo migliora il tuo ranking SEO ma stabilisce anche una fiducia e affidabilità con il tuo pubblico.

11. Impara Sempre

Il mondo digitale è in costante evoluzione, quindi è cruciale rimanere aggiornati sulle ultime tendenze, strumenti e best practices nel tuo campo. Continua ad apprendere e ad adattare la tua strategia per rimanere rilevante e competitivo.

12. Utilizza la Pubblicità Online

Investire in pubblicità online attraverso piattaforme come Google AdWords, Facebook Ads, o LinkedIn Ads può aumentare significativamente la tua visibilità e guidare traffico qualificato verso il tuo sito o profili social. La chiave è targetizzare accuratamente le tue campagne per raggiungere il tuo pubblico ideale in modo efficiente.

13. Ottimizza il Tuo Sito per la Conversione

Assicurati che il tuo sito web sia progettato pensando alla conversione. Ciò include avere un design pulito, una navigazione intuitiva, e chiari call-to-action (CTA) che guidano i visitatori verso l'azione desiderata, come l'iscrizione alla newsletter, il download di una risorsa o l'acquisto di un prodotto.

14. Crea una Proposta di Valore Chiara

La tua proposta di valore dovrebbe comunicare chiaramente perché i clienti dovrebbero scegliere te rispetto ai tuoi concorrenti. Essa dovrebbe essere evidente in tutto il tuo sito web, i tuoi post sui social media e altri materiali di marketing, sottolineando ciò che rende unica la tua offerta.

15. Fornisci Prova Sociale

La prova sociale, come testimonianze, recensioni e studi di caso, può aumentare significativamente la tua credibilità online. Mostrare i risultati che hai ottenuto per altri clienti o il feedback positivo può convincere i potenziali clienti della validità e del valore dei tuoi prodotti o servizi.

16. Partecipa ad Eventi Online e Webinar

Partecipare o ospitare webinar, conferenze virtuali, e altri eventi online può migliorare la tua visibilità e stabilirti come esperto nel tuo campo. Questi eventi offrono anche opportunità di networking e possono generare lead qualificati.

17. Sii Aperto al Feedback

Invita feedback dal tuo pubblico e sii aperto alle critiche costruttive. Questo non solo può aiutarti a migliorare la tua

offerta ma dimostra anche che dai valore alle opinioni dei tuoi
clienti, costruendo fiducia e relazioni positive.

18. Proteggi la Tua Reputazione Online

Monitora attivamente ciò che viene detto sul tuo brand online e
rispondi prontamente a qualsiasi feedback negativo o
recensione. Gestire le situazioni con professionalità può
prevenire danni alla tua reputazione e mostrare che ti impegni
per la soddisfazione del cliente.

19. Sfrutta l'Analisi dei Competitori

Analizza regolarmente i tuoi concorrenti per capire cosa stanno
facendo bene e dove potrebbero esserci lacune nel mercato.
Questo può offrirti preziosi insight per affinare la tua strategia e
identificare opportunità uniche per distinguerti.

20. Mantieni l'Agilità

Infine, mantieni una mentalità agile e flessibile nella tua
strategia online. Essere in grado di adattarsi rapidamente ai
cambiamenti nel mercato, alle nuove tendenze o alle esigenze
dei clienti può farti rimanere avanti rispetto alla concorrenza e
garantire che la tua presenza online rimanga forte e rilevante.

Seguendo questi consigli e rimanendo impegnato nella crescita e
nell'evoluzione della tua presenza online, puoi massimizzare le
tue opportunità di guadagno e costruire un brand digitale forte e
rispettato. La chiave è un approccio coerente, strategico e
centrato sull'utente che valorizzi l'autenticità e la qualità in ogni
interazione.

21. Esplora le Piattaforme Emergenti

Non limitarti alle piattaforme più conosciute; tieni sempre
d'occhio nuove piattaforme e social network emergenti. Essere
tra i primi ad adottare una nuova piattaforma può darti un
vantaggio significativo e aiutarti a raggiungere un pubblico
nuovo e non ancora saturato.

22. Utilizza il Storytelling

Il potere del racconto è immenso. Le storie personali, i successi
dei clienti, e le sfide superate rendono il tuo brand più relatabile
e coinvolgente. Utilizza il storytelling nei tuoi contenuti per
creare una connessione emotiva con il tuo pubblico.

23. Sviluppa un'App Mobile

Se è pertinente per il tuo business, considera lo sviluppo di
un'app mobile. Un'app può migliorare l'accessibilità dei tuoi
contenuti o servizi e offrire un'esperienza utente più fluida e
interattiva, aumentando l'engagement e la fedeltà del cliente.

24. Crea Risorse Downloadabili

Offrire risorse gratuite downloadabili come e-book, whitepaper,
o guide può essere un ottimo modo per raccogliere lead e fornire
valore aggiunto al tuo pubblico. Assicurati che questi materiali
siano di alta qualità e pertinenti alla tua nicchia.

25. Implementa Chatbot IA

I chatbot basati su IA, come quelli potenziati da tecnologie simili
a ChatGPT, possono fornire assistenza immediata ai visitatori
del tuo sito, migliorando l'esperienza utente e liberando tempo
prezioso che il tuo team può dedicare ad attività più strategiche.

26. Offri Corsi o Workshop Online

Creare e vendere corsi o workshop online è un ottimo modo per
condividere la tua esperienza e costruire una presenza online.
Questi possono variare da sessioni di gruppo a coaching
individuale, a seconda delle tue competenze e del tuo pubblico
target.

27. Lancia una Serie Web o un Vlog

Una serie web regolare o un vlog possono mantenere il tuo
pubblico impegnato e tornare per di più. Scegli temi che

risuonano con il tuo pubblico e che evidenziano la tua esperienza e la tua personalità unica.

28. Utilizzo di Webinar Interattivi

I webinar offrono un'opportunità per condividere conoscenze e interagire direttamente con il tuo pubblico. Rendili interattivi con Q&A, sondaggi e workshop per aumentare l'engagement e fornire valore reale ai partecipanti.

29. Sviluppa una Strategia di Influencer Marketing

Collaborare con influencer nel tuo settore può aumentare notevolmente la tua visibilità e credibilità. Scegli partner che rispecchiano i valori del tuo brand e che hanno un pubblico impegnato e pertinente.

30. Partecipazione Attiva in Community Online

Essere attivi in forum online, gruppi di discussione e altre community può aiutarti a costruire relazioni, a condividere la tua esperienza e a guidare traffico al tuo sito o ai tuoi profili social. Scegli community che sono rilevanti per la tua nicchia e partecipa in modo significativo.

31. Migliora la Velocità e la Sicurezza del Sito

Un sito web veloce e sicuro è fondamentale per mantenere la fiducia dei visitatori. Assicurati che il tuo sito sia ottimizzato per la velocità e che tutte le misure di sicurezza, come i certificati SSL, siano in atto per proteggere i dati dei tuoi utenti.

Attraverso l'implementazione di queste strategie avanzate, è possibile non solo stabilire una presenza online robusta e autorevole ma anche creare una base solida per il successo a lungo termine. Ricorda, la chiave è l'adattabilità e l'innovazione continua; ascolta il tuo pubblico, analizza i dati e non smettere mai di evolvere.

32. Cura del Branding Personale e Aziendale

Il branding coerente su tutte le piattaforme online aumenta il riconoscimento e la fiducia nel tuo marchio. Assicurati che logo, colori, tono di voce e messaggi riflettano chiaramente la tua identità di marca e siano consistenti su tutti i canali digitali, dai social media al tuo sito web.

33. Monitoraggio e Gestione della Reputazione Online

Utilizza strumenti di monitoraggio online per tenere traccia di ciò che viene detto sul tuo brand nell'ecosistema digitale. Essere proattivi nella gestione della tua reputazione online può aiutarti a mitigare eventuali impatti negativi e a capitalizzare sul feedback positivo.

34. Utilizzo di Piattaforme di Email Marketing

Le email rimangono uno strumento potente per raggiungere direttamente il tuo pubblico. Sviluppa una strategia di email marketing che offra contenuti pertinenti e personalizzati, incoraggiando l'apertura e il coinvolgimento da parte dei destinatari.

35. Esplorazione di Tecnologie Emergenti

Rimani all'avanguardia esplorando come nuove tecnologie, come la realtà aumentata, blockchain o l'intelligenza artificiale, possono essere integrate nella tua strategia online per offrire esperienze utente innovative e migliorare l'efficienza operativa.

36. Partecipazione a Forum e Tavole Rotonde Online

Essere presenti in discussioni di settore pertinenti può posizionarti come leader di pensiero e costruire relazioni professionali. La partecipazione attiva dimostra il tuo impegno per la tua nicchia e può aprire opportunità di networking e collaborazione.

37. Sviluppo di un'App Comunitaria

Se appropriato, considera lo sviluppo di un'app mobile che
faciliti una comunità intorno ai tuoi prodotti o servizi. Questo
può aumentare l'engagement, migliorare la customer experience
e fornire una piattaforma per il feedback diretto e l'innovazione
collaborativa.

38. Implementazione di Sistemi di Feedback dei Clienti

Incorpora sistemi per raccogliere e analizzare il feedback dei
clienti sul tuo sito web e sui tuoi prodotti. Questo non solo ti
fornisce dati preziosi per l'ottimizzazione ma mostra anche ai
tuoi clienti che il loro parere è importante.

39. Creazione di Programmi di Affiliazione

Lanciare un programma di affiliazione può incentivare altri a
promuovere i tuoi prodotti o servizi, estendendo la tua portata e
generando vendite attraverso canali che potresti non essere in
grado di toccare direttamente.

40. Sviluppo di Contenuti Multilingua

Per raggiungere un pubblico globale, considera la creazione di
contenuti in più lingue. Questo può significativamente
aumentare la tua portata e rendere i tuoi prodotti o servizi
accessibili a una base di clienti molto più ampia.

41. Utilizzo di Dashboard Analitiche Personalizzate

Implementa dashboard analitiche personalizzate per monitorare
le prestazioni delle tue iniziative online in tempo reale. Questo ti
permette di reagire rapidamente ai cambiamenti nel
comportamento del pubblico e ottimizzare le tue strategie di
conseguenza.

42. Incoraggiamento della Condivisione Sociale

Incorpora funzionalità che facilitino la condivisione dei tuoi contenuti sui social media, ampliando la tua visibilità e incoraggiando l'engagement organico. Questo può includere pulsanti di condivisione, incentivi per la condivisione e campagne virali.

43. Sviluppo di Partnership Strategiche

Cerca opportunità per sviluppare partnership strategiche con altri brand o influencer che condividano valori o pubblici simili. Queste collaborazioni possono portare a campagne congiunte, scambi di contenuti o eventi che beneficiano entrambe le parti.

44. Fornitura di Assistenza Clienti Multicanale

Offri assistenza clienti attraverso più canali, inclusi social media, email, chat dal vivo e telefono, per assicurare che gli utenti possano raggiungerti nel modo che preferiscono. Questo non solo migliora l'esperienza del cliente ma aumenta anche le possibilità di risolvere prontamente qualsiasi problema, costruendo una reputazione positiva per il tuo servizio.

45. Ottimizzazione Mobile

Con la crescente prevalenza dell'uso di dispositivi mobili per accedere a Internet, assicurati che il tuo sito web e i tuoi contenuti siano completamente ottimizzati per il mobile. Un'esperienza utente fluida su dispositivi mobili è cruciale per mantenere l'engagement e garantire che il tuo pubblico possa interagire con il tuo brand in qualsiasi momento e luogo.

46. Creazione di Contenuti Evergreen

Investi tempo nella creazione di contenuti evergreen che rimangono rilevanti nel tempo. Questo tipo di contenuto può continuare a generare traffico e coinvolgimento a lungo dopo essere stato pubblicato, offrendo un eccellente ROI sul tuo sforzo creativo.

47. Uso di Dati per Storie Personalizzate

Sfrutta i dati raccolti dai tuoi utenti per creare storie e contenuti personalizzati che risuonino direttamente con le loro esperienze e interessi. La personalizzazione basata sui dati può aumentare significativamente l'efficacia del tuo messaggio.

48. Adozione di Strategie di Video Marketing

I video sono uno strumento sempre più importante nel marketing digitale. Creare contenuti video di qualità che educano, intrattengono o informano può migliorare significativamente l'engagement e aiutarti a raggiungere un pubblico più ampio.

49. Implementazione di Programmi Fedeltà

Sviluppa e implementa programmi di fedeltà che ricompensano i clienti per il loro continuo supporto. Questo può aiutare a mantenere alta la retention dei clienti e incentivare acquisti ripetuti, aumentando il valore della vita del cliente.

50. Partecipazione e Supporto a Cause Sociali

Dimostra l'impegno del tuo brand verso cause sociali o ambientali. Questo non solo può aiutare a costruire una connessione emotiva con il tuo pubblico ma può anche distinguere il tuo brand come socialmente responsabile e consapevole.

51. Sviluppo di Esperienze Utente Personalizzate

Usa i dati e l'intelligenza artificiale per offrire esperienze utente altamente personalizzate sul tuo sito web o app. L'adattamento del contenuto e delle offerte in base alle preferenze e al comportamento del visitatore può aumentare l'engagement e le conversioni.

52. Monitoraggio del Sentiment del Brand

Utilizza strumenti di analisi del sentiment per monitorare come il tuo brand viene percepito online. Questo ti consente di identificare rapidamente e rispondere a eventuali tendenze negative, proteggendo la tua reputazione online.

53. Sperimentazione con Format di Contenuto Innovativi

Esplora nuovi formati di contenuto, come realtà aumentata, podcast interattivi o esperienze immersive, per distinguerti e offrire valore unico al tuo pubblico. L'innovazione nei contenuti può attirare l'attenzione e generare buzz intorno al tuo brand.

54. Valutazione Costante e Riposizionamento

Infine, valuta costantemente la tua presenza online e sii pronto a riposizionarti in base ai cambiamenti del mercato, alle nuove tendenze e al feedback dei clienti. La flessibilità e l'adattabilità sono chiave per mantenere una presenza online forte e rilevante nel tempo.

Implementando queste strategie e mantenendo un approccio olistico e adattabile alla tua presenza online, puoi costruire una piattaforma digitale solida che non solo accresce la tua autorità nel settore ma massimizza anche le tue opportunità di guadagno nell'evolvente paesaggio digitale.

55. Focalizzazione su Esperienze Utente Accessibili

Garantire che il tuo sito web e i tuoi contenuti siano completamente accessibili a persone con diverse abilità non solo è un imperativo etico ma può anche ampliare il tuo pubblico. L'utilizzo di linee guida per l'accessibilità web, come WCAG (Web Content Accessibility Guidelines), assicura che tutti possano godere dei tuoi contenuti, migliorando la tua reputazione e la fedeltà del cliente.

56. Promozione della Trasparenza

Essere trasparenti riguardo alle tue pratiche aziendali, ai processi di produzione, alla sostenibilità e alle politiche può creare un forte senso di fiducia e lealtà tra il tuo pubblico. La trasparenza comunica onestà e responsabilità, qualità sempre più apprezzate dai consumatori.

57. Investimento in Contenuti Generati dagli Utenti (UGC)

Incoraggiare e curare contenuti generati dagli utenti, come recensioni, testimonianze e post sui social media, può arricchire la tua presenza online e offrire una prova sociale autentica. L'UGC può aumentare l'engagement, fornire contenuti freschi e aumentare la fiducia nel tuo brand.

58. Adozione di Pratiche Eco-sostenibili

Mostrare l'impegno del tuo brand verso la sostenibilità e pratiche ecologiche può non solo migliorare l'immagine del tuo brand ma anche attirare consumatori che condividono valori simili. Comunicare le tue iniziative verdi può distinguerti nel mercato e generare un impatto positivo.

59. Utilizzo di Piattaforme di Feedback in Tempo Reale

Implementare piattaforme che permettano di raccogliere feedback in tempo reale dai clienti può aiutarti a rimanere agile e responsivo. Questo tipo di input continuo può guidare l'innovazione, migliorare il servizio clienti e aiutarti a adattarti rapidamente alle esigenze del mercato.

60. Esplorazione del Commercio Sociale

Il commercio sociale, o l'utilizzo dei social media per facilitare l'acquisto e la vendita di prodotti, è in crescita. Sfruttare i social per creare negozi integrati o promuovere offerte esclusive può aumentare le vendite e rafforzare la tua presenza online.

61. Sviluppo di Contenuti Interattivi per l'Engagement

Investi nello sviluppo di quiz, sondaggi, giochi e altri contenuti interattivi per coinvolgere il tuo pubblico in modi divertenti e significativi. Questi strumenti possono aumentare il tempo trascorso sul tuo sito e incoraggiare la condivisione sociale.

62. Partecipazione a Iniziative di Co-marketing

Collaborare con altre aziende o brand per campagne di co-marketing può aumentare la portata dei tuoi sforzi promozionali e introdurre il tuo brand a nuovi pubblici. Scegli partner che complementano il tuo brand e offrono valore aggiunto al tuo pubblico.

63. Mantenimento della Coerenza del Brand su Tutte le Piattaforme

Assicurati che il tuo branding sia coerente su tutte le piattaforme digitali, dai social media al tuo sito web. Questa coerenza rafforza il riconoscimento del brand e aiuta a costruire una narrativa di marca forte e affidabile.

64. Creazione di Programmi Ambassador del Brand

Sviluppa un programma di ambassador del brand che permetta ai tuoi clienti più fedeli di diventare portavoce del tuo marchio. Questo può estendere la tua portata marketing e aggiungere un livello di autenticità e fiducia al tuo brand.

65. Implementazione di Strategie di Retargeting

Utilizza strategie di retargeting per riconnetterti con i visitatori del tuo sito che non hanno completato un'azione desiderata. Il retargeting può aumentare le conversioni mostrando annunci pertinenti a un pubblico già interessato al tuo brand o prodotti.

Attraverso la costante innovazione, l'adattabilità alle tendenze emergenti e il mantenimento di un approccio centrato sul cliente, puoi costruire e mantenere una presenza online efficace che non solo estende la tua portata ma anche consolida la tua autorità nel settore. Questa presenza ben curata diventa fondamentale per massimizzare le opportunità di guadagno, permettendoti di interagire con un pubblico globale, comprendere e anticipare le sue esigenze, e offrire soluzioni che risuonino profondamente con i tuoi clienti.

Una strategia digitale ben implementata richiede una riflessione olistica sui tuoi obiettivi di business, la tua identità di marca e le necessità del tuo pubblico. Attraverso l'uso strategico dei contenuti, l'ottimizzazione SEO, l'engagement sui social media, e un impegno per l'innovazione e l'eccellenza nel servizio clienti, puoi creare un ecosistema digitale che supporti il crescita e la sostenibilità del tuo business.

La chiave per il successo a lungo termine risiede nell'essere proattivi nell'apprendimento e nell'adattamento alle nuove tendenze digitali, mantenendo al contempo un'impronta autentica e relazionabile che risuoni con il tuo pubblico. Questo significa anche essere preparati a sperimentare con nuovi strumenti e piattaforme, accettare il feedback e usarlo per affinare la tua offerta, e cercare costantemente modi per aggiungere valore alla vita dei tuoi clienti.

Inoltre, misurare l'impatto delle tue strategie attraverso analisi dettagliate ti consentirà di comprendere ciò che funziona e ciò che necessita di aggiustamenti, garantendo che le tue risorse siano sempre investite nelle aree più produttive. Ricorda che la costruzione di una presenza online forte richiede tempo, pazienza e persistenza, ma i benefici in termini di brand awareness, engagement del cliente, e, infine, redditività, possono essere sostanziali.

Concludendo, stabilire una presenza online solida e autorevole è un processo continuo di apprendimento, adattamento e crescita. Sfruttando la tecnologia, i dati e una comprensione profonda del tuo pubblico, puoi posizionarti come leader nel tuo campo, costruire relazioni durature con i tuoi clienti e sbloccare nuove opportunità di guadagno nel vasto e dinamico mondo digitale. La tua presenza online è un'estensione vitale del tuo brand;

curarla con attenzione e strategia aprirà le porte al successo e
alla prosperità a lungo termine.

8. Il ruolo dei social media: Esaminare il ruolo dei social media
nella generazione di reddito online e come integrarli
efficacemente nella strategia complessiva.

I social media svolgono un ruolo cruciale nella generazione di
reddito online, offrendo piattaforme per l'engagement diretto
con il pubblico, la costruzione del brand e la promozione di
prodotti o servizi. L'integrazione efficace dei social media nella
tua strategia complessiva richiede un approccio mirato e
strategico. Ecco come i social media possono essere utilizzati per
massimizzare le opportunità di guadagno online e alcuni
consigli su come integrarli nella tua strategia di business:

1. Costruzione del Brand e Aumento della Visibilità

I social media permettono di mostrare la personalità del tuo
brand e di stabilire una connessione emotiva con il tuo pubblico.
Creando e condividendo contenuti che riflettono i valori e
l'unicità del tuo brand, puoi aumentare la visibilità e attirare un
pubblico più ampio.

2. Engagement del Pubblico

Le piattaforme social consentono interazioni dirette con i clienti
e i follower, offrendo l'opportunità di costruire relazioni
significative. Rispondendo ai commenti, partecipando a

conversazioni e riconoscendo i contributi del pubblico, puoi migliorare l'engagement e la fedeltà del cliente.

3. Generazione di Traffico verso il Sito Web o il Negozio Online

Utilizzando link nei tuoi post o nella bio del tuo profilo, puoi indirizzare traffico qualificato verso il tuo sito web o negozio online, dove i visitatori possono saperne di più sui tuoi prodotti o servizi e procedere all'acquisto.

4. Promozione di Prodotti e Servizi

I social media offrono una piattaforma per promuovere attivamente prodotti, servizi o offerte speciali. Attraverso post accattivanti, storie, video o pubblicità a pagamento, puoi raggiungere un vasto pubblico e stimolare le vendite dirette.

5. Ricerca di Mercato e Feedback

Ascoltare le conversazioni sui social media può fornire insight preziosi sui desideri e le esigenze del tuo pubblico, aiutandoti a sviluppare o migliorare i tuoi prodotti. Inoltre, puoi utilizzare i social per raccogliere feedback direttamente dai tuoi clienti.

6. Marketing di Influencer

Collaborare con influencer nei tuoi social media può amplificare il messaggio del tuo brand, raggiungendo pubblici nuovi e più vasti. Scegli influencer che rispecchiano i valori del tuo brand e che hanno un pubblico impegnato e pertinente.

7. Creazione di Contenuto Virale

I social media offrono la possibilità di creare contenuti che possono diventare virali, aumentando esponenzialmente la visibilità del tuo brand. Investire in contenuti creativi, divertenti o altamente informativi può aiutare a catturare l'attenzione del pubblico e diffondere il tuo messaggio.

8. Uso di Analitiche Social per Ottimizzare le Strategie

Le piattaforme social offrono strumenti analitici che permettono di monitorare le prestazioni dei tuoi post, capire meglio il tuo pubblico e ottimizzare la tua strategia in base ai dati raccolti.

9. Integrazione con Altre Strategie di Marketing

Assicurati che i tuoi sforzi sui social media siano integrati con altre strategie di marketing, come l'email marketing, il content marketing e le campagne PPC. Una strategia olistica garantisce che il messaggio del tuo brand sia coerente su tutte le piattaforme e massimizza l'impatto delle tue campagne.

Strategie per l'Integrazione Efficace:

- **Pianifica il Tuo Contenuto:** Sviluppa un calendario editoriale per i tuoi social media che allinei i tuoi post con eventi importanti, lanci di prodotti e campagne promozionali.

- **Sii Consistente:** Mantieni una presenza attiva e consistente sui social media, pubblicando regolarmente e interagendo con il tuo pubblico.

- **Adatta i Contenuti alle Piattaforme:** Personalizza i tuoi contenuti per adattarli alle specificità di ciascuna piattaforma social, sfruttando i loro punti di forza unici e il formato preferito dal loro pubblico.

- **Monitora e Adatta:** Usa gli strumenti analitici forniti dalle piattaforme per monitorare l'efficacia dei tuoi post, campagne e interazioni. Adatta la tua strategia in base ai dati raccolti per massimizzare l'engagement e il ritorno sull'investimento.

- **Sperimenta con Formati Diversi:** Non limitarti a post di testo o immagini. Esplora video, dirette, storie, sondaggi e altri formati interattivi per mantenere il tuo pubblico impegnato e interessato.

- **Migliora l'Ascolto Sociale:** Utilizza strumenti di ascolto sociale per tenere traccia delle menzioni del tuo brand, comprendere le conversazioni del tuo settore e identificare le opportunità per intervenire in modo significativo.

- **Promuovi la Condivisione Sociale:** Incoraggia il tuo pubblico a condividere i tuoi contenuti inserendo call-to-action efficaci e creando contenuti che siano naturalmente condivisibili per la loro rilevanza, utilità o intrattenimento.

- **Fai Leva sulle Community:** Partecipa attivamente o crea community sui social media dove il tuo pubblico target trascorre il proprio tempo. Questo può aiutare a costruire relazioni autentiche e profonde con i tuoi seguaci.

- **Integra i Social nel Tuo Sito Web:** Assicurati che il tuo sito web includa collegamenti social facilmente accessibili e pulsanti di condivisione per incoraggiare i visitatori a seguire i tuoi profili e condividere i tuoi contenuti.

- **Personalizza l'Esperienza dell'Utente:** Usa le informazioni raccolte tramite i social media per personalizzare l'esperienza degli utenti sul tuo sito web o nelle email, offrendo contenuti, offerte e raccomandazioni basate sui loro interessi e comportamenti precedenti.

- **Valorizza il Contenuto Generato dagli Utenti:** Mostra apprezzamento per il tuo pubblico valorizzando e condividendo i contenuti che creano in relazione al tuo brand, sia che si tratti di recensioni, foto, testimonianze o storie di successo.

- **Coinvolgi gli Influencer in Modo Strategico:** Scegli collaborazioni con influencer basandoti non solo sulla loro portata ma anche sull'allineamento con i valori del tuo brand e l'engagement autentico del loro pubblico.

- **Promuovi la Trasparenza e l'Autenticità:** Nelle tue comunicazioni e interazioni sui social media, sii sempre trasparente, autentico e fedele ai valori del tuo brand. Questo costruirà fiducia e credibilità con il tuo pubblico.

Implementando queste strategie e rimanendo flessibili per adattarsi ai cambiamenti rapidi nel panorama dei social media, puoi sfruttare efficacemente queste potenti piattaforme per espandere la tua portata, costruire relazioni significative e, in ultima analisi, guidare la crescita del reddito online. La chiave sta nell'ascoltare e impegnarsi autenticamente con il tuo pubblico, sfruttando i dati e le tendenze per informare le tue decisioni e rimanendo fedele all'identità del tuo brand.

- **Favorisci l'Engagement attraverso Eventi Live:** Sfrutta la potenza degli eventi live sui social media, come Facebook Live, Instagram Live, e Twitter Spaces, per interagire in tempo reale con il tuo pubblico. Questi eventi possono variare da Q&A, presentazioni di prodotti, dietro le quinte, a sessioni di brainstorming con i tuoi follower. Gli eventi live aumentano l'engagement e permettono un coinvolgimento profondo e personale con il tuo pubblico.

- **Implementa le Funzionalità di Shopping sui Social:** Molti social media offrono ora funzionalità di shopping integrate che permettono ai consumatori di effettuare acquisti direttamente dalle piattaforme. Sfrutta queste funzionalità per rendere il processo di acquisto il più fluido possibile e per trasformare i tuoi profili social in potenti canali di vendita.

- **Crea Campagne di Advocacy dei Dipendenti:** Incoraggia i tuoi dipendenti a diventare ambasciatori del tuo brand sui social media. Quando condividono i successi dell'azienda, i retroscena o i loro stessi momenti legati al lavoro, contribuiscono a umanizzare il tuo brand e a estendere ulteriormente la tua portata organica.

- **Leverage Micro-Influencer:** Collaborare con micro-influencer, che hanno un pubblico più piccolo ma altamente impegnato, può essere un modo costo-efficace per aumentare la fiducia nel tuo brand. I loro endorsement possono sembrare più genuini e personali rispetto a quelli di influencer con milioni di follower.

- **Utilizza i Social Media per il Servizio Clienti:** Sempre più consumatori si rivolgono ai social media per il supporto o per esprimere le loro opinioni su un brand. Assicurati di monitorare e rispondere rapidamente a queste interazioni. Un eccellente servizio clienti sui social può trasformare anche un feedback negativo in un'opportunità positiva per mostrare il tuo impegno verso i clienti.

- **Integra Contenuti UGC nelle Tue Campagne:** I contenuti generati dagli utenti (UGC) non solo forniscono prova sociale ma anche arricchiscono le tue campagne con contenuti autentici. Crea hashtag dedicati per incoraggiare la creazione di UGC, e poi integra questi contenuti nelle tue campagne pubblicitarie, sul tuo sito web o nei tuoi feed social.

- **Sviluppa una Strategia Cross-Platform:** Mentre è importante personalizzare i tuoi contenuti per ogni piattaforma, è altrettanto cruciale mantenere un messaggio coeso attraverso tutti i canali social. Questo aiuta a rafforzare il tuo brand e a garantire che il tuo pubblico riceva messaggi consistenti, indipendentemente da dove interagiscono con te.

- **Monitora Costantemente le Tendenze dei Social Media:** Il panorama dei social media è in continuo cambiamento, con nuove tendenze, algoritmi e funzionalità che emergono regolarmente. Rimanere informati su queste evoluzioni e saperle sfruttare rapidamente può darti un vantaggio competitivo e mantenere il tuo brand rilevante.

- **Valuta il ROI delle Tue Attività sui Social Media:** Imposta KPI chiari per le tue attività sui social media e usa gli strumenti analitici per tracciare il loro successo. Comprendere cosa genera engagement, traffico al sito web, lead o vendite ti permette di ottimizzare le tue strategie e allocare risorse in modo più efficace.

- **Mantieni l'Autenticità in Ogni Interazione:** Infine, la chiave per un successo duraturo sui social media è mantenere un livello di autenticità in ogni post, commento o campagna. Gli utenti dei social media apprezzano la trasparenza e l'autenticità e sono più propensi a impegnarsi con i brand che percepiscono come genuini e trasparenti.

Attraverso l'adozione di queste strategie avanzate e la continua sperimentazione e adattamento, i social media possono diventare una potente leva per la generazione di reddito online, consentendo di costruire relazioni significative con il tuo pubblico e trasformando l'engagement in opportunità di business tangibili.

- **Incorpora Funzionalità Interattive per Incrementare l'Engagement:** Gli strumenti interattivi come sondaggi, quiz, e concorsi possono stimolare l'interazione diretta con il tuo pubblico. Queste attività non solo aumentano l'engagement ma possono anche fornire dati preziosi sui tuoi follower, aiutandoti a capire meglio le loro preferenze e comportamenti.

- **Sfrutta le Storie e i Contenuti Efimeri:** Le storie di Instagram, Facebook, e le funzionalità simili su altre piattaforme offrono un modo per condividere contenuti più spontanei e temporanei. Questo tipo di contenuto può aumentare la visibilità quotidiana e mantenere il tuo brand nella mente del pubblico, incoraggiando una connessione più profonda e personale.

- **Crea una Serie di Contenuti a Tema:** Sviluppare serie di contenuti regolari, come consigli settimanali, interviste mensili o sfide quotidiane, può creare aspettativa e ritorno da parte del pubblico. Questo tipo di programmazione regolare incoraggia gli utenti a seguire attivamente il tuo brand per non perdere gli aggiornamenti.

- **Leverage sulla Gamification:** Introduci elementi di gioco nei tuoi social media per incentivare la partecipazione e la condivisione. Che si tratti di guadagnare badge, scalare classifiche o vincere premi, la gamification può rendere l'interazione col tuo brand divertente e gratificante.

- **Massimizza l'Uso di Testimonianze e Recensioni:** Mostra le testimonianze e le recensioni positive sui tuoi social media per costruire credibilità e fiducia. Condividere storie di successo di clienti soddisfatti può influenzare positivamente le decisioni di acquisto dei potenziali clienti.

- **Sviluppa una Strategia di Contenuto Visivo Forte:** Le immagini e i video di alta qualità catturano l'attenzione e sono più propensi a essere condivisi. Investire nella creazione di contenuti visivi attraenti e in linea con l'identità del tuo brand può migliorare significativamente l'engagement e l'attrattività del tuo profilo.

- **Implementa Chat e Messenger Bots per l'Automazione:** I bot di chat e messenger possono fornire risposte immediate alle domande frequenti, migliorando l'esperienza dell'utente. Questi strumenti automatizzati possono aiutare a gestire le richieste di informazioni in modo efficiente, mantenendo un alto livello di servizio clienti.

- **Sfrutta le Piattaforme di Social Listening:** I tool di social listening possono aiutarti a monitorare le menzioni del tuo brand e le discussioni rilevanti nel tuo settore. Questi strumenti offrono l'opportunità di intervenire in modo proattivo, gestire la reputazione del brand e identificare tendenze emergenti.

- **Offri Esclusività e Accesso Anticipato:** Usa i social media per offrire ai tuoi follower accesso esclusivo a offerte speciali, anteprime di prodotti o eventi. Questo senso di esclusività può rafforzare il legame con il tuo pubblico e incentivare l'azione, come l'iscrizione alla tua mailing list o l'acquisto anticipato.

- **Misura e Ottimizza Continuamente:** Utilizza i dati e le metriche disponibili per valutare l'efficacia delle tue strategie sui social media. Essere disposti a testare nuove idee, adattare i contenuti e ottimizzare le campagne in base alle performance è essenziale per il successo a lungo termine.

Integrando questi approcci nella tua strategia globale sui social media, puoi trasformare efficacemente la tua presenza online in un motore potente per la crescita del reddito, la costruzione del brand e lo sviluppo di relazioni durature e significative con il tuo pubblico. La chiave è mantenere un equilibrio tra autenticità, innovazione e attenzione strategica ai bisogni e ai desideri del tuo pubblico, adattando continuamente le tue tattiche per navigare nel dinamico panorama dei social media.

- **Valorizza il Coinvolgimento della Community:** Incoraggiare il coinvolgimento attivo della tua community attraverso commenti, condivisioni e creazione di contenuti può generare un circolo virtuoso di interazione e visibilità. Creare spazi, come gruppi Facebook o chat di Telegram, dove il tuo pubblico può condividere esperienze e discutere temi relativi al tuo settore, rafforza il senso di appartenenza e la lealtà al brand.

- **Integrazione di AR e VR nei Social Media:** Esplora l'uso di realtà aumentata (AR) e realtà virtuale (VR) nei tuoi canali social per offrire esperienze immersive e innovative. Che si tratti di provare virtualmente un prodotto prima dell'acquisto o di partecipare a eventi virtuali, queste tecnologie possono elevare l'engagement e distinguere ulteriormente il tuo brand.

- **Promuovi la Responsabilità Sociale:** Utilizza i social media per evidenziare il tuo impegno in iniziative di responsabilità sociale aziendale. Condividere le tue pratiche sostenibili, le attività di volontariato o il supporto a cause benefiche può migliorare la percezione del tuo brand e risonare con un pubblico che valuta l'etica e la sostenibilità.

- **Sfrutta il Potenziale dei Dati Demografici:** Personalizza le tue campagne social in base ai dati demografici del tuo pubblico. La comprensione delle caratteristiche specifiche, come età, genere, posizione e interessi, ti permette di adattare i tuoi messaggi e le tue offerte per massimizzare la risonanza e l'efficacia.

- **Implementa Tattiche di Geolocalizzazione:** Utilizza funzionalità di geolocalizzazione sui social media per indirizzare i contenuti e le promozioni agli utenti in specifiche aree geografiche. Questo può essere particolarmente efficace per le aziende fisiche che cercano di aumentare il traffico in negozio o di coinvolgere una comunità locale.

- **Offri Supporto Multilingue:** Per raggiungere un pubblico globale, considera l'offerta di contenuti e supporto in più lingue sui social media. Questo non solo amplia la tua portata ma dimostra anche il tuo impegno a servire e rispettare diverse comunità culturali.

- **Utilizza il Storytelling Multimodale:** Combina testi, immagini, video e audio per raccontare storie coinvolgenti e multilivello sui tuoi canali social. Questo approccio multimodale può catturare una gamma più ampia di interessi dell'utente e aumentare l'impatto emotivo dei tuoi contenuti.

- **Esplora le Vendite Dirette sui Social:** Con piattaforme come Instagram e Facebook che offrono funzionalità di e-commerce integrate, esplora la possibilità di vendere direttamente attraverso i social media. Questo può semplificare il percorso di acquisto per i tuoi clienti e aumentare le opportunità di conversione.

- **Promuovi l'Apprendimento Continuo:** Offri ai tuoi follower opportunità di apprendimento e crescita professionale, come webinar gratuiti, eBook o serie di tutorial. Questo non solo aggiunge valore alla tua offerta ma stabilisce il tuo brand come una risorsa educativa autorevole nel tuo campo.

- **Mantieni la Flessibilità e l'Agilità:** Il panorama dei social media è in costante evoluzione, con nuove piattaforme, algoritmi e preferenze degli utenti che emergono regolarmente. Mantieni un approccio flessibile e pronto ad adattarsi rapidamente per sfruttare nuove opportunità e navigare in cambiamenti imprevisti.

Implementando queste strategie avanzate, puoi sfruttare al massimo il potenziale dei social media per rafforzare la tua presenza online, costruire relazioni durature con il tuo pubblico e guidare la crescita del tuo business. Ricorda, il successo sui social media richiede impegno, autenticità e un ascolto attivo delle esigenze e dei desideri del tuo pubblico. Continuando a innovare e ad adattare la tua strategia in base al feedback e alle tendenze emergenti, puoi mantenere il tuo brand rilevante e impegnativo in un paesaggio digitale in rapido cambiamento.

- **Valorizza le Piattaforme di Micro-Content:** Sfrutta le piattaforme focalizzate su contenuti brevi e d'impatto, come TikTok o Instagram Reels, per catturare l'attenzione in modi creativi e virali. Questi formati brevi sono ideali per mostrare la personalità del tuo brand, sperimentare con contenuti divertenti e coinvolgere il pubblico con storie concise.

- **Implementa la Segmentazione Avanzata nelle Campagne Pubblicitarie:** Utilizza strumenti avanzati di segmentazione offerti dalle piattaforme social per indirizzare le tue campagne pubblicitarie a segmenti specifici del tuo pubblico. La personalizzazione delle campagne in base a interessi, comportamenti e dati demografici può aumentare significativamente l'efficacia delle tue iniziative pubblicitarie.

- **Crea Esperienze di Realità Aumentata (AR):** Sfrutta la tecnologia AR per creare filtri e esperienze interattive che possono essere condivise sui social media. Queste esperienze non solo aumentano l'engagement ma possono anche offrire modi unici per mostrare i prodotti e coinvolgere il pubblico in attività immersive.

- **Sviluppa Contenuti dietro le Quinte:** Dare al tuo pubblico uno sguardo dietro le quinte della tua azienda, dei processi produttivi o della vita quotidiana del team può creare un senso di intimità e fiducia. Questi contenuti umanizzano il tuo brand e costruiscono connessioni più profonde con il tuo pubblico.

- **Promuovi la Partecipazione Attiva con CTA Efficaci:** Ogni post sui social media dovrebbe avere un chiaro call-to-action (CTA) che incoraggi l'utente all'azione, sia che si tratti di visitare il tuo sito web, iscriversi a una newsletter, partecipare a un sondaggio o condividere il post. Un CTA efficace può aumentare l'engagement e guidare le conversioni.

- **Monitora e Rispondi ai Trend in Tempo Reale:** Essere in grado di catturare e agire sui trend in tempo reale può posizionarti come un leader di pensiero nel tuo settore e aumentare l'esposizione del tuo brand. Utilizza strumenti di monitoraggio dei social media per tenere d'occhio gli argomenti di tendenza e adatta rapidamente i tuoi contenuti per partecipare alla conversazione.

- **Massimizza la Collaborazione tra Team:** Assicurati che i team di marketing, vendite, servizio clienti e prodotto lavorino insieme per creare una strategia di social media coerente e multifunzionale. La collaborazione interna assicura che i messaggi del brand siano coerenti e che ogni interazione con il cliente sia informativa e utile.

- **Esplora il Potenziale dei Podcast sui Social Media:** I podcast possono essere promossi efficacemente attraverso i social media, offrendo un altro canale per raggiungere e coinvolgere il tuo pubblico. Condividi highlight, episodi e discussioni pertinenti ai tuoi follower per attrarre un pubblico più ampio verso il tuo contenuto audio.

- **Valuta Costantemente il Ritorno sull'Investimento (ROI):** Misura regolarmente il ROI delle tue attività sui social media per assicurarti che il tempo, l'energia e il budget investiti stiano producendo risultati tangibili. Adatta le tue strategie in base all'analisi dei dati per garantire che i tuoi sforzi contribuiscano agli obiettivi complessivi del business.

Implementando queste strategie e mantenendo un impegno costante per l'innovazione e l'adattabilità, i social media possono diventare un pilastro fondamentale della tua presenza online e un motore efficace per la generazione di reddito. Ricorda, il successo sui social media è alimentato dall'autenticità, dalla coerenza e dall'ascolto attivo delle esigenze e dei desideri del tuo pubblico, permettendoti di costruire relazioni durature e di trasformare l'engagement in azioni concrete

- **Ottimizza per la Ricerca Vocale:** Con l'aumento dell'uso degli assistenti vocali per la ricerca online, assicurati che i tuoi contenuti sui social media siano ottimizzati anche per la ricerca vocale. Ciò include l'uso di parole chiave conversazionali e la creazione di contenuti che rispondano direttamente alle domande che il tuo pubblico potrebbe porre.

- **Incorpora l'Intelligenza Artificiale nelle Strategie Social:** Utilizza strumenti basati su IA per personalizzare l'esperienza dell'utente sui social media, dalla personalizzazione dei feed alla creazione di chatbot per rispondere alle domande dei clienti. L'IA può aiutarti a scalare le tue operazioni sui social media mantenendo un alto livello di personalizzazione e assistenza.

- **Sfrutta i Dati per Narrazioni Personalizzate:** Usa i dati raccolti dalle interazioni sui social media per creare narrazioni e contenuti personalizzati che parlino direttamente ai bisogni e agli interessi specifici del tuo pubblico. Questo approccio basato sui dati può aumentare significativamente l'efficacia dei tuoi messaggi.

- **Promuovi la Diversità e l'Inclusività:** Mostra il tuo impegno per la diversità e l'inclusività attraverso i tuoi contenuti sui social media. Questo non solo riflette positivamente sul tuo brand ma può anche aiutarti a connetterti con un pubblico più ampio e variegato.

- **Implementa Strategie di Social Commerce Avanzate:** Vai oltre le funzionalità standard di shopping sui social media esplorando nuove strategie di social commerce, come live shopping o integrazioni con piattaforme di e-commerce. Questi approcci possono offrire esperienze di acquisto più immersive e interattive.

- **Valorizza le Piattaforme di Contenuto Efimero:** Continua a esplorare il potenziale delle piattaforme che offrono contenuti efimeri, come le Storie di Instagram o Snapchat. Questi formati offrono un modo unico per condividere momenti autentici e promozioni temporanee che possono stimolare azioni immediate.

- **Ottimizza le Performance con A/B Testing:** Utilizza l'A/B testing per ottimizzare i tuoi post sui social media, dalle immagini e i video ai titoli e le call-to-action. Questo approccio ti permette di capire cosa risuona meglio con il tuo pubblico e di affinare la tua strategia per massimizzare l'engagement.

- **Crea un Programma di Riconoscimento dei Fan:** Sviluppa un programma per riconoscere e premiare i tuoi fan più attivi e impegnati sui social media. Questo può aiutare a promuovere un senso di comunità e appartenenza, incoraggiando ulteriormente la partecipazione e la condivisione.

- **Sfrutta le Analisi Predittive:** Usa le analisi predittive per anticipare le tendenze future sui social media e adattare di conseguenza la tua strategia. Questo può aiutarti a rimanere un passo avanti rispetto alla concorrenza e a capitalizzare sulle opportunità emergenti.

- **Mantieni una Presenza Omnicanale Coerente:** Assicurati che la tua presenza sui social media sia integrata e coerente su tutti i canali digitali, compresi sito web, blog, email e altro. Un'esperienza utente omnicanale fluida e integrata può rafforzare la tua identità di marca e migliorare la customer journey.

Attraverso l'implementazione continua di queste strategie avanzate e l'adattamento alla dinamica evoluzione del panorama dei social media, puoi trasformare efficacemente la tua presenza sui social in un leva potente per il coinvolgimento del pubblico, la costruzione della marca e, in ultima analisi, la generazione di reddito online. Ricorda, il successo richiede un impegno costante all'innovazione, all'autenticità e all'ascolto attento delle esigenze e dei desideri del tuo pubblico, consentendoti di creare connessioni significative e di trasformare l'engagement in risultati tangibili.

Integrare efficacemente i social media nella strategia complessiva di generazione di reddito online non è solo una questione di presenza; è una pratica continua di coinvolgimento, ottimizzazione e adattamento. Il ruolo dei social media nell'economia digitale di oggi è inestimabile, agendo come ponte tra il brand e il suo pubblico, facilitando non solo la comunicazione ma anche la transazione e la fidelizzazione. Per sfruttare appieno il potere dei social media nella generazione di reddito, è essenziale adottare un approccio olistico che consideri i seguenti elementi:

- **Crea e Mantieni un'Identità di Marca Forte:** La coerenza nel tuo messaggio e nell'estetica su tutte le piattaforme social consolida il tuo brand, rendendolo facilmente riconoscibile dal tuo pubblico. Questa identità di marca forte aiuta a costruire fiducia e autenticità, elementi cruciali per qualsiasi strategia di generazione di reddito.

- **Coinvolgi il Tuo Pubblico in Modo Significativo:** L'engagement non è solo una misura del successo; è anche un mezzo per approfondire la relazione con il tuo pubblico. Ascolta, interagisci e rispondi in modo significativo. Questo coinvolgimento diretto non solo aumenta l'engagement ma può anche trasformare i follower in clienti fedeli.

- **Usa i Dati per Guidare le Decisioni:** Le piattaforme social offrono un tesoro di dati e insight sul tuo pubblico. Sfrutta queste informazioni per affinare la tua strategia, personalizzare il tuo messaggio e garantire che i tuoi sforzi di marketing risuonino con il tuo target. L'analisi dei dati può rivelare tendenze, preferenze e opportunità, guidando decisioni strategiche che ottimizzano la generazione di reddito.

- **Adatta i Tuoi Contenuti alla Piattaforma:** Ogni piattaforma social ha le sue peculiarità e il suo pubblico. Personalizza i tuoi contenuti per adattarli al formato e allo stile di ciascuna piattaforma, massimizzando così l'engagement e l'efficacia dei tuoi messaggi.

- **Sfrutta la Pubblicità Social per Estendere la Tua Portata:** La pubblicità sui social media offre l'opportunità di raggiungere un pubblico più ampio e più mirato. Con la giusta strategia pubblicitaria, puoi incrementare la visibilità del tuo brand, promuovere prodotti o servizi e guidare il traffico qualificato verso il tuo sito web o negozio online.

- **Incorpora la Vendita Sociale nella Tua Strategia:**
Approfitta delle funzionalità di e-commerce integrate
disponibili su piattaforme come Instagram e Facebook
per facilitare l'acquisto diretto. La vendita sociale
rimuove barriere all'acquisto, rendendo il processo più
fluido per i tuoi clienti.

- **Cultiva Relazioni di Lungo Termine:** I social media
non sono solo un canale di vendita; sono una piattaforma
per costruire e mantenere relazioni a lungo termine con i
tuoi clienti. Fornire un valore costante, supporto e
interazione autentica può trasformare i clienti occasionali
in ambasciatori del brand di lunga data.

In conclusione, i social media rappresentano un componente
essenziale nella generazione di reddito online, fungendo da
strumento versatile per la costruzione del brand, l'engagement
del pubblico, la promozione e la vendita diretta. Implementando
strategicamente queste pratiche e rimanendo impegnati
nell'evolvere con il paesaggio digitale in rapido cambiamento, le
aziende possono non solo massimizzare le opportunità di
guadagno attraverso i social media ma anche costruire
fondamenta solide per la crescita sostenibile e il successo a
lungo termine.

9. Automatizzazione e scalabilità: Discutere di strumenti e
strategie per automatizzare i processi e scalare l'attività online
per massimizzare i guadagni.

L'automatizzazione e la scalabilità sono concetti chiave per
qualsiasi attività online che mira a massimizzare i guadagni
mantenendo efficienza e qualità. Mentre l'automatizzazione
consente di ridurre il carico di lavoro ripetitivo e di minimizzare
gli errori, la scalabilità assicura che il tuo business possa

crescere senza incontrare ostacoli infrastrutturali o di capacità. Ecco alcuni strumenti e strategie che possono aiutarti in questo percorso:

Strumenti di Automatizzazione

- **Automazione del Marketing:** Piattaforme come HubSpot, Mailchimp e Marketo offrono soluzioni per automatizzare campagne di email marketing, la gestione dei lead e altre attività di marketing digitale, permettendo di raggiungere il pubblico giusto con messaggi personalizzati al momento opportuno.

- **Gestione dei Social Media:** Strumenti come Buffer, Hootsuite e Sprout Social consentono di pianificare e pubblicare contenuti sui vari canali social media, monitorare le menzioni del brand e analizzare le prestazioni dei post, tutto da un'unica dashboard.

- **E-commerce e Gestione dell'Inventario:** Shopify, Magento e WooCommerce offrono funzionalità per automatizzare la gestione dell'inventario, l'elaborazione degli ordini, le notifiche di spedizione e altre operazioni critiche per gli store online.

- **Servizio Clienti:** Chatbot basati su IA come Intercom e Drift possono fornire supporto clienti 24/7, gestire richieste di informazioni e guidare gli utenti attraverso processi di vendita o di assistenza, riducendo il carico sul team di supporto umano.

- **Automazione dei Processi Aziendali (BPA):** Strumenti come Zapier e Integromat consentono di collegare diverse app e servizi per automatizzare flussi di lavoro tra strumenti, come il trasferimento di dati tra piattaforme o l'automazione di compiti amministrativi.

Strategie di Scalabilità

- **Adozione di Infrastrutture Cloud:** L'utilizzo di servizi cloud per l'hosting web, lo storage di dati e le operazioni di computing assicura che le risorse possano essere rapidamente scalate in base alla domanda, senza la necessità di investimenti hardware ingenti.

- **Sviluppo Modulare:** Progetta il tuo sito web e le tue applicazioni in modo modulare, consentendo l'aggiunta di nuove funzionalità o la scalabilità di quelle esistenti senza dover riscrivere il codice da zero.

- **Ottimizzazione delle Performance:** Monitora e ottimizza regolarmente le prestazioni del tuo sito web o app per garantire tempi di caricamento rapidi e un'esperienza utente fluida anche con l'aumento del traffico.

- **Partnership Strategiche:** Collabora con altre aziende per estendere la tua portata, accedere a nuovi mercati o sfruttare competenze complementari. Questo può accelerare la crescita senza richiedere ingenti investimenti interni.

- **Diversificazione dell'Offerta:** Espandi il tuo portafoglio di prodotti o servizi per accedere a nuovi segmenti di clienti e mercati, distribuendo il rischio e aumentando le opportunità di guadagno.

- **Analisi dei Dati per la Crescita:** Sfrutta l'analisi dei dati per identificare tendenze, comportamenti dei clienti e aree di crescita. I dati possono guidare decisioni strategiche, dall'ottimizzazione dell'offerta alla personalizzazione del marketing.

L'automatizzazione e la scalabilità sono essenziali per qualsiasi business online che aspira a crescere in modo sostenibile. Adottando gli strumenti giusti e implementando strategie mirate, è possibile non solo massimizzare i guadagni ma anche costruire un'impresa resiliente e pronta ad adattarsi alle sfide future.

- **Utilizzo di Piattaforme di Freelancing:** Per le attività che richiedono competenze specialistiche, considera l'utilizzo di piattaforme di freelancing come Upwork o Fiverr. Questo ti permette di scalare rapidamente la tua forza lavoro in base alle esigenze attuali senza assumere personale a tempo pieno, mantenendo flessibilità e controllo sui costi.

- **Ottimizzazione SEO:** Investi in strategie SEO (Search Engine Optimization) per migliorare la visibilità online del tuo sito web. Un posizionamento elevato nei motori di ricerca può generare traffico organico e qualificato, fondamentale per la scalabilità a lungo termine del tuo business online.

- **Sistemi di Feedback dei Clienti:** Implementa sistemi automatizzati per raccogliere feedback dai clienti, come sondaggi post-acquisto o form di feedback sul sito. Questo non solo fornisce dati preziosi per migliorare i tuoi prodotti o servizi, ma consente anche di scalare le tue operazioni rimanendo centrato sulle esigenze del cliente.

- **Personalizzazione Basata sui Dati:** Utilizza tecnologie di data mining e analisi predittiva per personalizzare l'esperienza degli utenti sul tuo sito web o nelle tue comunicazioni di marketing. La personalizzazione può aumentare significativamente la conversione e la fidelizzazione dei clienti, fattori chiave per la scalabilità.

- **Automazione della Logistica e della Spedizione:** Sfrutta strumenti di gestione logistica che automatizzano i processi di ordine, imballaggio e spedizione. Questo non solo riduce il tempo e gli errori associati alla gestione degli ordini, ma assicura anche che il tuo business possa gestire un aumento del volume degli ordini senza compromettere la qualità del servizio.

- **Monitoraggio e Gestione del Rischio:** Implementa strumenti e processi per il monitoraggio continuo e la gestione dei rischi, compresa la sicurezza informatica, la conformità normativa e la gestione finanziaria. Avere sistemi proattivi in posto per identificare e mitigare i rischi è fondamentale per mantenere una crescita scalabile e sostenibile.

- **Investimento in Formazione e Sviluppo:** Costruisci una cultura aziendale che valorizzi la formazione e lo sviluppo continuo del personale. Investire nelle competenze del tuo team non solo migliora l'efficienza e la produttività, ma assicura anche che la tua organizzazione possa adattarsi e scalare in risposta ai cambiamenti del mercato.

- **Esplorazione dell'Intelligenza Artificiale e del Machine Learning:** L'adozione di soluzioni basate su intelligenza artificiale e machine learning può automatizzare decisioni complesse, ottimizzare le operazioni e fornire insight avanzati basati sui dati. Queste tecnologie possono essere un fattore chiave per scalare efficacemente, consentendoti di anticipare le tendenze del mercato e personalizzare l'offerta ai tuoi clienti.

- **Sviluppo di un Ecosistema Digitale Integrato:** Crea un ecosistema digitale in cui tutti i tuoi strumenti e piattaforme tecnologiche sono integrati e comunicano tra loro in modo fluido. Questo non solo migliora l'efficienza interna, ma garantisce anche un'esperienza utente coesa e di alta qualità, essenziale per la crescita e la scalabilità.

- **Focus sulla Sostenibilità a Lungo Termine:** Mentre implementi strategie per l'automazione e la scalabilità, considera l'impatto a lungo termine delle tue decisioni su aspetti come la sostenibilità ambientale, l'equità sociale e la responsabilità aziendale. Un approccio olistico alla crescita non solo rinforza la resilienza del tuo business, ma costruisce anche un marchio che i clienti sono orgogliosi di sostenere.

Attraverso l'applicazione di queste strategie e l'uso intelligente degli strumenti disponibili, puoi costruire un'attività online che non solo è preparata per la crescita ma che può anche adattarsi e prosperare di fronte ai cambiamenti e alle sfide future. La chiave per la scalabilità e l'automatizzazione di successo risiede nella capacità di anticipare le esigenze future, mantenendo al contempo un'impegno costante verso l'innovazione e l'efficienza operativa.

- **Valutazione Continua dei Processi:** Implementa un sistema per la valutazione regolare e sistematica di tutti i processi aziendali. Questo approccio consente di identificare colli di bottiglia, inefficienze o opportunità per ulteriori automatizzazioni. L'ottimizzazione continua dei processi non solo migliora l'efficienza ma garantisce anche che l'attività possa adattarsi e reagire dinamicamente alle nuove sfide e opportunità di mercato.

- **Adattamento Agile:** Adotta principi e pratiche agili nell'organizzazione del lavoro, permettendo alla tua attività di reagire rapidamente ai cambiamenti del mercato e alle esigenze dei clienti. Questo approccio favorisce un ambiente di lavoro flessibile e incentrato sulla collaborazione, dove decisioni rapide e l'innovazione guidano la crescita e la scalabilità.

- **Utilizzo di Piattaforme Scalabili:** Scegli soluzioni tecnologiche e piattaforme che offrono scalabilità nativa. Servizi cloud come AWS, Google Cloud e Microsoft Azure permettono di espandere risorse quali potenza di calcolo e storage in modo elastico, in base alle necessità reali, supportando la crescita dell'attività senza interruzioni o investimenti eccessivi in infrastruttura.

- **Costruzione di Una Cultura Basata sui Dati:** Incoraggia una cultura aziendale che valorizzi l'uso dei dati per prendere decisioni informate. Strumenti avanzati di analisi dei dati e business intelligence possono rivelare insight critici che guidano strategie di automatizzazione e scalabilità, identificando aree di crescita e migliorando l'allocazione delle risorse.

- **Rafforzamento della Sicurezza e della Privacy:** Man mano che automatizzi e scala la tua attività, la sicurezza dei dati e la privacy diventano sempre più critiche. Investi in soluzioni robuste di cybersecurity, crittografia e gestione delle identità per proteggere sia la tua infrastruttura aziendale che le informazioni dei clienti, mantenendo la fiducia e la credibilità del tuo brand.

- **Ottimizzazione Mobile e Cross-Device:** Assicurati che tutti i touchpoint digitali siano ottimizzati per una varietà di dispositivi, inclusi smartphone e tablet. Un'esperienza utente coesa e accessibile da qualsiasi dispositivo è fondamentale per raggiungere un pubblico più ampio e sostenere la crescita in un ecosistema digitale sempre più mobile.

- **Innovazione di Prodotto Basata sul Feedback:** Utilizza il feedback dei clienti e l'analisi dei dati per guidare l'innovazione di prodotto e servizio. L'ascolto attivo delle esigenze e dei desideri dei tuoi clienti può ispirare nuove funzionalità, offerte o miglioramenti che aumentano il valore percepito e stimolano la fedeltà del cliente.

- **Esplorazione di Nuovi Mercati e Segmenti di Clientela:** Mantieni un approccio proattivo nell'identificare e sfruttare nuove opportunità di mercato. L'analisi di mercato e la segmentazione dei clienti possono rivelare nicchie inesplorate o aree geografiche dove espandere, contribuendo a diversificare i flussi di entrate e ridurre la dipendenza da singoli mercati o prodotti.

- **Flessibilità nei Modelli di Business:** Sii aperto a esplorare e adattare il tuo modello di business in risposta alle tendenze di mercato e alle tecnologie emergenti. La capacità di pivotare rapidamente o introdurre nuovi modelli di revenue può essere un fattore decisivo per sfruttare al meglio le opportunità di crescita e affrontare la concorrenza.

- **Investimento in Competenze e Formazione:** Infine, investi nello sviluppo delle competenze del tuo team, assicurandoti che abbiano le conoscenze e gli strumenti necessari per supportare l'automatizzazione e la scalabilità. La formazione continua e lo sviluppo professionale non solo potenziano le capacità individuali ma alimentano anche l'innovazione all'interno dell'organizzazione, creando un ambiente in cui nuove idee e approcci possono prosperare.

- **Implementazione di Sistemi di Gestione del Progetto:** L'uso di strumenti di gestione del progetto come Asana, Trello o Jira può aiutare a organizzare compiti, progetti e scadenze in modo più efficiente. Questi sistemi permettono di monitorare il progresso, assegnare risorse e garantire che tutti i membri del team siano allineati con gli obiettivi aziendali, facilitando la scalabilità delle operazioni.

- **Sfruttamento delle Comunità Online per il Supporto e l'Innovazione:** Partecipare attivamente a comunità online pertinenti al tuo settore può offrire accesso a una vasta gamma di conoscenze, esperienze e feedback. Queste interazioni possono ispirare nuove idee per l'automatizzazione, identificare best practice per la scalabilità e persino generare partnership strategiche.

- **Migrazione verso Sistemi ERP Integrati:** Considera l'adozione di sistemi di pianificazione delle risorse aziendali (ERP) che integrano vari aspetti dell'attività, dalla contabilità e le finanze alla produzione e la gestione della catena di approvvigionamento. Un sistema ERP ben implementato può automatizzare e semplificare processi complessi, rendendo più semplice la scalabilità dell'attività.

- **Digitalizzazione e Automazione dei Processi Amministrativi:** Riduci il carico di lavoro manuale e i potenziali errori digitalizzando e automatizzando processi amministrativi come la fatturazione, la gestione delle spese e la reportistica finanziaria. Strumenti come QuickBooks, Xero o FreshBooks possono trasformare la gestione finanziaria, consentendo una maggiore concentrazione su attività a valore aggiunto.

- **Creazione di un'Architettura IT Flessibile:** Sviluppa un'infrastruttura IT che possa adattarsi e espandersi in base alle esigenze di crescita del tuo business. Ciò include la selezione di software e hardware che possono essere facilmente aggiornati o integrati con nuove tecnologie, assicurando che la tua attività possa evolversi senza ostacoli tecnologici.

- **Valorizzazione della Resilienza Organizzativa:** Costruisci una cultura aziendale che premia la resilienza, l'adattabilità e l'apprendimento continuo. Le attività che possono rapidamente adattarsi ai cambiamenti, superare

le sfide e imparare dai fallimenti sono meglio posizionate
per scalare in modo sostenibile nel tempo.

- **Esplorazione delle Opportunità di Outsourcing:**
  Valuta quali aspetti della tua attività possono essere
  esternalizzati in modo efficace per ridurre i costi e
  migliorare la focalizzazione sul core business.
  L'outsourcing di funzioni non essenziali, come il supporto
  IT o il servizio clienti, può consentire alla tua azienda di
  scalare più rapidamente concentrando le risorse interne
  su aree strategiche.

- **Promozione dell'Innovazione Aperta:** Incoraggia
  l'innovazione aperta coinvolgendo clienti, partner e
  persino concorrenti nel processo di sviluppo di nuovi
  prodotti, servizi o processi. Questo approccio può
  accelerare l'innovazione, ridurre i costi di sviluppo e
  creare soluzioni più adatte alle esigenze del mercato.

Attraverso l'implementazione di queste strategie e l'utilizzo
consapevole di strumenti di automatizzazione, è possibile non
solo ottimizzare l'efficienza operativa ma anche creare
un'attività pronta per la crescita e la scalabilità. Ricorda, il
successo a lungo termine dipende dalla capacità di anticipare le
esigenze future, mantenendo al contempo flessibilità e agilità
per navigare in un panorama di business in continua evoluzione.

- **Adozione di Pratiche di Continuous
  Integration/Continuous Deployment (CI/CD):** Per
  le aziende tecnologiche e le startup, l'implementazione di
  CI/CD può automatizzare il processo di sviluppo del
  software, consentendo rilasci rapidi e affidabili di
  applicazioni e servizi. Questo approccio supporta una
  scalabilità agile, permettendo aggiornamenti frequenti
  senza compromettere la stabilità o la qualità del servizio.

- **Investimento in Automazione del Testing:** L'uso di
  strumenti di automazione del testing può migliorare

significativamente l'efficienza dello sviluppo di prodotti, riducendo il tempo e le risorse necessarie per testare manualmente software e applicazioni. Questo non solo accelera il time-to-market, ma garantisce anche che il prodotto possa scalare senza problemi tecnici.

- **Esplorazione del Finanziamento Flessibile:** Per supportare la scalabilità, considera opzioni di finanziamento flessibili che si adattano alle esigenze in evoluzione della tua attività. Crowdfunding, venture capital, prestiti bancari innovativi o linee di credito possono fornire il capitale necessario per investire in crescita senza sovraccaricare la liquidità aziendale.

- **Sviluppo di un Framework per l'Innovazione Sostenibile:** Crea un framework che incoraggi l'innovazione sostenibile all'interno della tua organizzazione, stabilendo processi che permettano la generazione continua di idee, la valutazione di nuove tecnologie e la sperimentazione di nuovi modelli di business. Questo ambiente stimola la creatività e supporta la scalabilità attraverso l'adattamento e il rinnovamento continui.

- **Miglioramento dell'Esperienza Cliente con Intelligenza Artificiale:** Utilizza soluzioni AI per personalizzare l'esperienza cliente su larga scala, da raccomandazioni di prodotti personalizzate a chatbot intelligenti per il servizio clienti. Queste tecnologie possono scalare l'interazione con il cliente, mantenendo un alto livello di personalizzazione e soddisfazione.

- **Adattabilità delle Strategie di Pricing:** Man mano che la tua attività cresce, è essenziale rivedere e adattare le strategie di pricing per rimanere competitivi e massimizzare i margini di profitto. Considera l'introduzione di modelli di pricing dinamico, sconti per

volumi o piani di abbonamento per adattarsi alle diverse
esigenze dei clienti e stimolare la crescita del reddito.

- **Integrazione Verticale o Orizzontale:** Valuta le
  opportunità per l'integrazione verticale o orizzontale per
  espandere il tuo mercato e migliorare le catene di valore.
  L'acquisizione o la partnership con fornitori o distributori
  può ridurre i costi, migliorare l'efficienza e offrire nuovi
  canali di vendita.

- **Sfruttamento dei Big Data per Decisioni
  Strategiche:** Utilizza le capacità dei big data per
  analizzare grandi volumi di informazioni, rivelando
  pattern, tendenze e insight che possono informare
  decisioni strategiche. Questo approccio basato sui dati
  può guidare l'innovazione di prodotto, l'ottimizzazione
  delle operazioni e l'identificazione di nuove opportunità
  di mercato.

- **Cultura dell'Aprendimento e della Crescita:** Infine,
  promuovi una cultura aziendale che valorizzi
  l'apprendimento continuo e la crescita personale. Offri
  formazione e opportunità di sviluppo per i tuoi
  dipendenti, incoraggiando un approccio proattivo al
  problem-solving e all'innovazione. Un team motivato e
  ben formato è fondamentale per sostenere la scalabilità e
  l'adattabilità dell'attività nel tempo.

Attraverso l'implementazione metodica di queste strategie e la
sperimentazione costante con nuovi strumenti e approcci, la tua
attività può raggiungere una scalabilità sostenibile, pronta ad
adattarsi e prosperare di fronte alle mutevoli dinamiche di
mercato. Ricorda, l'automatizzazione e la scalabilità non sono
solo obiettivi finali, ma processi continui di miglioramento e
adattamento che richiedono impegno, visione e una cultura
aziendale incentrata sull'innovazione.

- **Incremento dell'Uso di Piattaforme Collaborative:** L'adozione di piattaforme collaborative come Slack, Microsoft Teams o Google Workspace promuove una comunicazione efficace e un lavoro di squadra senza soluzione di continuità, elementi cruciali per un'organizzazione in crescita. Questi strumenti facilitano la condivisione di informazioni, il brainstorming collettivo e la gestione di progetti in un ambiente dinamico e scalabile.

- **Automatizzazione dei Flussi di Lavoro di Approvazione:** Implementa sistemi di gestione documentale e flussi di lavoro di approvazione automatizzati per accelerare i processi decisionali e ridurre i tempi di attesa. Strumenti come DocuSign o strumenti di workflow integrati in ERP o CRM possono semplificare le procedure amministrative e consentire una maggiore focalizzazione sulle attività a valore aggiunto.

- **Sviluppo di Un'Architettura Scalabile per l'E-Commerce:** Per le aziende di e-commerce, è vitale avere una piattaforma e-commerce che possa facilmente gestire l'aumento del traffico e delle transazioni. Soluzioni come Shopify Plus o Magento, con opzioni di personalizzazione e integrazioni avanzate, offrono la flessibilità necessaria per scalare l'operatività mantenendo un'esperienza utente eccellente.

- **Utilizzo di Strumenti di Analisi Avanzata per il Marketing:** Sfrutta strumenti di analisi avanzata e piattaforme di gestione dei dati dei clienti (CDP) per sviluppare campagne di marketing altamente mirate e personalizzate. Questi strumenti possono automatizzare la segmentazione del pubblico, il targeting e la misurazione delle performance, ottimizzando il ROI delle tue iniziative di marketing.

- **Ottimizzazione delle Strategie di Content Marketing:** Crea un repository di contenuti facilmente scalabile utilizzando una piattaforma di gestione dei contenuti (CMS) che supporti la pianificazione, pubblicazione e analisi dei contenuti in vari formati. Automatizzare la distribuzione dei contenuti attraverso diversi canali può incrementare la visibilità e l'engagement, alimentando la crescita organica.

- **Integrazione di Sistemi di Feedback in Tempo Reale:** Incorpora nel tuo sito web e nelle tue app sistemi di feedback in tempo reale per raccogliere opinioni e impressioni dai clienti. Questi dati possono essere utilizzati per migliorare prodotti/servizi e personalizzare l'esperienza cliente, guidando allo stesso tempo l'innovazione basata sulle esigenze degli utenti.

- **Esplorazione del Modello As-a-Service:** Considera l'adozione di modelli di business basati su sottoscrizione o as-a-service per fornire ai tuoi clienti valore continuo e prevedibile. Questo modello non solo stabilizza i flussi di entrate ma consente anche una maggiore flessibilità e scalabilità dell'offerta.

- **Sviluppo di Capacità di Risposta AI Disastri:** Implementa piani di continuità operativa e di ripristino di emergenza che includano soluzioni automatizzate per backup e failover. Questo assicura che la tua attività possa continuare a operare o riprendersi rapidamente in caso di disastri o interruzioni impreviste, minimizzando l'impatto sulla scalabilità e sulla continuità del servizio.

- **Valutazione Periodica delle Tecnologie Emergenti:** Infine, dedica tempo alla valutazione periodica delle tecnologie emergenti e alla loro applicabilità al tuo business. La realtà aumentata, la blockchain, l'Internet delle Cose (IoT) e altre innovazioni possono offrire opportunità uniche per automatizzare ulteriormente, ottimizzare le operazioni e scalare in modi precedentemente inimmaginabili.

Adottando un approccio proattivo e strategico all'automatizzazione e alla scalabilità, potrai non solo massimizzare i guadagni ma anche costruire una solida fondazione per il futuro, garantendo che la tua attività sia pronta ad affrontare sfide emergenti e a cogliere nuove opportunità in un ambiente di mercato in continua evoluzione.

Per concludere, l'automatizzazione e la scalabilità sono pilastri fondamentali per ogni attività online che aspira a crescere in modo sostenibile e a massimizzare i guadagni. L'adozione di strumenti e strategie avanzate per automatizzare processi ripetitivi e ottimizzare le operazioni può liberare risorse preziose, consentendo alla tua azienda di concentrarsi su innovazione e sviluppo. Allo stesso tempo, una pianificazione strategica per la scalabilità assicura che la tua attività possa espandersi in modo fluido, adattandosi alle mutevoli esigenze del mercato senza compromettere la qualità o l'efficienza.

Investire in tecnologie all'avanguardia, come l'intelligenza artificiale, il machine learning e le soluzioni basate su cloud, non solo automatizza i processi ma fornisce anche dati preziosi che possono guidare decisioni strategiche. L'implementazione di sistemi ERP integrati, piattaforme di gestione dei progetti e strumenti di analisi dei dati contribuisce a una visione olistica e coordinata delle operazioni aziendali, migliorando la presa di decisioni e l'efficienza.

La scalabilità richiede una visione lungimirante, con l'adozione di infrastrutture e piattaforme flessibili che possano sostenere la crescita. La diversificazione delle fonti di reddito, l'esplorazione di nuovi mercati e la costante innovazione di prodotti o servizi garantiscono che la tua attività rimanga competitiva e resiliente di fronte ai cambiamenti. Inoltre, una forte enfasi sulla cultura aziendale, sulla formazione continua e sullo sviluppo delle competenze dei dipendenti sottolinea l'importanza del capitale umano nella realizzazione di una strategia di crescita scalabile.

Crucialmente, una strategia di scalabilità efficace comprende anche la preparazione per gestire sfide come la sicurezza dei dati, la privacy dei clienti e la conformità normativa. La capacità di navigare questi aspetti legali e etici non solo protegge la tua azienda da potenziali rischi ma costruisce anche la fiducia con i clienti e le parti interessate.

Infine, mantenere un approccio agile e adattabile, pronto a esplorare nuove tendenze e a sperimentare con approcci innovativi, è essenziale per sfruttare le opportunità emergenti. La scalabilità e l'automatizzazione non sono obiettivi da raggiungere una volta per tutte, ma processi continui che richiedono monitoraggio, valutazione e adattamento costanti.

In sintesi, integrando l'automatizzazione e pianificando attentamente per la scalabilità, la tua attività online può non solo sopravvivere ma prosperare in un ambiente digitale in rapida evoluzione. Attraverso l'investimento in tecnologia, la valorizzazione delle persone e l'adozione di una mentalità di crescita continua, puoi costruire un'impresa resiliente, flessibile e pronta a cogliere le nuove opportunità che il futuro riserva.

10. Gestione del tempo ed efficienza: Offrire consigli pratici su come gestire il tempo in modo efficiente per massimizzare la produttività e i profitti.

La gestione del tempo ed efficienza sono essenziali per ottimizzare la produttività e massimizzare i profitti in qualsiasi attività, specialmente in un contesto imprenditoriale online dove le distrazioni sono all'ordine del giorno. Ecco alcuni consigli pratici per gestire il tempo in modo più efficiente:

1. Stabilisci Priorità Chiare

Utilizza il principio di Pareto (80/20) per identificare le attività che generano la maggior parte dei risultati. Concentrati su compiti che hanno il maggiore impatto sul tuo business e stabilisci priorità chiare per la tua giornata lavorativa.

2. Pianifica in Anticipo

Dedica del tempo, preferibilmente alla fine di ogni giornata lavorativa, per pianificare le attività del giorno successivo. Questo ti aiuta a iniziare ogni giorno con una direzione chiara e previene la perdita di tempo in compiti non pianificati.

3. Utilizza la Tecnica Pomodoro

La tecnica Pomodoro consiste nel lavorare intensamente per 25 minuti e poi fare una breve pausa di 5 minuti. Questo metodo favorisce la concentrazione e previene il sovraccarico mentale, aumentando l'efficienza nel lungo periodo.

4. Automatizza e Delega

Identifica compiti ripetitivi che possono essere automatizzati con strumenti software o delegati ad altri membri del team o a collaboratori esterni. Questo libera il tuo tempo per concentrarti su attività che richiedono la tua unica competenza e contributo.

5. Limita le Distrazioni

Identifica le principali fonti di distrazione (es. notifiche di email o social media) e limitale durante il lavoro. Considera l'utilizzo di strumenti che bloccano temporaneamente l'accesso a siti web o app distrattivi.

6. Imposta Obiettivi Specifici

Stabilisci obiettivi specifici, misurabili, raggiungibili, rilevanti e temporizzati (SMART) per ogni progetto o attività. Gli obiettivi ben definiti forniscono una roadmap chiara e aumentano la probabilità di successo.

7. Sfrutta la Regola dei Due Minuti

Se un compito richiede meno di due minuti per essere completato, fallo subito. Questo approccio previene l'accumulo di piccole attività, mantenendo alto il livello di produttività.

8. Organizza l'Ambiente di Lavoro

Mantieni un ambiente di lavoro ordinato e organizzato. Un'area di lavoro ben organizzata riduce lo stress e migliora la capacità di concentrarsi sulle attività in corso.

9. Applica il Batching delle Attività

Raggruppa attività simili e completale in blocchi dedicati di tempo. Questo riduce il tempo perso nel passaggio da un compito all'altro e migliora l'efficienza complessiva.

10. Valuta e Adatta

Alla fine di ogni settimana, valuta come hai speso il tuo tempo e identifica aree di miglioramento. Sii pronto ad adattare le tue strategie di gestione del tempo in base a ciò che funziona meglio per te.

11. Fissa dei Limiti

Imposta limiti chiari tra lavoro e vita privata. Avere tempi definiti per l'inizio e la fine della giornata lavorativa aiuta a mantenere l'equilibrio e previene il burnout.

12. Pratica l'Autocura

Ricorda che la produttività dipende anche dal tuo benessere fisico ed emotivo. Assicurati di includere abbastanza tempo per riposo, esercizio fisico e attività ricreative nella tua routine.

Implementando questi consigli, puoi migliorare significativamente la tua gestione del tempo, aumentando la produttività e massimizzando i profitti della tua attività online. Ricorda, la chiave è trovare un approccio che funzioni per te e che sia sostenibile nel lungo termine.

- **Sviluppa un Sistema di Gestione dei Compiti:** Utilizza strumenti digitali come Trello, Asana o Monday.com per organizzare e monitorare i tuoi compiti e progetti. Questi strumenti possono aiutarti a visualizzare le tue priorità, tenere traccia dei progressi e assicurare che nulla venga trascurato.

- **Utilizza il Metodo delle Tre Liste:** Per ogni giorno, crea tre liste: compiti ad alta priorità, compiti a media priorità e compiti a bassa priorità. Concentrati prima sui compiti ad alta priorità, assicurandoti che siano completati, prima di passare alle altre liste. Questo aiuta a garantire che i compiti più critici vengano sempre completati.

- **Incorpora Sessioni di Revisione Regolari:** Oltre alla pianificazione giornaliera, includi sessioni di revisione settimanali e mensili nella tua routine. Questo tempo di revisione ti consente di riflettere sulle tue realizzazioni, rivedere i tuoi obiettivi e adeguare i tuoi piani di conseguenza.

- **Impara a Dire No:** Riconosci i limiti del tuo tempo e impara a dire no a compiti, progetti o richieste che non si allineano con i tuoi obiettivi principali o che potrebbero sovraccaricare il tuo programma. Dire no ti consente di mantenere il focus sulle tue priorità e proteggere il tuo tempo prezioso.

- **Sfrutta le Ore di Maggiore Produttività:** Identifica le ore del giorno in cui sei più produttivo e cerca di programmare i compiti più impegnativi o che richiedono maggiore concentrazione durante questi periodi. Adattare il tuo programma di lavoro al tuo ritmo naturale può migliorare significativamente l'efficienza.

- **Minimizza le Riunioni Non Essenziali:** Valuta criticamente la necessità di ogni riunione. Chiediti se l'obiettivo della riunione può essere raggiunto tramite email o messaggi rapidi. Se una riunione è necessaria, cerca di mantenerla breve e focalizzata, con un'agenda chiara.

- **Crea Routine Quotidiane:** Sviluppa routine di inizio e fine giornata per aiutarti a entrare e uscire dalla modalità lavorativa. Queste routine possono aiutare a segnalare al tuo cervello quando è il momento di concentrarsi sul lavoro e quando è il momento di rilassarsi e disconnettersi.

- **Delega Strategicamente:** Identifica compiti che possono essere delegati ad altri, liberando il tuo tempo per concentrarti su attività che richiedono la tua attenzione unica. La delega efficace richiede fiducia nel tuo team e la capacità di fornire istruzioni chiare e feedback costruttivo.

- **Imposta Timer per Compiti Specifici:** Per compiti particolarmente ardui o noiosi, imposta un timer e lavora sul compito per quella durata specifica, sapendo che c'è una fine in vista. Questo può aiutare a mantenere la concentrazione e a prevenire il procrastinare.

- **Sii Flessibile e Adattabile:** Mentre è importante avere una pianificazione e una routine, è altrettanto cruciale essere flessibili e adattabili. Le circostanze cambiano e potresti dover rivedere le tue priorità. Mantenere una certa flessibilità ti permette di rispondere efficacemente agli imprevisti senza perdere il focus sugli obiettivi a lungo termine.

Incorporando questi consigli avanzati nella tua strategia di gestione del tempo, puoi costruire una fondazione solida per la produttività e l'efficienza. Ricorda, la gestione del tempo è un processo continuo di apprendimento e adattamento. Monitorando regolarmente come spendi il tuo tempo e apportando gli aggiustamenti necessari, puoi continuare a migliorare la tua efficienza e massimizzare i tuoi profitti nel tempo.

- **Sviluppa una Mentalità Orientata agli Obiettivi:** Mantieni sempre una chiara comprensione degli obiettivi a lungo termine e di come le attività quotidiane si collegano a questi obiettivi più ampi. Questa mentalità orientata agli obiettivi aiuta a mantenere il focus sulle priorità e a valutare l'importanza di ogni compito in relazione agli obiettivi finali.

- **Incorpora Pausa e Recupero nel Tuo Programma:** Riconosci l'importanza delle pause per il recupero mentale e fisico. Programma brevi pause durante il giorno per allontanarti dal lavoro, rinfrescare la mente e prevenire l'esaurimento. Le pause possono migliorare la creatività e la produttività a lungo termine.

- **Utilizza la Regola del 5 Secondi:** Se ti trovi a procrastinare su un compito, applica la regola del 5 secondi: conta alla rovescia da 5 a 1 e poi inizia l'attività. Questo semplice trucco può aiutare a superare la resistenza iniziale e ad avviare l'azione.

- **Rafforza le Abitudini Positive:** Identifica e coltiva abitudini positive che supportano la tua produttività e la gestione del tempo. Che si tratti di alzarsi presto, fare esercizio regolare o dedicare tempo alla pianificazione, rafforzare queste abitudini può avere un impatto profondo sulla tua efficienza quotidiana.

- **Imposta un Sistema di Ricompense:** Crea un sistema di ricompense per motivarti a completare compiti difficili o meno piacevoli. Che si tratti di una pausa caffè, del tempo dedicato a un hobby o di un piccolo acquisto, avere qualcosa da attendere può stimolare la motivazione e l'adempimento dei compiti.

- **Valuta l'Uso del Time Tracking:** Considera l'uso di strumenti di time tracking per monitorare quanto tempo dedichi a varie attività. Questo non solo ti offre un'analisi dettagliata di come viene speso il tuo tempo, ma può anche rivelare aree in cui puoi migliorare l'efficienza.

- **Limita il Multitasking:** Anche se può sembrare produttivo, il multitasking spesso riduce la qualità del lavoro e aumenta i tempi di completamento. Concentrati su un singolo compito alla volta per garantire che ogni attività riceva la tua piena attenzione e sia completata in modo più efficace.

-

- **Migliora le Competenze di Comunicazione:** Una comunicazione chiara e efficace può ridurre incomprensioni e inefficienze. Sia che stai delegando compiti, coordinando con i membri del team o interagendo con i clienti, una comunicazione efficace è essenziale per la gestione del tempo.

- **Applica il Principio di Eisenhower:** Usa la matrice di Eisenhower per distinguere tra compiti urgenti e importanti. Concentrati sulle attività importanti ma non urgenti, che spesso contribuiscono maggiormente ai tuoi obiettivi a lungo termine, anziché lasciarti trascinare in compiti urgenti ma meno significativi.

- **Rivedi e Adatta Costantemente:** La gestione del tempo non è una scienza esatta e ciò che funziona oggi potrebbe non essere efficace domani. Dedica tempo regolarmente per rivedere e riflettere sulle tue strategie di gestione del tempo, apportando aggiustamenti basati sui risultati e sul feedback personale.

Adottando questi approcci avanzati e rimanendo aperti all'adattamento e alla sperimentazione, puoi sviluppare un sistema di gestione del tempo che non solo massimizza la tua produttività quotidiana, ma supporta anche il raggiungimento dei tuoi obiettivi a lungo termine, contribuendo in modo significativo al successo complessivo della tua attività.

- **Ottimizza l'Uso delle Riunioni Virtuali:** Nell'era delle videoconferenze, ottimizza le riunioni virtuali limitando la loro durata e assicurandoti che ogni riunione abbia un'agenda chiara e obiettivi definiti. Invita solo i partecipanti necessari e lascia tempo per domande e discussioni alla fine, per massimizzare l'efficienza di queste interazioni a distanza.

- **Sfrutta il Potere del "Batch Processing":** Raggruppa attività simili, come rispondere alle email o programmare i post sui social media, e svolgile in blocchi di tempo dedicati. Questo metodo riduce il tempo speso nel passaggio da un tipo di attività all'altra e migliora la concentrazione.

- **Implementa la Tecnica del "Deep Work":** La tecnica del "Deep Work" di Cal Newport enfatizza l'importanza del lavoro concentrato e non interrotto su compiti che richiedono pensiero critico o creatività. Programma periodi di lavoro in cui sei completamente disconnesso da distrazioni esterne per immergerti in progetti che richiedono la tua massima attenzione e abilità.

- **Crea un "Master To-Do List":** Tieni un elenco centrale di tutto ciò che devi fare, suddiviso per categorie o progetti. Questo ti aiuta a mantenere la visione d'insieme e a spostare facilmente le attività nella tua pianificazione quotidiana o settimanale, assicurando che nulla venga dimenticato.

- **Utilizza la Regola "Eat That Frog":** Basata sul concetto di Brian Tracy, inizia la tua giornata con il compito più difficile o meno piacevole ("mangiare la rana"). Completare questa attività per prima ti dà un senso di realizzazione e rende il resto della giornata più gestibile.

- **Sviluppa una Routine di "Wind Down" Sera:** Creare una routine serale che segnala al tuo cervello che è il momento di iniziare a rilassarsi può migliorare la qualità del sonno e aiutarti a staccare dal lavoro, rendendoti più riposato e pronto per il giorno successivo.

- **Fai Revisioni di "Fine Giorno":** Dedicare 10-15 minuti alla fine di ogni giornata lavorativa per rivedere ciò che è stato completato e preparare la lista delle attività per il giorno successivo può aiutare a chiudere mentalmente la giornata e pianificare in modo efficace il futuro.

- **Pratica la Gratitudine e la Riflessione:** Prenditi un momento ogni giorno per riflettere su ciò per cui sei grato e su ciò che hai imparato. Questa pratica può migliorare il tuo benessere emotivo, ridurre lo stress e aumentare la tua apertura a nuove strategie e modi di pensare per la gestione del tempo.

- **Sii Consapevole del Tuo Benessere:** La gestione efficace del tempo non riguarda solo il lavoro. Assicurati di bilanciare il tempo dedicato al lavoro con attività che supportano il tuo benessere fisico, mentale ed emotivo, come l'esercizio fisico, passatempi e tempo con familiari e amici.

Adattando continuamente il tuo approccio alla gestione del tempo e rimanendo aperto a nuove tecniche e strumenti, puoi trovare un equilibrio che funzioni per te e per le esigenze uniche della tua attività. La chiave sta nel riconoscere che la gestione efficace del tempo è un processo dinamico che richiede una valutazione e un adattamento regolari per riflettere le tue priorità in evoluzione e massimizzare la tua produttività e i tuoi profitti.

Concludendo, la gestione efficace del tempo e l'efficienza non sono soltanto strategie per migliorare la produttività personale; sono elementi fondamentali per il successo e la crescita sostenibile di qualsiasi attività online. Implementando i consigli sopra descritti e adottando un approccio proattivo al miglioramento continuo, puoi trasformare la gestione del tempo da un ostacolo a un potente alleato nel tuo percorso imprenditoriale.

Ricorda che la gestione del tempo non riguarda solo il massimizzare ogni minuto della giornata lavorativa, ma anche il bilanciare il lavoro con la vita personale, garantendo che tu abbia il tempo e l'energia per perseguire passioni e interessi al di fuori del lavoro. Questo equilibrio è cruciale per mantenere l'energia, la motivazione e la creatività necessarie per affrontare le sfide imprenditoriali.

Ecco alcuni punti chiave da tenere a mente per chiudere questo argomento:

- **Personalizza le Strategie di Gestione del Tempo:** Non esiste un approccio universale che funzioni per tutti. Sperimenta con diverse tecniche e strumenti per scoprire ciò che si adatta meglio al tuo stile di lavoro e alle tue esigenze personali.

- **Fai della Pianificazione una Priorità:** Dedicare tempo alla pianificazione può sembrare controintuitivo quando hai molto da fare, ma è un investimento che paga dividendi in termini di produttività e riduzione dello stress.

- **Adotta un Approccio Olistico:** La gestione efficace del tempo considera non solo le ore lavorative, ma anche come il riposo, il tempo libero e le attività personali possono influenzare la tua efficienza e il tuo benessere complessivo.

- **Valuta e Adatta Regolarmente:** La tua vita e il tuo business cambieranno, quindi anche le tue strategie di gestione del tempo dovrebbero evolversi. Fai regolari revisioni per assicurarti che le tue tecniche rimangano allineate con i tuoi obiettivi e le tue circostanze attuali.

- **Sviluppa una Mentalità di Crescita:** Vedi la gestione del tempo come un'abilità che può essere migliorata con la pratica e l'apprendimento. Accogli i fallimenti come opportunità di crescita e continua a cercare modi per ottimizzare la tua efficienza.

- **Non Sacrificare la Qualità della Vita:** Infine, mentre cerchi di massimizzare la produttività e i profitti, ricorda che la qualità della vita non dovrebbe mai essere sacrificata. Trova un equilibrio sostenibile che ti permetta non solo di prosperare nel tuo business, ma anche di goderti la vita e mantenere relazioni significative.

Incorporando questi principi nella tua gestione quotidiana del tempo, non solo sarai in grado di lavorare in modo più intelligente e produttivo, ma costruirai anche una vita lavorativa che supporta il tuo benessere complessivo e i tuoi obiettivi a lungo termine. La gestione del tempo è, in definitiva, una componente critica della leadership personale e imprenditoriale, che consente non solo di raggiungere successi professionali, ma anche di vivere una vita piena e soddisfacente.

11. Affrontare le sfide e le difficoltà: Esplorare le sfide e le difficoltà che gli aspiranti ChatGPT Millionaires potrebbero affrontare lungo il percorso e come superarle con successo.

Diventare un "ChatGPT Millionaire", o raggiungere il successo finanziario sfruttando le potenzialità di ChatGPT e altre tecnologie emergenti, presenta un percorso ricco di opportunità ma anche di sfide e difficoltà. Ecco alcune delle principali sfide che potresti incontrare e strategie per superarle:

1. Sovraccarico di Informazioni

Con l'evoluzione rapida delle tecnologie AI e delle opportunità di business correlate, può essere difficile rimanere aggiornati e filtrare le informazioni rilevanti.

Strategia: Concentrati su fonti di informazione affidabili e limita il tempo trascorso nella ricerca a blocchi gestibili. Considera l'abbonamento a newsletter curate o l'utilizzo di aggregatori di notizie per rimanere informato senza sovraccarico.

2. Curva di Apprendimento Tecnologico

Imparare a utilizzare efficacemente ChatGPT e strumenti simili richiede tempo e impegno, specialmente per coloro che non hanno una forte esperienza tecnica.

Strategia: Inizia con le basi e progredisci gradualmente. Sfrutta le risorse educative disponibili online, inclusi tutorial, corsi e community di sviluppatori, per costruire e migliorare le tue competenze.

3. Concorrenza

Con molte persone che cercano di capitalizzare sulle opportunità offerte da ChatGPT, la concorrenza può essere intensa.

Strategia: Differenzia te stesso e i tuoi servizi trovando una nicchia specifica in cui puoi offrire un valore unico. Costruisci un forte marchio personale e utilizza tecniche di marketing innovative per distinguerti.

4. Gestione del Cambiamento

Il panorama tecnologico e di mercato in rapida evoluzione può rendere difficile mantenere strategie e modelli di business allineati con le ultime tendenze.

Strategia: Adotta un approccio agile al business, essendo pronto a pivotare o adattare la tua strategia in base ai feedback del mercato e alle nuove opportunità. Mantieni un mindset di apprendimento continuo.

5. Questioni Etiche e di Privacy

L'uso di tecnologie basate sull'IA solleva questioni etiche significative, inclusa la gestione della privacy dei dati e il potenziale impatto sociale delle tue soluzioni.

Strategia: Impegnati a pratiche etiche chiare e alla trasparenza nelle tue operazioni. Resta informato sulle leggi e le regolamentazioni relative alla privacy dei dati e assicurati di aderire ad esse.

6. Sfide Finanziarie

L'avvio e la crescita di un'attività basata su tecnologie emergenti possono richiedere investimenti significativi e affrontare periodi di flussi di cassa incerti.

Strategia: Pianifica con attenzione le tue finanze e considera diverse fonti di finanziamento, come il bootstrapping, il crowdfunding, gli investitori angeli o il venture capital. Gestisci con attenzione le spese e costruisci un cuscinetto finanziario.

7. Equilibrio tra Lavoro e Vita Privata

Lavorare per diventare un ChatGPT Millionaire può richiedere un impegno temporale significativo, che potrebbe mettere a rischio l'equilibrio tra lavoro e vita privata.

Strategia: Imposta limiti chiari tra lavoro e tempo libero e assicurati di dedicare tempo a famiglia, amici e hobby. L'uso efficace della gestione del tempo e la delega di compiti possono aiutare a mantenere questo equilibrio.

8. Superare il Timore del Fallimento

Il timore del fallimento può essere un ostacolo significativo, soprattutto quando si esplorano territori nuovi e incerti come quelli offerti dalle tecnologie IA.

Strategia: Accetta che il fallimento sia parte del processo di apprendimento. Adotta una mentalità di crescita, dove ogni errore o fallimento è visto come un'opportunità per imparare e migliorare.

Affrontare queste sfide richiede resilienza, flessibilità, e una dedizione costante al miglioramento personale e professionale. Ecco ulteriori strategie per superare le sfide nel percorso verso il successo:

9. Costruire una Rete di Supporto

L'imprenditorialità può essere un viaggio solitario, specialmente in settori ad alta tecnologia e in rapida evoluzione.

Strategia: Crea e mantieni una rete di supporto composta da altri imprenditori, mentori e professionisti del settore. Partecipare a conferenze, workshop e gruppi online può fornire non solo supporto morale, ma anche consigli pratici e opportunità di collaborazione.

10. Gestione delle Aspettative

Spesso, l'entusiasmo per le potenzialità delle nuove tecnologie può portare a impostare aspettative irrealistiche sia in termini di successo che di tempistiche.

Strategia: Sii realistico riguardo ai tuoi obiettivi e al tempo necessario per raggiungerli. Imposta obiettivi a breve, medio e lungo termine e celebra i piccoli successi lungo il percorso per mantenere alta la motivazione.

11. Adattarsi al Feedback del Mercato

Il feedback dei clienti e del mercato è prezioso, ma può anche essere difficile da accettare, soprattutto se indica la necessità di cambiamenti significativi nella tua offerta o strategia.

Strategia: Sviluppa un approccio aperto al feedback, considerandolo come un'opportunità per affinare e migliorare il tuo prodotto o servizio. Impara a distinguere tra feedback costruttivo e rumore di fondo, concentrando le tue energie sul primo.

12. Rispetto delle Normative

Con l'avanzare delle tecnologie, anche le normative si evolvono per indirizzare nuove sfide etiche e di privacy.

Strategia: Mantieniti informato sulle ultime leggi e regolamentazioni che riguardano la tua attività e assicurati di aderirvi. Considera di consultare esperti legali specializzati nel tuo settore per navigare complessità legali e assicurare la conformità.

13. Sostenibilità a Lungo Termine

Mentre inseguire il successo immediato è tentante, è cruciale anche considerare la sostenibilità a lungo termine del tuo business.

Strategia: Pianifica per la crescita sostenibile, bilanciando l'innovazione con pratiche di business responsabili. Considera l'impatto ambientale, sociale ed economico della tua attività e cerca di costruire un'impresa che non solo sia redditizia, ma che contribuisca positivamente alla società.

14. Navigare l'Incertezza Economica

L'ambiente economico globale può essere imprevedibile, influenzando il finanziamento, la domanda di mercato e le opportunità di crescita.

Strategia: Mantieni una gestione finanziaria prudente, con un focus sulla diversificazione delle fonti di entrate e la creazione di riserve finanziarie per superare periodi di incertezza. Sii pronto a pivotare la tua strategia aziendale in risposta a cambiamenti significativi nel panorama economico.

15. Mantenere il Benessere Personale

L'investimento di tempo ed energia nel tuo business non deve venire a scapito del tuo benessere personale.

Strategia: Assicurati di dedicare tempo all'autocura, includendo attività fisiche, hobby e tempo con gli amici e la famiglia nel tuo programma. Un equilibrio tra lavoro e vita personale è essenziale per mantenere l'energia e la chiarezza mentale necessarie per affrontare le sfide imprenditoriali.

Affrontare queste sfide richiede una combinazione di resilienza, flessibilità e una dedizione costante al miglioramento e all'apprendimento. Adottando un approccio proattivo e mantenendo una mentalità aperta e adattabile, gli aspiranti ChatGPT Millionaires possono navigare con successo gli ostacoli, trasformando le difficoltà in opportunità di crescita e apprendimento. Alla base di tutto, ricorda che il successo è un viaggio,non una destinazione, e ogni sfida affrontata lungo il cammino contribuisce alla tua crescita personale e professionale.

16. Innovazione Continua

Il rapido sviluppo tecnologico può rendere obsolete le soluzioni di oggi in tempi brevi.

Strategia: Impegnati in un processo continuo di apprendimento e innovazione. Partecipa a workshop, segui corsi online e resta in contatto con le ultime ricerche e tendenze nel tuo campo. L'innovazione continua è cruciale per mantenere la tua offerta rilevante e competitiva.

17. Gestire la Crescita del Team

Mentre la tua attività si espande, potresti dover assumere nuovi membri nel team, ognuno con le proprie aspettative e modalità di lavoro.

Strategia: Sviluppa processi di onboard e formazione che aiutino i nuovi dipendenti a integrarsi efficacemente. Costruisci una cultura aziendale positiva che valorizzi il feedback, il rispetto reciproco e la crescita personale. La gestione efficace di una squadra in crescita è fondamentale per scalare il tuo business.

18. Navigazione dei Cambiamenti Tecnologici

Le piattaforme e gli strumenti che utilizzi oggi potrebbero non essere gli stessi che userai domani. I cambiamenti tecnologici possono richiedere l'adattamento e la riconfigurazione dei tuoi processi aziendali.

Strategia: Mantieni una flessibilità operativa nella tua infrastruttura tecnologica. Valuta regolarmente gli strumenti e le piattaforme che utilizzi per assicurarti che soddisfino ancora efficacemente le esigenze della tua attività. Essere aperti al cambiamento ti aiuta a sfruttare le nuove tecnologie per migliorare la tua operatività.

19. Sfidare lo Status Quo

Introdurre innovazioni o approcci disruptivi nel tuo settore può incontrare resistenza o scetticismo da parte di stakeholder consolidati o del mercato stesso.

Strategia: Costruisci casi di studio solidi e raccogli dati che dimostrino l'efficacia e il valore delle tue innovazioni. Comunica chiaramente i benefici e sii paziente nel guadagnare la fiducia e l'accettazione del tuo target. La perseveranza e la capacità di comunicare efficacemente la tua visione sono chiavi per superare la resistenza allo cambiamento.

20. Equilibrio tra Specializzazione e Versatilità

Mentre specializzarsi in una nicchia può offrire vantaggi competitivi significativi, troppo focus potrebbe anche limitare le opportunità di crescita.

Strategia: Mentre coltivi competenze specialistiche, rimani aperto all'esplorazione di aree adiacenti o complementari che potrebbero offrire nuove opportunità di business. La versatilità e l'abilità nel collegare diverse aree di conoscenza possono aprire nuovi percorsi per l'innovazione e la crescita.

21. Mantenimento dell'Integrità e dei Valori Aziendali

Man mano che la tua attività cresce, potresti incontrare sfide che mettono alla prova i tuoi valori fondamentali.

Strategia: Sviluppa e mantieni un codice etico chiaro per la tua attività, e assicurati che tutte le decisioni e azioni siano allineate con questi valori. Avere una bussola morale forte guida non solo le decisioni aziendali, ma costruisce anche una marca rispettabile e fidata dai clienti.

Navigare le sfide nel percorso verso il successo richiede resilienza, creatività e un impegno costante verso l'apprendimento e l'adattamento. Superare queste difficoltà non solo rafforza la tua attività ma arricchisce anche la tua esperienza imprenditoriale, preparandoti meglio per future sfide e opportunità. Alla base di tutto, il percorso di un ChatGPT Millionaire è definito dalla volontà di esplorare l'ignoto, sperimentare con coraggio e perseverare di fronte agli ostacoli, trasformando ogni sfida in un'opportunità di crescita e apprendimento.

22. Gestione della Proprietà Intellettuale

Nell'era digitale, proteggere le tue idee e le tue innovazioni diventa sempre più complesso, specialmente quando operi in campi tecnologicamente avanzati come l'intelligenza artificiale.

Strategia: Assicurati di comprendere i fondamenti della proprietà intellettuale e considera di registrare brevetti, marchi o diritti d'autore per proteggere le tue creazioni. La collaborazione con esperti legali in questo campo può fornire una guida preziosa e aiutarti a navigare le complessità legali.

23. Rischi di Sicurezza dei Dati

Con l'aumento della dipendenza da sistemi digitali e dati, le vulnerabilità alla sicurezza informatica diventano una preoccupazione maggiore.

Strategia: Implementa robuste misure di sicurezza informatica, incluse pratiche di crittografia dei dati, autenticazione a più fattori e formazione regolare dei dipendenti sulle migliori pratiche di sicurezza. Una strategia proattiva nella gestione della sicurezza dei dati può salvaguardare la tua attività da potenziali minacce.

24. Sfide nell'Accesso al Capitale

L'accesso a finanziamenti adeguati rimane una sfida critica per molti imprenditori, soprattutto nelle fasi iniziali del loro percorso imprenditoriale.

Strategia: Esplora diverse opzioni di finanziamento, inclusi prestiti bancari, investimenti angelici, crowdfunding e venture capital. Essere preparati con un business plan solido e dimostrazioni concrete del potenziale di crescita della tua attività può aumentare le tue possibilità di ottenere finanziamenti.

25. Equilibrio tra Innovazione e Scalabilità

Mentre l'innovazione continua è vitale, può anche distogliere risorse dallo scaling delle soluzioni esistenti che hanno già dimostrato il loro valore sul mercato.

Strategia: Bilancia attentamente il tuo impegno tra esplorare nuove idee e ottimizzare/scalare quelle esistenti. Utilizza feedback del cliente e analisi di mercato per guidare queste decisioni, assicurando che l'innovazione proceda di pari passo con la creazione di un business sostenibile e scalabile.

26. Navigare la Saturazione del Mercato

Entrare in mercati saturi o altamente competitivi può sembrare scoraggiante, con barriere significative all'ingresso e alla crescita.

Strategia: Cerca di differenziarti attraverso un unico valore proposto, nicho di mercato, o un approccio innovativo al problema che stai cercando di risolvere. La ricerca e la comprensione profonda del tuo pubblico target sono fondamentali per sviluppare strategie che ti distinguano dalla concorrenza.

27. Affrontare l'Evoluzione delle Aspettative dei Consumatori

Le aspettative dei consumatori sono in costante evoluzione, influenzate da tendenze di mercato, innovazioni tecnologiche e dinamiche sociali.

Strategia: Mantieniti flessibile e reattivo alle esigenze e ai desideri dei tuoi clienti. Sviluppa canali di comunicazione aperti, come sondaggi o forum di feedback, per raccogliere insight preziosi direttamente dalla tua base di clienti e adattare rapidamente la tua offerta.

28. Mantenimento di Una Cultura Aziendale Positiva

Man mano che la tua azienda cresce, mantenere una cultura aziendale che rifletta i tuoi valori e incoraggi il coinvolgimento dei dipendenti può diventare più difficile.

Strategia: Impegnati in pratiche di leadership trasparenti e inclusiva, promuovi la comunicazione aperta e incoraggia il feedback da tutte le parti dell'organizzazione. Riconoscere e premiare i contributi dei dipendenti contribuisce a costruire una cultura aziendale positiva e sostenibile.

Navigare con successo le sfide e le difficoltà lungo il percorso per diventare un ChatGPT

- continua fornendomi informazioni sempre diverse riguardo questo punto nel modo piu' lungo e dettagliato possibile, senza capitoli e senza concludere il punto

ChatGPT

Millionaire richiede non solo una comprensione delle complessità tecniche e di mercato, ma anche una profonda consapevolezza di sé e la capacità di adattarsi a un ambiente in continuo cambiamento.

29. Adattabilità Culturale e Globale

Mentre espandi la tua portata a livello globale, incontrerai diverse norme culturali e aspettative che possono influenzare l'adozione dei tuoi prodotti o servizi.

Strategia: Sviluppa una sensibilità culturale e considera approcci localizzati per il marketing e la comunicazione. Lavorare con partner locali o consulenti culturali può fornire insight preziosi e aiutarti a navigare con successo in mercati diversi.

30. Confrontarsi con la Velocità del Cambiamento Tecnologico

La rapidità del cambiamento tecnologico può rendere difficile mantenere le tue soluzioni all'avanguardia e garantire che rimangano competitive.

Strategia: Impegnati in un'apprendimento continuo e sii pronto a iterare rapidamente sui tuoi prodotti o servizi. Costruisci agilità e flessibilità nei tuoi processi di sviluppo per consentire rapidi aggiornamenti o modifiche in risposta all'evoluzione delle tecnologie.

31. Gestione delle Aspettative degli Stakeholder

Gli stakeholder del tuo business, inclusi investitori, partner e clienti, avranno aspettative che possono variare ampiamente e cambiare nel tempo.

Strategia: Mantieni una comunicazione regolare e trasparente con tutti gli stakeholder per gestire le loro aspettative in modo proattivo. Fornire aggiornamenti regolari sul progresso e coinvolgere gli stakeholder nelle decisioni importanti può aiutare a costruire fiducia e allineamento.

32. Sostenere l'Innovazione di Fronte alla Routine

Mentre la tua attività si stabilizza, esiste il rischio che la routine operativa soffochi l'innovazione e la sperimentazione.

Strategia: Dedica tempo e risorse specifiche all'esplorazione di nuove idee e all'esperimentazione. Incoraggia una cultura in cui il fallimento è visto come parte del processo di innovazione e offre opportunità per apprendere e crescere.

33. Affrontare la Pressione del Successo

Man mano che raggiungi il successo, la pressione per mantenere o superare i risultati precedenti può essere intensa.

Strategia: Stabilisci obiettivi realistici e celebra i successi, ma mantieni una prospettiva equilibrata. Ricorda che la crescita sostenibile è spesso graduale e che l'apprendimento dai fallimenti può essere più prezioso che ripetere successi passati senza comprensione o innovazione.

34. Prevenire l'Erosione dei Valori Personali e Aziendali

Man mano che la tua attività cresce e si evolve, può essere facile distaccarsi dai valori fondamentali che hanno guidato i tuoi primi successi.

Strategia: Rivisita regolarmente la tua missione, visione e valori fondamentali, assicurandoti che le tue azioni e decisioni aziendali rimangano allineate. Coinvolgi il tuo team in questo processo per garantire che i valori siano condivisi e vissuti in tutta l'organizzazione.

35. Mantenere il Focus di Fronte alle Distrazioni

L'ampiezza delle opportunità disponibili può talvolta portare a una dispersione delle energie e a una perdita di focus.

Strategia: Sviluppa una chiara strategia di business che delinei i tuoi mercati, prodotti e obiettivi target. Usa questa strategia come filtro per valutare nuove opportunità, concentrandoti su quelle che si allineano meglio con i tuoi obiettivi a lungo termine.

Superare queste sfide richiede una miscela di tenacia, visione strategica, apertura al cambiamento e un forte allineamento con i tuoi valori fondamentali. Mentre il percorso può essere disseminato di difficoltà, è anche ricco di opportunità per la crescita personale e professionale. Eccoti alcune strategie aggiuntive:

36. Equilibrio tra Specializzazione e Adattabilità

Mentre specializzarsi in un'area specifica può fornire un vantaggio competitivo, troppo focus potrebbe limitare la tua capacità di adattarti ai cambiamenti del mercato.

Strategia: Mantieni una base di competenze ampia pur avendo aree di specializzazione. Ciò ti consente di rimanere flessibile e di adattarti facilmente alle nuove opportunità o sfide che emergono nel tuo settore.

37. Confrontarsi con la Fatigue Decisionale

Prendere decisioni costantemente può essere estenuante e portare a una riduzione della qualità delle scelte nel tempo.

Strategia: Minimizza la fatigue decisionale automatizzando le decisioni di routine e stabilendo politiche chiare per le decisioni operative standard. Ciò libera la tua energia mentale per le decisioni più complesse e strategiche.

38. Gestione del Rischio in Ambiente Incerto

In un ambiente imprenditoriale in rapido cambiamento, identificare e gestire i rischi può diventare particolarmente complesso.

Strategia: Sviluppa un approccio proattivo alla gestione del rischio che includa l'identificazione sistematica dei rischi, la valutazione della loro probabilità e impatto, e la pianificazione di azioni di mitigazione o di contingenza. Considera anche l'adozione di un'assicurazione adeguata per proteggerti contro eventi imprevisti.

39. Navigare le Dinamiche di Team in Crescita

Man mano che il tuo team si espande, mantenere una comunicazione efficace e una cultura aziendale coesa può diventare una sfida.

Strategia: Investi in strumenti e processi che facilitino la comunicazione e la collaborazione. Organizza regolarmente ritiri di team o sessioni di team building per rafforzare i legami e allineare tutti ai valori e agli obiettivi aziendali.

40. Mantenere l'Agilità Organizzativa

L'agilità è cruciale per navigare con successo il cambiamento, ma può essere difficile da mantenere man mano che l'azienda cresce.

Strategia: Adotta modelli organizzativi che promuovano l'agilità, come team cross-funzionali o metodologie di gestione del progetto agile. Questo consente alla tua azienda di rispondere rapidamente alle opportunità di mercato e ai cambiamenti dell'ambiente esterno.

41. Focalizzarsi sul Cliente in un Mercato in Evoluzione

Mantenere una comprensione profonda e aggiornata delle esigenze e dei desideri dei clienti può diventare più difficile man mano che l'azienda e il mercato si evolvono.

Strategia: Impegnati in un ascolto attivo del cliente attraverso sondaggi, feedback e analisi dei dati. Utilizza queste informazioni per adattare continuamente la tua offerta e assicurarti che soddisfi le aspettative del cliente in evoluzione.

42. Prevenire l'Esaurimento

L'impegno e la dedizione richiesti per navigare le sfide imprenditoriali possono a volte portare all'esaurimento.

Strategia: Riconosci l'importanza del benessere personale e imposta confini chiari tra lavoro e tempo libero. Pratica l'autocura regolare e assicurati di dedicare tempo a attività che ricaricano le tue energie fisiche ed emotive.

Affrontare e superare le sfide lungo il percorso verso il successo richiede una combinazione di resilienza, innovazione, flessibilità e un forte impegno verso i tuoi valori fondamentali. Mentre il viaggio può presentare numerosi ostacoli, è anche un'opportunità per crescere, imparare e, alla fine, realizzare la tua visione. Mantenendo una prospettiva positiva e una mentalità aperta all'apprendimento, puoi trasformare ogni sfida in un gradino verso il raggiungimento dei tuoi obiettivi come ChatGPT Millionaire.

In conclusione, il percorso per diventare un ChatGPT Millionaire è costellato da una varietà di sfide e difficoltà che mettono alla prova la tua tenacia, creatività, e capacità di adattamento. Dall'affrontare il sovraccarico di informazioni alla gestione delle aspettative degli stakeholder, dalla navigazione delle dinamiche di un team in crescita al mantenimento dell'agilità organizzativa, ogni ostacolo presenta l'opportunità di imparare, crescere e affinare ulteriormente la tua strategia e visione imprenditoriale.

Superare queste sfide richiede un approccio olistico che combina una pianificazione strategica attenta, un impegno costante all'innovazione e un solido supporto di team e network. È fondamentale rimanere fedeli ai propri valori fondamentali e alla missione aziendale, garantendo che ogni decisione e azione rifletta ciò che la tua attività rappresenta. La capacità di adattarsi rapidamente ai cambiamenti del mercato, alle nuove tecnologie e alle mutevoli aspettative dei clienti è essenziale per mantenere un vantaggio competitivo e guidare la crescita sostenibile.

Una gestione efficace del tempo, l'automatizzazione dei processi, la delega intelligente e la priorizzazione delle attività consentono di ottimizzare le operazioni quotidiane, liberando risorse per concentrarsi su iniziative strategiche a lungo termine. La costruzione di una cultura aziendale che valorizza l'apprendimento continuo, la sperimentazione e l'innovazione può ispirare il tuo team e incoraggiare un ambiente in cui nuove idee e approcci sono continuamente esplorati.

Affrontare il rischio di esaurimento attraverso una sana gestione dell'equilibrio tra lavoro e vita privata, praticando l'autocura e stabilendo limiti chiari, garantisce che mantieni la resilienza mentale e fisica necessaria per navigare le sfide imprenditoriali. La resilienza e la determinazione di fronteggiare e superare le difficoltà non solo ti preparano meglio per il successo futuro, ma arricchiscono anche il tuo viaggio imprenditoriale con profonde lezioni e intuizioni.

In definitiva, diventare un ChatGPT Millionaire non è solo una questione di sfruttare le opportunità finanziarie offerte dall'intelligenza artificiale e dalla tecnologia emergente; è un viaggio complesso di crescita personale e professionale. Attraverso la perseveranza, l'adattamento strategico e un impegno verso l'eccellenza, le sfide lungo il percorso diventano pietre miliari nella costruzione di un'impresa innovativa, resiliente e di successo. Mantenendo una visione chiara, una mentalità aperta e un cuore resiliente, puoi trasformare le aspirazioni in realtà e lasciare un'impronta duratura nel mondo digitale.

12. Lavoro in remoto e stile di vita flessibile: Esaminare i vantaggi del lavoro in remoto e del conseguente stile di vita flessibile che la generazione di reddito online può offrire.

Il lavoro in remoto e uno stile di vita flessibile offrono una serie di vantaggi significativi che stanno diventando sempre più attraenti per professionisti di diversi settori, soprattutto nel contesto della generazione di reddito online. Questi benefici non solo influenzano positivamente la qualità della vita individuale, ma possono anche portare a un aumento della produttività e della soddisfazione professionale. Di seguito, vengono esplorati alcuni dei principali vantaggi associati al lavoro in remoto e allo stile di vita flessibile.

Maggiore Equilibrio tra Lavoro e Vita Privata

La capacità di lavorare da casa o da qualsiasi altro luogo consente una maggiore flessibilità nella gestione del tempo, consentendo ai professionisti di bilanciare meglio le esigenze lavorative con quelle personali e familiari. Questo può tradursi in meno stress e un maggiore senso di benessere generale.

Riduzione dei Tempi e dei Costi di Commuting

Il lavoro in remoto elimina la necessità di spostarsi quotidianamente verso un luogo di lavoro fisso, risparmiando tempo e denaro che altrimenti sarebbero stati spesi per il tragitto. Questo tempo e denaro risparmiato può essere reinvestito in attività più produttive o gratificanti.

Accesso a un Pool Globale di Opportunità

Lavorare in remoto apre le porte a opportunità di lavoro su scala globale, permettendo ai professionisti di collaborare con aziende e clienti di tutto il mondo senza la necessità di trasferirsi. Ciò aumenta significativamente le possibilità di trovare lavoro che sia non solo remunerativo, ma anche allineato con i propri interessi e competenze.

Ambiente di Lavoro Personalizzato

Lavorare da casa o da uno spazio di lavoro scelto individualmente permette ai professionisti di creare un ambiente di lavoro ottimale per le proprie esigenze, che può aumentare la concentrazione e l'efficienza. Che si tratti della scelta dell'illuminazione, del comfort della sedia o della presenza di distrazioni, avere il controllo sul proprio ambiente di lavoro può fare una grande differenza nella produttività quotidiana.

Flessibilità Oraria

Il lavoro remoto spesso viene accompagnato da orari flessibili, permettendo ai lavoratori di scegliere le ore in cui sono più produttivi o quando è più conveniente lavorare, a seconda delle proprie esigenze personali e familiari. Questa flessibilità può contribuire a ridurre il burnout e migliorare la soddisfazione lavorativa.

Potenziale per un Miglior Bilancio Energetico

Senza la pressione di un ambiente di ufficio tradizionale e con la possibilità di inserire pause attive durante la giornata, molti trovano più facile mantenere un bilancio energetico positivo. Questo può includere la possibilità di fare esercizio fisico regolarmente, cucinare pasti salutari o praticare hobby che migliorano la qualità della vita.

Incremento dell'Autonomia e della Responsabilità

Il lavoro in remoto richiede un alto livello di autodisciplina e gestione del tempo, promuovendo l'autonomia e la responsabilità individuale. Questo può portare a un maggiore senso di realizzazione personale e a un miglior sviluppo delle competenze trasversali.

Miglioramento delle Relazioni Familiari e Sociali

La flessibilità offerta dal lavoro in remoto può permettere di trascorrere più tempo con familiari e amici, rafforzando le relazioni personali. Anche la capacità di lavorare mentre si viaggia offre l'opportunità di esplorare nuove culture e luoghi, arricchendo l'esperienza di vita.

In conclusione, il lavoro in remoto e uno stile di vita flessibile offrono una gamma di benefici che vanno oltre la semplice libertà geografica. Essi rappresentano una trasformazione fondamentale nel modo in cui le persone si rapportano al lavoro, alla famiglia e al tempo libero, offrendo l'opportunità di costruire una vita lavorativa più equilibrata, soddisfacente e produttiva.

Sostenibilità Ambientale

Il lavoro in remoto riduce la necessità di grandi spazi ufficio e il pendolarismo quotidiano, contribuendo significativamente alla riduzione delle emissioni di CO_2 e dell'impronta ecologica complessiva. Questo aspetto non solo ha un impatto positivo sull'ambiente, ma può anche aumentare la soddisfazione dei lavoratori che si sentono parte di uno sforzo più ampio per un futuro sostenibile.

Personalizzazione dell'Esperienza Lavorativa

La possibilità di lavorare in remoto offre agli individui la libertà di scegliere non solo dove ma anche come lavorare. Questo può includere l'adozione di tecniche di lavoro che aumentano la propria efficienza, come l'ascolto di musica, l'organizzazione dello spazio di lavoro in modo che ispiri o motivi, o anche il lavoro in presenza di animali domestici, che è stato dimostrato migliorare il benessere generale.

Riduzione dello Stress da Ufficio

L'ambiente di lavoro in ufficio può essere fonte di stress significativo, a causa di fattori come politiche di ufficio, rumore, interruzioni frequenti e mancanza di privacy. Il lavoro in remoto elimina molti di questi stress, permettendo ai lavoratori di concentrarsi meglio sulle loro attività in un ambiente più tranquillo e controllato.

Opportunità di Educazione Continua

Con orari più flessibili, i professionisti che lavorano in remoto hanno maggiori opportunità di dedicare tempo all'educazione continua, che si tratti di corsi online, workshop, o anche la lettura di libri e articoli pertinenti al proprio campo. Questo non solo contribuisce alla crescita personale e professionale, ma può anche aprire nuove opportunità di carriera o espansione degli affari.

Migliore Salute Fisica

Lavorare in remoto elimina la necessità del pendolarismo, spesso stressante e sedentario, offrendo più tempo per attività fisiche. Molti lavoratori in remoto trovano più facile inserire l'esercizio fisico nella loro routine quotidiana, che sia una passeggiata al mattino, una sessione di yoga durante la pausa pranzo o una corsa serale, contribuendo a una migliore salute fisica generale.

Accrescimento della Creatività

La flessibilità di scegliere il proprio ambiente di lavoro può ispirare maggiore creatività. Gli individui possono scegliere di lavorare in spazi che stimolano la creatività, come caffetterie, spazi di co-working con design stimolante o anche all'aperto, dove la natura può ispirare nuove idee e approcci.

Crescita dell'Inclusività nel Lavoro

Il lavoro in remoto rende più accessibili le opportunità professionali a persone che potrebbero essere escluse dall'ambiente di lavoro tradizionale, inclusi individui con disabilità, genitori che si occupano dei figli a casa o persone che vivono in aree remote. Questo aumento dell'inclusività può arricchire il panorama professionale con una diversità di prospettive e esperienze.

Rafforzamento dell'Autoefficacia

La gestione del proprio ambiente di lavoro e orario, insieme alla necessità di autodisciplina e organizzazione, può rafforzare il senso di autoefficacia. I professionisti che lavorano in remoto spesso sviluppano una maggiore fiducia nelle proprie capacità di gestire compiti e responsabilità, un attributo prezioso sia nella vita professionale che personale.

In definitiva, l'adozione del lavoro in remoto e di uno stile di vita flessibile offre vantaggi che vanno ben oltre la semplice comodità di evitare il pendolarismo. Questo modello di lavoro supporta uno sviluppo professionale e personale più equilibrato, sostenibile e soddisfacente, aprendo la strada a una nuova concezione del "luogo di lavoro" che valorizza l'autonomia, la salute e il benessere generale.

Miglioramento della Diversità Culturale e Creativa

Il lavoro in remoto permette di collaborare con team e clienti provenienti da tutto il mondo, offrendo l'opportunità di imparare da diverse culture. Questa esposizione può arricchire il processo creativo, fornendo nuove idee e prospettive che potrebbero non emergere in un ambiente di lavoro più omogeneo.

Strategia: Cerca attivamente collaborazioni internazionali e incoraggia il dialogo culturale all'interno del tuo team. Utilizza le differenze come un punto di forza per innovare e risolvere problemi in modi unici.

Aumento della Responsabilità Personale e Professionale

Lavorare in remoto richiede un elevato livello di auto-motivazione e responsabilità, poiché sei meno soggetto al controllo diretto di un supervisore. Questo può portare a un maggiore senso di proprietà e orgoglio nel lavoro svolto.

Strategia: Imposta obiettivi chiari e misurabili per te stesso e il tuo team. Celebra i traguardi raggiunti per riconoscere e rafforzare il senso di responsabilità e realizzazione personale.

Sfide nella Costruzione di una Cultura Aziendale

Mantenere una cultura aziendale coesa e positiva può essere più complesso quando i team sono distribuiti geograficamente. La cultura aziendale, tuttavia, è cruciale per la motivazione, la soddisfazione e la fedeltà dei dipendenti.

Strategia: Sfrutta le tecnologie di comunicazione per mantenere il team connesso e impegnato. Organizza incontri regolari, sia di lavoro che sociali, e promuovi iniziative che rafforzino un senso di appartenenza e condivisione dei valori aziendali.

Sviluppo di Capacità di Comunicazione Efficaci

La comunicazione a distanza può portare a fraintendimenti o a una mancanza di chiarezza se non gestita correttamente. Sviluppare capacità di comunicazione efficaci è essenziale per il successo del lavoro in remoto.

Strategia: Sii chiaro, conciso e coerente nelle tue comunicazioni. Utilizza diversi canali (testuali, vocali, video) a seconda del contesto e assicurati che tutti i membri del team siano a proprio agio con gli strumenti di comunicazione scelti.

Necessità di Strumenti Tecnologici Affidabili

L'efficacia del lavoro in remoto dipende fortemente dalla disponibilità di strumenti tecnologici affidabili e dalla connessione internet stabile, che possono rappresentare una sfida in alcune aree.

Strategia: Investi in hardware e software di qualità e considera soluzioni di backup per internet e alimentazione per garantire la continuità del lavoro anche in caso di interruzioni.

Gestione del Sovraccarico Tecnologico

L'uso intensivo di strumenti digitali può portare a un sovraccarico tecnologico, con effetti negativi sul benessere psicologico.

Strategia: Promuovi una cultura del "diritto alla disconnessione" e incoraggia i dipendenti a prendersi pause regolari dalla tecnologia. Bilancia l'uso degli strumenti digitali con attività non legate allo schermo per mantenere un sano equilibrio.

Flessibilità come Via per l'Innovazione

La flessibilità offerta dal lavoro in remoto non solo migliora la qualità della vita ma può anche essere un potente motore di innovazione. La libertà di esplorare nuovi ambienti, orari di lavoro e metodi può stimolare la creatività e portare a soluzioni innovative.

Strategia: Sperimenta con diversi approcci al lavoro e rimani aperto a cambiamenti nella routine e nel metodo. Valorizza le idee innovative che emergono da questa flessibilità e incoraggia la sperimentazione all'interno del tuo team.

In definitiva, il lavoro in remoto e lo stile di vita flessibile offrono un'ampia gamma di vantaggi che possono migliorare sia la performance professionale che la soddisfazione personale. Tuttavia, per massimizzare questi benefici, è fondamentale adottare strategie mirate per affrontare le sfide uniche che accompagnano questo modello di lavoro. Attraverso una gestione attenta, una comunicazione efficace e un impegno costante nel mantenimento del benessere personale, i lavoratori remoti possono sfruttare al meglio le opportunità offerte da uno stile di vita flessibile.

Promozione dell'Apprendimento Continuo

L'ambiente di lavoro in remoto, con la sua naturale inclinazione verso l'uso della tecnologia, fornisce un contesto ideale per l'apprendimento continuo. Le risorse online, dai webinar ai corsi online, sono facilmente accessibili, consentendo ai professionisti di rimanere aggiornati con le ultime competenze e conoscenze del loro settore.

Strategia: Incoraggia e supporta l'apprendimento continuo all'interno del tuo team. Considera di allocare un budget per lo sviluppo professionale o di offrire orari flessibili per permettere ai membri del team di partecipare a opportunità di formazione.

Valorizzazione dell'Indipendenza e dell'Autogestione

Il lavoro in remoto richiede un alto grado di indipendenza e autogestione, qualità che, una volta sviluppate, possono migliorare notevolmente l'efficacia personale e professionale.

Strategia: Stabilisci obiettivi chiari e misurabili e monitora regolarmente i progressi. Fornisci feedback costruttivo e incoraggia l'autovalutazione per aiutare i membri del team a sviluppare la propria capacità di autogestione.

Opportunità di Ridisegnare il Concetto di "Ufficio"

Con l'aumentare del lavoro in remoto, il tradizionale concetto di ufficio viene ridisegnato. Spazi di coworking, caffè e persino luoghi di vacanza possono diventare "uffici temporanei", offrendo stimoli e ambienti diversificati che possono ispirare la creatività e migliorare la produttività.

Strategia: Esplora e sperimenta con diversi ambienti di lavoro per scoprire quali configurazioni ottimizzano la tua produttività e benessere. Promuovi questa flessibilità anche all'interno del tuo team, rispettando le preferenze individuali riguardo all'ambiente di lavoro.

Miglioramento delle Relazioni Interpersonali

Sebbene il lavoro in remoto possa sembrare isolante, può anche offrire l'opportunità di costruire relazioni più profonde e significative. Senza le distrazioni di un ufficio tradizionale, le interazioni virtuali possono diventare più intenzionali e focalizzate.

Strategia: Utilizza le tecnologie di comunicazione per mantenere regolari contatti sociali con colleghi e clienti. Organizza incontri virtuali non solo per discutere di lavoro ma anche per condividere esperienze personali, rafforzando i legami all'interno del team.

Creazione di Nuovi Modelli di Business

Il lavoro in remoto e la generazione di reddito online aprono la porta a nuovi modelli di business che erano impensabili solo pochi anni fa. Dalle startup digitali ai freelance globali, le possibilità di creare valore in modi innovativi sono ampie.

Strategia: Rimani aperto a esplorare nuovi modelli di business e considera come la tecnologia possa essere utilizzata per risolvere problemi unici nel tuo campo. Sii disposto a prendere rischi calcolati per sfruttare le opportunità emergenti nel panorama digitale.

In sintesi, abbracciare il lavoro in remoto e uno stile di vita flessibile richiede un adattamento sia a livello individuale che organizzativo, ma i benefici in termini di benessere, produttività e opportunità professionali possono essere significativi. Con le giuste strategie e un approccio proattivo alla gestione delle sfide, lavoratori e imprese possono navigare con successo in questo nuovo paesaggio lavorativo, sfruttando appieno il potenziale dello stile di vita flessibile offerto dalla generazione di reddito online.

In conclusione, l'adozione del lavoro in remoto e l'incorporazione di uno stile di vita flessibile rappresentano un cambiamento paradigmatico nel tessuto del lavoro moderno, portando con sé una vasta gamma di benefici che possono trasformare radicalmente sia la vita professionale che quella personale. Questa trasformazione offre non solo la libertà geografica e temporale ma inaugura anche una nuova era di possibilità lavorative, che vanno dall'accesso globale a talenti e opportunità fino alla personalizzazione dell'ambiente lavorativo per massimizzare la produttività individuale.

Benefici Profondi e Molteplici

I vantaggi del lavoro in remoto e dello stile di vita flessibile si estendono oltre la mera comodità di evitare il pendolarismo quotidiano. Essi toccano aspetti fondamentali della vita umana, inclusa una migliore qualità della vita attraverso un maggiore equilibrio tra lavoro e vita personale, la riduzione dello stress, un ambiente lavorativo personalizzato, opportunità di apprendimento continuo, e la possibilità di costruire una carriera gratificante senza vincoli geografici.

Sfide come Opportunità di Crescita

Sebbene le sfide associate al lavoro in remoto siano reali, dall'isolamento alla gestione delle distrazioni, dalla costruzione di una cultura aziendale positiva alla necessità di una comunicazione efficace, esse rappresentano anche opportunità uniche per lo sviluppo personale e professionale. Affrontare queste sfide richiede resilienza, adattabilità e un impegno proattivo per il miglioramento continuo, competenze che sono preziose tanto nella sfera professionale quanto in quella personale.

La Tecnologia come Alleato

La tecnologia svolge un ruolo cruciale nell'abilitare e ottimizzare il lavoro in remoto, fornendo gli strumenti per comunicare, collaborare e gestire progetti a distanza. L'uso intelligente della tecnologia, dalla selezione degli strumenti di comunicazione alla sicurezza dei dati, è fondamentale per sfruttare al meglio le potenzialità del lavoro remoto e per mitigare i potenziali rischi.

Cultura Organizzativa e Leadership

Per le organizzazioni, la transizione verso modelli di lavoro più flessibili richiede una riflessione strategica sulla cultura aziendale e sulle pratiche di leadership. Promuovere una cultura basata sulla fiducia, sull'autonomia e sulla responsabilità, oltre a sviluppare competenze di leadership che valorizzino la comunicazione aperta e il supporto al team, sono elementi chiave per il successo in questo nuovo ambiente lavorativo.

Visione per il Futuro

Guardando al futuro, il lavoro in remoto e lo stile di vita flessibile continuano a offrire un terreno fertile per l'innovazione e la sperimentazione nei modelli di business e nelle pratiche lavorative. Man mano che società e economie si adattano a queste tendenze, è probabile che vedremo un'evoluzione continua nelle modalità di lavoro, con un impatto duraturo su come e dove svolgiamo le nostre attività professionali.

In definitiva, abbracciare il lavoro in remoto e uno stile di vita flessibile apre un mondo di possibilità che va ben oltre il semplice luogo in cui svolgiamo il nostro lavoro. Si tratta di reinventare il modo in cui viviamo e lavoriamo, in modo che possiamo costruire carriere soddisfacenti, mantenere relazioni significative e vivere vite piene e ricche. Per individui e organizzazioni disposti ad adottare queste modalità di lavoro con un approccio olistico e strategico, il futuro del lavoro offre opportunità senza precedenti per crescita, innovazione e benessere.

13. Il ruolo dell'istruzione e dell'apprendimento continuo: Sottolineare l'importanza dell'istruzione continua e del miglioramento personale nel raggiungimento del successo come ChatGPT Millionaire.

L'istruzione continua e il miglioramento personale giocano un ruolo cruciale nel percorso verso il successo come ChatGPT Millionaire, o in qualsiasi altro ambito che richieda l'uso intensivo di tecnologie avanzate e competenze innovative. In un mondo caratterizzato da rapidi cambiamenti tecnologici e da un'economia globale sempre più interconnessa, l'apprendimento continuo non è solo un vantaggio, ma una necessità. Ecco alcuni aspetti chiave che sottolineano l'importanza dell'istruzione continua e del miglioramento personale:

Mantenimento della Competitività

Le tecnologie emergenti, come l'intelligenza artificiale e il machine learning, stanno trasformando il panorama lavorativo a una velocità senza precedenti. Rimanere aggiornati con le ultime tendenze, strumenti e pratiche del settore è essenziale per mantenere un vantaggio competitivo. L'apprendimento continuo consente ai professionisti di adattarsi rapidamente ai cambiamenti, di sfruttare nuove opportunità e di anticipare le sfide future.

Ampliamento delle Competenze e Versatilità

L'istruzione continua permette di espandere il proprio set di competenze, non solo approfondendo la conoscenza in aree già note, ma anche esplorando nuovi campi. Questo ampliamento delle competenze aumenta la versatilità professionale, apre a nuove opportunità di carriera e favorisce l'innovazione. La capacità di attraversare i confini tra discipline diverse è spesso alla base del successo nell'economia della conoscenza.

Sviluppo di una Mentalità di Crescita

L'impegno nell'apprendimento continuo alimenta una mentalità di crescita, la convinzione che le proprie capacità possano essere sviluppate attraverso dedizione e lavoro duro. Questa mentalità incoraggia la resilienza di fronte alle sfide, la persistenza nel perseguire obiettivi a lungo termine e l'apertura a feedback e nuove idee. Nel percorso per diventare un ChatGPT Millionaire, una mentalità di crescita è indispensabile per superare ostacoli e sfruttare appieno il proprio potenziale.

Miglioramento dell'Adattabilità e della Soluzione di Problemi

L'istruzione continua affina la capacità di pensare in modo critico e di risolvere problemi complessi, competenze sempre più richieste in tutti i settori. L'esposizione costante a nuovi concetti e sfide stimola la flessibilità cognitiva e la creatività, rendendo i professionisti meglio equipaggiati per navigare in ambienti lavorativi in rapida evoluzione e per trovare soluzioni innovative alle sfide emergenti.

Costruzione di una Rete Professionale

Spesso, l'apprendimento avviene in contesti collaborativi, come corsi, workshop, conferenze o comunità online, dove è possibile interagire con colleghi, esperti del settore e mentori. Queste interazioni non solo arricchiscono l'esperienza educativa, ma offrono anche l'opportunità di costruire e ampliare la propria rete professionale. Questi contatti possono rivelarsi preziosi per scoprire opportunità di carriera, avviare collaborazioni e scambiare idee e best practice.

Valorizzazione Personale e Professionale

Infine, l'istruzione continua contribuisce al proprio sviluppo personale, aumentando la fiducia in se stessi, la soddisfazione e il senso di realizzazione. L'impegno nell'apprendimento testimonia anche un elevato livello di professionalità e dedizione, qualità apprezzate dai datori di lavoro, dai clienti e dai collaboratori.

In conclusione, l'istruzione continua e il miglioramento personale non sono semplicemente complementi al percorso di successo come ChatGPT Millionaire; sono componenti fondamentali. Creano una solida base di conoscenze, stimolano l'innovazione, migliorano l'adattabilità e contribuiscono alla costruzione di una carriera ricca e gratificante. Nel mondo dinamico e in rapida evoluzione di oggi, l'apprendimento continuo è il carburante che alimenta il viaggio verso il successo sostenibile e l'auto-miglioramento.

Promozione dell'Intelligenza Emotiva

L'istruzione continua va oltre l'acquisizione di competenze tecniche; promuove anche lo sviluppo dell'intelligenza emotiva, che comprende l'autoconsapevolezza, la gestione delle emozioni, l'empatia e le abilità sociali. Queste competenze sono fondamentali per navigare efficacemente nelle relazioni professionali, gestire team e costruire reti di successo. La capacità di comprendere e rispondere adeguatamente alle dinamiche emotive può migliorare significativamente la leadership e la collaborazione.

Sostenibilità del Successo a Lungo Termine

In un'epoca caratterizzata da cambiamenti rapidi e talvolta imprevedibili, l'apprendimento continuo è la chiave per garantire la sostenibilità del successo a lungo termine. Preparandosi costantemente per il futuro e adattandosi alle nuove tendenze e tecnologie, i professionisti possono anticipare le evoluzioni del mercato e rimanere rilevanti nel loro campo. In questo contesto, l'istruzione continua funge da investimento nel proprio futuro professionale, ponendo le basi per un percorso di crescita ininterrotto.

Incremento dell'Innovazione

L'esposizione a nuove conoscenze, idee e metodi stimola l'innovazione, spingendo i professionisti a pensare in modo creativo e a sfidare lo status quo. L'apprendimento continuo alimenta questo spirito innovativo, incoraggiando l'esplorazione di nuove possibilità e l'applicazione di soluzioni non convenzionali ai problemi. Questa prospettiva innovativa è fondamentale per chi aspira a diventare un ChatGPT Millionaire, poiché apre la strada a opportunità uniche di differenziazione e successo nel mercato.

Potenziamento della Leadership

Le capacità di leadership sono rafforzate dall'apprendimento continuo, che non solo fornisce le competenze gestionali necessarie per guidare team e progetti, ma anche arricchisce la visione strategica e la capacità decisionale. I leader che si dedicano all'apprendimento sono meglio attrezzati per ispirare e motivare i loro team, guidare l'innovazione e navigare attraverso tempi incerti con fiducia e saggezza.

Miglioramento dell'Accessibilità all'Educazione

L'avvento della tecnologia ha reso l'istruzione e l'apprendimento continuo più accessibili che mai, con una vasta gamma di risorse disponibili online, da corsi gratuiti a programmi di certificazione, passando per tutorial interattivi e webinar. Questa accessibilità rimuove molte delle barriere tradizionali all'istruzione, consentendo a chiunque con una connessione internet di perseguire i propri obiettivi di apprendimento e miglioramento personale.

Valorizzazione della Curiosità Intellettuale

Infine, l'istruzione continua nutre e valorizza la curiosità intellettuale, un tratto caratteristico degli imprenditori di successo e dei leader del pensiero. Mantenere viva la curiosità stimola una costante ricerca di conoscenza e comprensione, guidando l'esplorazione di nuovi campi e l'adozione di una prospettiva di apprendimento per tutta la vita.

In definitiva, l'importanza dell'istruzione continua e del miglioramento personale nel raggiungimento del successo come ChatGPT Millionaire, o in qualsiasi iniziativa imprenditoriale, non può essere sopravvalutata. Costituisce il fondamento su cui costruire una carriera duratura e significativa, alimentando la crescita personale, l'adattabilità e l'innovazione. Impegnarsi in un percorso di apprendimento continuo è dunque non solo una strategia per il successo professionale, ma anche un investimento nel proprio sviluppo personale e nella realizzazione delle proprie potenzialità.

Ampliamento delle Prospettive Globali

L'apprendimento continuo, specialmente in contesti internazionali o multiculturali, espande la comprensione delle diverse prospettive globali. Questo è particolarmente rilevante nell'era della digitalizzazione, dove i mercati e le piattaforme online rendono il mondo più interconnesso. Avere una visione globale arricchisce l'approccio ai problemi, permettendo di creare soluzioni che risuonano su scala più ampia.

Strategia: Partecipa a forum internazionali, conferenze e corsi che coinvolgono partecipanti da tutto il mondo. Questo non solo amplia la tua rete, ma ti espone anche a diverse mentalità e approcci al lavoro e all'innovazione.

Valorizzazione dell'Apprendimento Peer-to-Peer

L'apprendimento non avviene solo attraverso corsi formali o dall'alto verso il basso; l'interazione con i colleghi offre un'opportunità inestimabile di apprendimento reciproco. L'apprendimento peer-to-peer stimola lo scambio di conoscenze pratiche, trucchi del mestiere e lezioni apprese da esperienze dirette.

Strategia: Crea o partecipa a gruppi di studio o mastermind con professionisti del tuo settore. Questi spazi possono diventare incubatori di idee innovative e offrire supporto e motivazione reciproca.

Miglioramento dell'Adattabilità Culturale

In un mercato globale, la capacità di adattarsi e operare efficacemente in contesti culturali diversi è fondamentale. L'apprendimento continuo aiuta a sviluppare competenze interculturali, migliorando la comunicazione e la collaborazione in team distribuiti geograficamente o con clienti internazionali.

Strategia: Impegnati attivamente nell'apprendimento delle lingue, nella comprensione delle norme culturali e nelle pratiche aziendali di diverse regioni. Questo non solo migliora la tua efficacia professionale, ma apre anche la porta a opportunità di business più ampie.

Promozione della Salute Mentale e del Benessere

L'investimento in apprendimento continuo e sviluppo personale contribuisce positivamente anche alla salute mentale e al benessere generale. Imparare qualcosa di nuovo può essere gratificante, aumentare l'autostima e offrire una pausa dalle routine quotidiane, riducendo lo stress e promuovendo la soddisfazione personale.

Strategia: Bilancia l'apprendimento professionale con interessi personali e hobby. Questo non solo offre una valvola di sfogo per lo stress, ma può anche ispirare creatività e innovazione nel tuo lavoro.

Costruzione di Un Legato di Conoscenza

Infine, l'apprendimento continuo ti permette di costruire e condividere un legato di conoscenza. Diventando un esperto nel tuo campo, hai l'opportunità di influenzare positivamente gli altri, mentorare la prossima generazione e contribuire al corpo di conoscenza del tuo settore.

Strategia: Condividi la tua esperienza tramite blogging, insegnamento, presentazioni o mentorship. Non solo aiuterai gli altri nel loro percorso, ma rafforzerai anche la tua comprensione e reputazione nel campo.

In conclusione, l'apprendimento continuo e il miglioramento personale sono pilastri fondamentali per chiunque aspiri al successo in un ambiente in rapida evoluzione come quello attuale. Essi alimentano l'innovazione, l'adattabilità e la crescita sostenibile, permettendoti di navigare con fiducia le sfide del presente e del futuro. Abbracciare un approccio olistico all'apprendimento, che consideri sia lo sviluppo professionale che personale, apre la strada a una carriera ricca e gratificante, contribuendo significativamente al tuo viaggio verso il successo come ChatGPT Millionaire o qualsiasi altro obiettivo ambizioso che ti prefiggi.

Stimolazione dell'Innovazione Attraverso la Diversità di Apprendimento

L'apprendimento di argomenti al di fuori della propria area di specializzazione principale può stimolare la creatività e l'innovazione. L'esposizione a campi diversi può ispirare nuovi modi di pensare e soluzioni inaspettate ai problemi, essenziali per chi aspira a diventare un ChatGPT Millionaire nel dinamico mondo della tecnologia e dell'innovazione.

Strategia: Esplora aree di studio che incrociano o si discostano dalla tua specializzazione. Ad esempio, se lavori nel settore tecnologico, considera di apprendere concetti di design, psicologia o sostenibilità per arricchire la tua prospettiva e approccio ai progetti.

Rafforzamento della Resilienza Mentale

L'apprendimento continuo sfida costantemente la tua zona di comfort, un processo che può rafforzare significativamente la resilienza mentale. Affrontare e superare le difficoltà legate all'apprendimento di nuove competenze o concetti contribuisce a sviluppare una maggiore fiducia nelle proprie capacità di affrontare sfide e incertezze.

Strategia: Imposta obiettivi di apprendimento che ti sfidino, ma siano realizzabili. Celebrare i piccoli successi lungo il percorso può aumentare la motivazione e costruire una resilienza mentale che sarà preziosa in tutti gli aspetti della vita e della carriera.

Contributo alla Comunità di Apprendimento

Partecipare attivamente a comunità di apprendimento non solo arricchisce la tua esperienza educativa ma offre anche l'opportunità di contribuire al progresso collettivo. Condividere le tue conoscenze, risorse e supporto può aiutare altri a crescere, creando un ambiente positivo di crescita reciproca.

Strategia: Unisciti a forum online, gruppi di discussione o associazioni professionali dove puoi sia apprendere che contribuire. L'insegnamento è spesso uno dei modi migliori per consolidare la propria comprensione e conoscenza.

Miglioramento dell'Adattabilità Professionale

In un mercato del lavoro in rapida evoluzione, l'adattabilità è cruciale. L'apprendimento continuo ti mantiene agile, permettendoti di navigare con successo attraverso cambiamenti di carriera, settori in trasformazione e nuove opportunità di mercato.

Strategia: Mantieni una mentalità aperta e curiosa verso l'apprendimento, sia nelle tue competenze core sia in nuove aree. Questo può aiutarti a identificare e cogliere opportunità inaspettate che si allineano con i tuoi obiettivi a lungo termine.

Sviluppo di Una Leadership Illuminata

La capacità di guidare efficacemente nel 21° secolo richiede una comprensione profonda di una vasta gamma di temi, da quelli tecnici a quelli umanistici. L'apprendimento continuo alimenta questa leadership illuminata, permettendoti di ispirare e guidare con visione e empatia.

Strategia: Dedica tempo all'apprendimento di teorie e pratiche di leadership, così come a temi che influenzano la società e il benessere globale. Questo ti permetterà di guidare con una prospettiva più ampia e un approccio olistico.

Promozione della Longevità della Carriera

Infine, l'apprendimento continuo contribuisce alla longevità della tua carriera. Mantenendoti al passo con le ultime tendenze, tecnologie e competenze richieste, puoi rimanere rilevante e prezioso nel tuo campo per decenni.

Strategia: Considera l'apprendimento come un investimento a lungo termine nella tua carriera. Ricerca tendenze future nel tuo settore e allinea i tuoi obiettivi di apprendimento per prepararti ad affrontare e sfruttare queste evoluzioni.

In definitiva, l'istruzione continua e il miglioramento personale sono indispensabili per chiunque aspiri a eccellere e innovare in un ambiente in continua evoluzione. Questo impegno all'apprendimento trasforma non solo la carriera individuale, ma può anche avere un impatto significativo sulle comunità e sul settore più ampio, guidando il progresso e stimolando il cambiamento positivo.

Incoraggiamento dell'Esplorazione Interdisciplinare

L'esplorazione di campi interdisciplinari può arricchire enormemente la comprensione e la creatività, aprendo la mente a nuovi modi di pensare e risolvere problemi. Questo approccio può rivelare connessioni inaspettate tra diverse aree di studio e pratica, generando soluzioni innovative che possono essere applicate in contesti imprevisti.

Strategia: Cerca opportunità di apprendimento che uniscano discipline diverse, come corsi che combinano tecnologia e arte, scienza e filosofia, o business e sostenibilità. L'approccio interdisciplinare può stimolare la tua creatività e arricchire il tuo arsenale di strumenti e strategie professionali.

Sviluppo di Competenze Future-Proof

In un'epoca caratterizzata da rapidi progressi tecnologici e cambiamenti sociali, sviluppare competenze che saranno rilevanti nel futuro è fondamentale. Questo significa concentrarsi non solo sulle competenze tecniche, ma anche sulle cosiddette "soft skills", come la pensiero critico, la collaborazione, la flessibilità cognitiva e l'intelligenza emotiva.

Strategia: Identifica le competenze che sono proiettate ad avere una domanda elevata nel futuro e inizia a costruirle ora.

Partecipa a workshop, corsi e attività che ti espongono a queste aree, concentrandoti particolarmente su quelle che promuovono l'adattabilità e la resilienza.

Arricchimento della Vita Personale

Oltre ai benefici professionali, l'apprendimento continuo arricchisce profondamente la vita personale. Sviluppare nuove competenze e conoscenze può aumentare la fiducia in sé, stimolare interessi personali e promuovere uno stile di vita attivo e impegnato. Questa crescita personale può tradursi in maggiore soddisfazione e benessere complessivi.

Strategia: Impegna tempo in attività di apprendimento che alimentano i tuoi interessi personali e passioni al di fuori del contesto professionale. Questo non solo fornisce un equilibrio salutare alla tua vita, ma può anche ispirare approcci e idee nuovi nel tuo lavoro.

Creazione di Un'Identità di Apprendimento

Adottare un'identità di apprendimento, vedersi come un apprendista per tutta la vita, è fondamentale per mantenere la curiosità e l'impegno nell'apprendimento. Questo atteggiamento apre la mente a nuove informazioni e esperienze, facilitando l'adattamento e la crescita costante.

Strategia: Rifletti regolarmente sui tuoi percorsi di apprendimento, celebra i tuoi successi e imposta nuovi obiettivi di crescita. Documentare questo viaggio può rafforzare la tua identità come apprendista per tutta la vita e mantenerti motivato.

Contributo al Progresso Collettivo

Infine, impegnandosi nell'apprendimento continuo, contribuisci non solo al tuo sviluppo personale, ma anche al progresso collettivo del tuo settore, della tua comunità e della società nel suo complesso. La condivisione della conoscenza e la collaborazione su progetti innovativi possono avere un impatto significativo, guidando il cambiamento positivo e affrontando sfide globali.

Strategia: Partecipa attivamente a comunità professionali e accademiche, condividi le tue conoscenze tramite blog, presentazioni o insegnamento, e collabora con altri che condividono i tuoi interessi e obiettivi. La crescita collettiva e il progresso sono potenziati dall'apprendimento condiviso e dalla collaborazione.

In sintesi, l'istruzione continua e il miglioramento personale sono fondamentali non solo per navigare con successo il percorso verso il successo come ChatGPT Millionaire ma anche per contribuire in modo significativo al tessuto sociale ed economico più ampio. Questo viaggio di apprendimento costante non solo apre porte a nuove opportunità professionali e personali, ma arricchisce anche la comunità e l'industria con nuove idee, soluzioni innovative e una leadership ispiratrice.

Promozione di Una Cultura dell'Innovazione

L'apprendimento continuo alimenta una cultura dell'innovazione sia a livello individuale che organizzativo. Le organizzazioni che valorizzano e promuovono l'istruzione continua tra i loro dipendenti tendono a essere leader nel loro campo, guidando il progresso e stabilendo nuovi standard di eccellenza.

Strategia: Incoraggia un ambiente di lavoro che premia la curiosità e l'esplorazione. Investi in programmi di formazione per i dipendenti e crea spazi per la sperimentazione e il fallimento sicuro, elementi essenziali per l'innovazione.

Sviluppo Sostenibile e Responsabile

L'apprendimento continuo è anche cruciale per lo sviluppo sostenibile e responsabile. Comprendere le complessità delle sfide globali, come il cambiamento climatico, la disuguaglianza e la sostenibilità, è fondamentale per costruire soluzioni che siano non solo economicamente valide, ma anche eticamente fondate e ambientalmente sostenibili.

Strategia: Impegnati in corsi e iniziative che si concentrano su sostenibilità e responsabilità sociale. Applica queste conoscenze nel tuo lavoro quotidiano e nella strategia aziendale, promuovendo pratiche che beneficiano sia il business che il pianeta.

Rafforzamento della Comunità Globale

L'apprendimento continuo rafforza la comunità globale, facilitando la condivisione di conoscenze attraverso confini culturali e geografici. Questo scambio di idee contribuisce a una maggiore comprensione reciproca, promuove la collaborazione internazionale e aiuta a costruire soluzioni a sfide globali che richiedono un approccio collettivo.

Strategia: Partecipa a reti professionali internazionali e piattaforme di apprendimento online che collegano persone di tutto il mondo. Utilizza queste piattaforme per scambiare idee, collaborare su progetti e costruire partnership che trascendano le barriere geografiche.

Mantenimento dell'Umiltà e Apertura

In un percorso di apprendimento continuo, l'umiltà e l'apertura sono essenziali. Riconoscere che c'è sempre qualcosa di nuovo da imparare, anche da coloro che potrebbero essere meno esperti o provenire da contesti diversi, può aprire a profonde intuizioni e stimolare la crescita personale e professionale.

Strategia: Pratica l'ascolto attivo nelle interazioni con gli altri, sia online che di persona, e sii aperto a nuove prospettive e idee. Considera ogni esperienza come un'opportunità di apprendimento, anche quelle che possono sembrare sfidanti o scomode inizialmente.

Promozione della Felicità e Realizzazione Personale

Infine, l'apprendimento continuo è una fonte profonda di felicità e realizzazione personale. Il processo di esplorare nuovi campi, acquisire nuove competenze e superare sfide è intrinsecamente gratificante e contribuisce a un senso di scopo e soddisfazione nella vita.

Strategia: Stabilisci obiettivi di apprendimento che riflettano non solo le tue aspirazioni professionali, ma anche i tuoi interessi e passioni personali. Lascia che la tua curiosità ti guidi e trova gioia nel processo di scoperta e crescita.

In conclusione, l'apprendimento continuo e il miglioramento personale non sono solo strategie per il successo professionale; sono fondamenti per una vita ricca e piena. Attraverso l'impegno nell'apprendimento continuo, non solo potrai navigare con successo nel percorso verso il successo come ChatGPT Millionaire, ma contribuirai anche al benessere della tua comunità, al progresso dell'industria e alla crescita collettiva della società. Abbracciare un approccio olistico all'apprendimento, che integra lo sviluppo professionale con la crescita personale e l'impegno civico, amplifica il tuo impatto sul mondo e arricchisce ogni aspetto della tua vita.

La dedizione all'istruzione continua e al miglioramento personale va oltre la mera acquisizione di nuove competenze o titoli; è un impegno a vivere pienamente, rimanendo curiosi, aperti e reattivi di fronte al cambiamento. Questa prospettiva trasforma le sfide in opportunità, le interazioni in momenti di apprendimento e le ambizioni in realizzazioni. In questo contesto, diventare un ChatGPT Millionaire non è solo una questione di successo finanziario, ma rappresenta un viaggio di scoperta continua, innovazione e contributo significativo alla comunità globale.

Incoraggiare l'apprendimento continuo e il miglioramento personale non solo fornisce le basi per eccellere in un ambiente lavorativo in rapida evoluzione, ma promuove anche una vita professionale e personale più soddisfacente e bilanciata. La capacità di adattarsi, innovare e guidare con empatia e intelligenza è profondamente radicata nell'impegno per l'apprendimento. I vantaggi che ne derivano - dalla crescita della carriera alla realizzazione personale, dall'arricchimento intellettuale alla connessione umana - trascendono i confini professionali, toccando ogni aspetto dell'esistenza.

L'impatto collettivo di individui dedicati all'apprendimento continuo e al miglioramento personale è immenso. Questi sforzi collettivi guidano l'innovazione, promuovono la comprensione interculturale, affrontano sfide globali e ispirano la prossima generazione di leader, imprenditori e pensatori. In definitiva, l'apprendimento continuo è il motore del progresso umano, alimentando non solo il successo individuale, ma anche il benessere e l'avanzamento di tutta la società.

In questo modo, il percorso verso il diventare un ChatGPT Millionaire si trasforma in un viaggio di crescita senza fine, dove ogni passo avanti arricchisce non solo il proprio mondo ma anche quello degli altri. È un percorso che celebra l'infinito potenziale dell'apprendimento e del miglioramento, e che riconosce come il vero successo sia misurato non solo dai risultati raggiunti, ma anche dall'impatto che abbiamo sul mondo che ci circonda.

14. Storie di successo di ChatGPT Millionaires: Condividere storie ispiratrici di persone comuni che sono diventate milionarie utilizzando ChatGPT e altre risorse online.

Mentre condivido storie ispiratrici legate al successo ottenuto attraverso l'utilizzo di tecnologie avanzate come ChatGPT e altre risorse online, è importante notare che i dettagli specifici, come i nomi delle persone e le cifre esatte del guadagno, potrebbero non essere disponibili o verificabili a causa della natura generica e in evoluzione di tali narrazioni. Tuttavia, possiamo esplorare diversi scenari e percorsi ipotetici che illustrano come individui e imprenditori hanno sfruttato le potenzialità di ChatGPT e del digitale per raggiungere notevoli traguardi finanziari.

Scenario 1: La Trasformazione di un Blogger in un Imprenditore di Contenuti

Maria, una blogger appassionata con un modesto seguito, ha scoperto ChatGPT mentre cercava strumenti per migliorare la qualità e l'efficienza dei suoi contenuti. Utilizzando ChatGPT, ha iniziato a produrre articoli, guide e post sui social media più coinvolgenti e informativi, personalizzati secondo le preferenze dei suoi lettori. Questo approccio ha portato a un aumento esponenziale del traffico sul suo blog e delle interazioni sui social media, attirando l'attenzione di sponsor e partner commerciali. Maria ha poi espanso la sua attività creando corsi online e workshop digitali, utilizzando sempre ChatGPT per ottimizzare i contenuti e interagire con i partecipanti. In pochi anni, ciò che era iniziato come un hobby si è trasformato in una fiorente impresa online, rendendo Maria una vera e propria "ChatGPT Millionaire".

Scenario 2: Dalla Consulenza Freelance al Lancio di una Startup Innovativa

Alex, un consulente freelance nel settore tecnologico, ha utilizzato ChatGPT per automatizzare parti del suo lavoro, come la generazione di report e l'analisi dei dati per i suoi clienti. Riconoscendo il potenziale di ChatGPT, ha sviluppato un'idea per una piattaforma che integra l'intelligenza artificiale nella gestione dei progetti per piccole e medie imprese. Investendo in ricerca e sviluppo e utilizzando la sua rete di contatti nel settore, Alex ha lanciato con successo la sua startup. La piattaforma, che offre soluzioni automatizzate per la pianificazione dei progetti, il monitoraggio e la generazione di insight azionabili, ha rapidamente guadagnato popolarità. Attraverso round di finanziamento e una crescente base di clienti, Alex è diventato un imprenditore di successo, sfruttando le capacità di ChatGPT per rivoluzionare il modo in cui le imprese gestiscono i loro progetti.

Scenario 3: Rivoluzionare l'Educazione con l'AI

Sofia, un'insegnante con una grande passione per la tecnologia e l'innovazione nell'educazione, ha esplorato il modo in cui ChatGPT potrebbe essere utilizzato per personalizzare l'apprendimento per i suoi studenti. Ha creato una piattaforma educativa che utilizza ChatGPT per fornire tutoraggio personalizzato, esercizi su misura e feedback istantaneo agli studenti in una varietà di materie. La piattaforma è diventata un enorme successo, aiutando gli studenti di tutto il mondo a migliorare le loro prestazioni scolastiche e a sviluppare un amore più profondo per l'apprendimento. Sofia ha poi esteso l'offerta della sua piattaforma a scuole e università, diventando leader nel settore dell'educazione digitale. La sua impresa non solo ha avuto un impatto positivo sull'educazione di innumerevoli studenti, ma l'ha anche resa una figura di spicco nel mondo dell'innovazione educativa.

Questi scenari illustrano come, attraverso l'innovazione, l'adattabilità e l'uso strategico di risorse online come ChatGPT, individui provenienti da diversi background possano trasformare le loro passioni e competenze in imprese di successo. Benché siano esempi ipotetici, riflettono storie reali di persone che hanno sfruttato le opportunità offerte dall'evoluzione digitale e dalla tecnologia AI per realizzare significativi successi economici e professionali. L'ingrediente comune in queste narrazioni è l'uso creativo e innovativo di strumenti come ChatGPT per superare le barriere tradizionali, aprire nuovi mercati o migliorare i processi esistenti in modo significativo.

Scenario 4: Innovazione nel Settore Creativo

Giulia, una graphic designer freelance, ha integrato ChatGPT nei suoi flussi di lavoro per automatizzare la fase di brainstorming e la generazione di idee per i suoi progetti di design. Ha creato un blog e un canale YouTube dove condivideva come utilizzava l'IA per ispirare la creatività nel design. Questi contenuti sono diventati virali, portandola a lanciare una serie di corsi online e workshop dedicati all'integrazione dell'intelligenza artificiale nel processo creativo. La sua capacità di demistificare e applicare l'IA nel design ha attratto l'attenzione di agenzie e marchi globali, trasformando la sua operazione unipersonale in un'agenzia creativa innovativa. La sua storia sottolinea il potere dell'apprendimento continuo e dell'adozione di nuove tecnologie per rimanere rilevanti e competitivi nel settore creativo.

Scenario 5: Rivoluzione del Customer Service con ChatGPT

Marco, con un background in sviluppo software e un interesse per l'intelligenza artificiale, ha riconosciuto le potenzialità di ChatGPT nel migliorare l'esperienza del servizio clienti. Ha sviluppato un bot intelligente basato su ChatGPT in grado di gestire le richieste dei clienti in modo più naturale, efficiente e personalizzato. Dopo un lancio di successo nel settore dell'ospitalità, la sua soluzione è stata rapidamente adottata da aziende in vari settori, rivoluzionando il modo in cui interagiscono con i loro clienti. La startup di Marco è cresciuta esponenzialmente, attirando investimenti significativi e riconoscimenti nel settore tech. La sua impresa evidenzia il potenziale dell'IA nel trasformare le operazioni aziendali e migliorare l'interazione umana.

Scenario 6: Trasformazione dell'Editoria con l'AI

Elena, un'autrice e editrice con una passione per la tecnologia, ha utilizzato ChatGPT per ottimizzare il processo editoriale, dalla generazione di idee alla revisione dei testi. Ha fondato una piattaforma editoriale che sfrutta l'IA per aiutare gli scrittori a perfezionare i loro manoscritti e a connettersi con il pubblico target in modi prima impensabili. La sua innovazione ha non solo democratizzato l'accesso al mondo dell'editoria, ma ha anche fornito agli autori strumenti potenti per affinare il loro artigianato. Il successo della sua piattaforma ha trasformato Elena in una figura di spicco nel settore editoriale, mostrando come l'integrazione dell'IA può apportare benefici tangibili alla produzione culturale e creativa.

Questi scenari immaginari illustrano la vastità delle opportunità disponibili quando si combinano ingegno, competenze tecnologiche e strumenti avanzati come ChatGPT. Dimostrano che, indipendentemente dal settore di partenza, l'approccio innovativo all'utilizzo della tecnologia può guidare la trasformazione personale e professionale, portando al successo in forme inaspettate. La chiave è rimanere aperti all'apprendimento, esplorare le potenzialità delle nuove tecnologie e applicarle in modi che allineano la passione personale con le esigenze del mercato.

Scenario 7: Espansione di un'Impresa di E-Commerce con ChatGPT

Daniele ha avviato una piccola impresa di e-commerce vendendo prodotti artigianali. La concorrenza nel mercato online era feroce, e lui cercava un modo per distinguersi. Scoprì che poteva utilizzare ChatGPT per personalizzare l'esperienza di acquisto, offrendo ai clienti consigli personalizzati e supporto immediato tramite un chatbot intelligente. Implementando questa tecnologia, non solo ha migliorato la soddisfazione del cliente, ma ha anche ottimizzato le operazioni interne, rendendo il processo di assistenza clienti più efficiente. La sua capacità di innovare e adottare nuove tecnologie ha trasformato la sua piccola impresa in un'attività di e-commerce di successo con una forte presenza online e un fedele seguito di clienti. La storia di Daniele dimostra come l'integrazione intelligente della tecnologia possa elevare un'impresa e portarla al successo in un mercato competitivo.

Scenario 8: Sviluppo di un'App di Fitness Rivoluzionaria

Chiara, una personal trainer appassionata di tecnologia, ha visto l'opportunità di combinare la sua esperienza nel fitness con le capacità di ChatGPT per creare un'app di allenamento personalizzata. Utilizzando ChatGPT, ha sviluppato un sistema che adatta i piani di allenamento e di nutrizione alle esigenze individuali degli utenti, basandosi sulle loro risposte a specifiche domande sull'app. L'app è diventata un successo immediato, con migliaia di download nei primi mesi dal lancio, grazie alla sua capacità di offrire un'esperienza altamente personalizzata che riflette le esigenze e gli obiettivi personali degli utenti. Il successo dell'app di Chiara evidenzia il potenziale dell'utilizzo di ChatGPT per fornire soluzioni personalizzate che rispondano direttamente alle esigenze dei consumatori in vari settori.

Scenario 9: Innovazione nel Settore Immobiliare

Luca, un agente immobiliare, ha utilizzato ChatGPT per rivoluzionare il modo in cui interagisce con i clienti e gestisce le proprietà. Implementando un sistema basato su ChatGPT per rispondere alle domande dei clienti 24/7 e per fornire raccomandazioni personalizzate su proprietà basate sui loro desideri e necessità, ha notevolmente migliorato l'efficienza del suo servizio clienti. Inoltre, ha utilizzato ChatGPT per creare descrizioni dettagliate e coinvolgenti delle proprietà, aumentando l'interesse e le vendite. Questo approccio innovativo gli ha permesso di distinguersi in un mercato affollato, incrementando le sue vendite e costruendo una reputazione di servizio clienti eccezionale.

Scenario 10: Trasformazione dell'Agricoltura con AI

Beatrice, una giovane agricoltrice, ha deciso di implementare ChatGPT nella gestione della sua azienda agricola per ottimizzare le operazioni e migliorare la sostenibilità. Ha sviluppato un sistema che utilizza ChatGPT per analizzare dati meteorologici, del suolo e delle colture per fornire raccomandazioni precise su irrigazione, fertilizzazione e raccolta. Questo approccio basato sui dati ha permesso di ridurre gli sprechi, migliorare i rendimenti e sostenere pratiche agricole più ecologiche. L'innovazione di Beatrice ha attirato l'attenzione di altri agricoltori e di investitori interessati a pratiche agricole sostenibili e basate sui dati, aprendo la strada a nuove collaborazioni e opportunità di business.

Questi scenari immaginari illustrano il vasto panorama di possibilità offerte dall'integrazione di ChatGPT e altre tecnologie digitali in diversi settori. Mostrano come l'innovazione, unita a una visione strategica e a un impegno costante per l'apprendimento e l'adattamento, possa trasformare le passioni e le competenze individuali in imprese di successo. In ogni storia, l'elemento chiave è la capacità degli individui di vedere oltre l'uso convenzionale della tecnologia, adattandola creativamente alle proprie esigenze e visioni uniche. Questo non solo apre nuove vie al successo personale e professionale ma contribuisce anche all'innovazione e alla crescita in vari settori.

Scenario 11: Rivitalizzazione di un'Impresa Locale

Roberto, proprietario di una libreria indipendente, ha affrontato una sfida significativa con l'avanzare della digitalizzazione e la concorrenza delle grandi catene. Integrando ChatGPT nel suo sito web, ha creato un assistente virtuale che fornisce raccomandazioni di lettura personalizzate basate sui gusti e sugli interessi dei clienti. Ha anche usato ChatGPT per organizzare eventi virtuali interattivi con autori, trasformando la sua libreria in un hub culturale online. Questo approccio ha non solo rinnovato l'interesse verso la sua libreria ma ha anche attratto una nuova clientela globale, dimostrando come le tradizionali imprese locali possano reinventarsi e prosperare nell'era digitale.

Scenario 12: Creazione di una Piattaforma di Tutoraggio Online

Sara, un'ex insegnante con una profonda passione per l'educazione, ha visto l'opportunità di utilizzare ChatGPT per fornire supporto di tutoraggio personalizzato a studenti di tutto il mondo. Ha sviluppato una piattaforma online che connette studenti con tutor AI basati su ChatGPT, in grado di offrire assistenza istantanea e personalizzata in una vasta gamma di materie. L'accessibilità e l'efficacia della sua piattaforma hanno rivoluzionato l'approccio al tutoraggio, rendendo l'istruzione di alta qualità più accessibile e fornendo supporto essenziale agli studenti ovunque si trovino.

Scenario 13: Innovazione nel Settore del Turismo

Lorenzo, un esperto di marketing turistico, ha utilizzato ChatGPT per creare esperienze di viaggio su misura. Con un sistema che integra ChatGPT per analizzare le preferenze e i desideri dei viaggiatori, ha offerto pacchetti personalizzati che includono attività uniche, alloggi e itinerari. Questo approccio personalizzato ha attratto viaggiatori alla ricerca di esperienze autentiche e personalizzate, posizionando la sua agenzia come leader nel turismo su misura. La sua capacità di adattare le offerte in tempo reale in base al feedback dei clienti ha ulteriormente migliorato la soddisfazione del cliente e la fedeltà.

Scenario 14: Trasformazione Digitale nel Non-Profit

Valeria, direttrice di un'organizzazione non-profit, ha implementato ChatGPT per ottimizzare la comunicazione con i donatori e migliorare la gestione dei progetti. Utilizzando ChatGPT per automatizzare le risposte alle domande frequenti, personalizzare le comunicazioni con i donatori e analizzare i dati delle donazioni per ottimizzare le strategie di raccolta fondi, ha notevolmente aumentato l'efficienza operativa e l'impatto dell'organizzazione. La sua iniziativa ha non solo rafforzato le relazioni con i donatori esistenti ma ha anche attratto nuovi sostenitori, amplificando il raggiungimento e l'effetto delle sue campagne.

Questi scenari illustrano come, indipendentemente dal campo di attività, l'applicazione creativa e strategica di ChatGPT e altre tecnologie avanzate possa guidare l'innovazione, migliorare i servizi e i prodotti e, in ultima analisi, contribuire al successo finanziario e professionale. Rappresentano esempi ispiratori di come persone comuni, attraverso l'ingegnosità e l'impegno nell'apprendimento continuo, possano trasformare le sfide in opportunità, ridefinendo i loro percorsi di carriera e influenzando positivamente le loro comunità e settori.

Scenario 15: Rivoluzione del Wellness Digitale

Emma, una psicologa clinica appassionata di tecnologia, ha riconosciuto il potenziale di ChatGPT per offrire supporto psicologico accessibile e personalizzato. Ha sviluppato un'app che utilizza ChatGPT per fornire consulenze preliminari, gestire sessioni di terapia giornaliere basate su testo e guidare gli utenti attraverso esercizi di mindfulness personalizzati. Questa innovazione ha reso il benessere psicologico più accessibile, soprattutto per coloro che possono sentirsi intimiditi dalla terapia tradizionale o che vivono in aree con accesso limitato ai servizi di salute mentale. La sua app ha aiutato migliaia di persone a gestire ansia e stress, dimostrando l'importanza dell'integrazione tra tecnologia e cura della salute mentale.

Scenario 16: Potenziamento del Commercio Locale con Intelligenza Artificiale

Fabio, proprietario di una catena di caffetterie locali, ha sperimentato un calo delle vendite a causa dell'aumento della concorrenza e dei cambiamenti nei comportamenti dei consumatori. Introducendo ChatGPT nel suo modello di business, ha creato un assistente virtuale che offriva ai clienti raccomandazioni personalizzate, promozioni su misura e ordini facili tramite chat. Questo non solo ha migliorato l'esperienza del cliente, ma ha anche fornito a Fabio dati preziosi sui gusti e le preferenze dei suoi clienti, permettendogli di adattare l'offerta e migliorare il servizio. La sua iniziativa ha rivitalizzato l'attività, attirando nuovi clienti e rafforzando la lealtà dei clienti esistenti.

Scenario 17: Sviluppo Sostenibile Guidato dall'AI

Chiara, un'ingegnere ambientale, ha utilizzato ChatGPT per sviluppare soluzioni innovative per la gestione dei rifiuti e il riciclaggio. Integrando ChatGPT in sistemi di smistamento intelligenti, ha potuto ottimizzare la separazione dei rifiuti e migliorare l'efficienza del riciclaggio, riducendo significativamente lo spreco e l'impatto ambientale. La sua tecnologia è stata adottata da municipalità e imprese, portando a una gestione dei rifiuti più sostenibile e consapevole. La visione e l'innovazione di Chiara hanno dimostrato come la tecnologia possa essere utilizzata per affrontare alcune delle sfide ambientali più pressanti.

Scenario 18: Trasformazione dell'Industria Creativa

Lorenzo, un musicista e produttore, ha esplorato l'uso di ChatGPT per comporre musica e scrivere testi. Utilizzando l'IA per generare idee creative e perfezionare le composizioni, ha creato opere uniche che fondono stili e influenze diverse. Questo approccio ha attirato l'attenzione nel mondo della musica, portando a collaborazioni innovative e a nuove opportunità di performance. L'utilizzo di ChatGPT da parte di Lorenzo ha aperto nuove frontiere nell'espressione artistica, evidenziando il potenziale dell'IA come strumento per espandere la creatività umana.

Scenario 19: Personalizzazione dell'Apprendimento con AI

Marta, fondatrice di una startup educativa, ha visto l'opportunità di utilizzare ChatGPT per creare esperienze di apprendimento personalizzate per studenti di tutte le età. La sua piattaforma utilizza l'intelligenza artificiale per adattare il materiale didattico agli stili di apprendimento individuali, ai punti di forza e alle aree di miglioramento. Questo approccio ha rivoluzionato l'educazione online, rendendo l'apprendimento più coinvolgente, efficace e accessibile. Il successo della sua impresa ha dimostrato il potenziale dell'IA nel migliorare l'istruzione e nel fornire opportunità di apprendimento equo a una scala globale.

Ogni uno di questi scenari immaginari riflette una storia di successo potenziale che potrebbe emergere

dall'uso innovativo e strategico di tecnologie come ChatGPT e altre risorse online. Queste narrazioni illustrano non solo la versatilità e il potenziale trasformativo dell'intelligenza artificiale nelle mani di imprenditori creativi e visionari, ma anche come l'approccio al miglioramento continuo, all'adattabilità e all'innovazione possa aprire porte a opportunità precedentemente inimmaginabili.

La conclusione dettagliata di queste storie di successo sottolinea un tema comune: l'importanza cruciale di abbracciare le nuove tecnologie non come fine ma come mezzi per realizzare visioni uniche, risolvere problemi complessi e soddisfare bisogni umani in modi sempre più efficaci e creativi. Che si tratti di rivoluzionare industrie esistenti, di creare nuove nicchie di mercato o di affrontare sfide globali, l'integrazione intelligente dell'IA e delle risorse digitali offre una leva potente per l'innovazione e il cambiamento.

In ognuno di questi scenari, emerge chiaramente che il successo non deriva solo dall'uso di strumenti avanzati come ChatGPT, ma dalla capacità di combinare queste tecnologie con una profonda comprensione delle esigenze umane, un impegno verso la sostenibilità e l'etica, e una visione orientata al futuro.

Questi imprenditori e innovatori, sebbene immaginari, rappresentano l'ideale di una nuova generazione di leader che non solo perseguono il successo finanziario ma mirano anche a lasciare un impatto positivo sul mondo.

La chiave del loro successo risiede nella loro capacità di pensare in modo critico, di adattarsi rapidamente ai cambiamenti, di perseguire l'apprendimento continuo e di rimanere aperti a nuove possibilità. Attraverso la loro resilienza, curiosità e spirito imprenditoriale, trasformano sfide in opportunità e visioni in realtà.

Questi percorsi di successo servono da fonte di ispirazione per chiunque aspiri a utilizzare la tecnologia per forgiare il proprio futuro e influenzare positivamente la società. Sottolineano il messaggio che, in un mondo in rapida evoluzione, l'apertura all'innovazione, l'investimento nell'apprendimento continuo e l'adozione di una mentalità orientata alla crescita sono più cruciali che mai. Così facendo, le storie di "ChatGPT Millionaires" non diventano semplici aneddoti di successo individuale, ma capitoli di un racconto più ampio sul potere dell'innovazione umana guidata dalla tecnologia per creare un futuro più luminoso e inclusivo per tutti.

15. Etica e responsabilità: Esaminare l'importanza dell'etica e della responsabilità nell'utilizzo di ChatGPT e nella generazione di reddito online in generale.

L'etica e la responsabilità rivestono un ruolo fondamentale nell'utilizzo di ChatGPT e nella generazione di reddito online, guidando non solo il modo in cui queste tecnologie vengono implementate ma anche il modo in cui gli individui e le organizzazioni si comportano nel vasto ecosistema digitale. Con l'aumento della digitalizzazione e l'adozione sempre più ampia dell'intelligenza artificiale, emergono questioni etiche e responsabilità che necessitano di una riflessione approfondita e di un impegno consapevole da parte di tutti gli attori coinvolti.

Trasparenza e Onestà

Nell'uso di ChatGPT per generare contenuti o interagire con gli utenti, la trasparenza sull'impiego dell'IA è cruciale. È importante comunicare chiaramente quando i messaggi o i contenuti sono generati da un'intelligenza artificiale, evitando di indurre in errore il pubblico sulla natura umana o automatizzata delle interazioni. Questo approccio onesto rafforza la fiducia e promuove una relazione autentica tra i creatori di contenuti, le aziende e il loro pubblico.

Privacy e Sicurezza dei Dati

La raccolta, l'analisi e l'utilizzo dei dati giocano un ruolo chiave nella personalizzazione e nell'efficacia delle soluzioni basate su ChatGPT. Tuttavia, è fondamentale garantire che la gestione dei dati avvenga in modo etico, rispettando la privacy degli utenti e aderendo alle leggi e ai regolamenti sulla protezione dei dati, come il GDPR nell'Unione Europea. Le aziende devono implementare misure di sicurezza robuste per proteggere i dati da accessi non autorizzati o violazioni, garantendo agli utenti il controllo sui loro dati personali.

Equità e Accessibilità

L'etica nell'uso di ChatGPT richiede anche di considerare l'equità e l'accessibilità. Le soluzioni basate su IA dovrebbero essere progettate per essere inclusive, senza discriminare nessun gruppo di utenti. Questo implica l'adattamento delle tecnologie per garantire che siano accessibili a persone con disabilità e la vigilanza contro i bias nei modelli di IA, che possono perpetuare stereotipi o discriminazioni. Promuovere l'equità e l'accessibilità contribuisce a garantire che i benefici delle tecnologie IA siano disponibili a una più ampia sezione della società.

Impatto Sociale e Ambientale

L'utilizzo responsabile di ChatGPT e di tecnologie simili implica la considerazione del loro impatto sociale e ambientale. Ad esempio, la crescente domanda di risorse computazionali per l'addestramento dei modelli di IA ha implicazioni ambientali significative a causa del consumo energetico. Le aziende e gli individui devono quindi valutare e mitigare l'impronta carbonica delle loro operazioni IA. Inoltre, l'introduzione di tecnologie automatizzate deve considerare l'impatto sui lavori tradizionali e sul tessuto sociale, cercando soluzioni che promuovano un progresso tecnologico inclusivo e benefico per tutti.

Responsabilità nel Contenuto Generato

Infine, coloro che utilizzano ChatGPT per generare reddito online hanno la responsabilità di garantire che i contenuti prodotti siano accurati, affidabili e non dannosi. Questo comprende l'evitare la diffusione di informazioni false o ingannevoli e il garantire che i contenuti non promuovano discorsi d'odio, discriminazione o altre forme di pregiudizio. La responsabilità nel creare e condividere contenuti etici rafforza la qualità dell'informazione online e contribuisce alla costruzione di un ambiente digitale più sano e informativo.

In sintesi, l'importanza dell'etica e della responsabilità nell'utilizzo di ChatGPT e nella generazione di reddito online non può essere sottovalutata. Adottare un approccio etico e responsabile non solo mitiga i rischi associati all'uso delle tecnologie avanzate, ma pone anche le basi per un futuro digitale che sia equo, sostenibile e benefico per l'intera società. La creazione di un quadro etico solido per la generazione di reddito online, in particolare nell'uso di tecnologie come ChatGPT, richiede un impegno congiunto da parte di sviluppatori, utenti, legislatori e la comunità globale.

Affrontare queste sfide etiche significa andare oltre la conformità legale, per abbracciare principi di giustizia, trasparenza, responsabilità e rispetto per la dignità umana. Gli sviluppatori e le aziende devono adottare pratiche di design etico, assicurando che le tecnologie siano sviluppate e implementate in modi che rispettino i diritti umani e promuovano il benessere sociale. Questo include la conduzione di valutazioni d'impatto etico, l'ingaggio di stakeholder diversificati nell'elaborazione delle politiche e la creazione di meccanismi di governance che permettano una supervisione etica delle operazioni.

Parallelamente, è fondamentale educare gli utenti sulle implicazioni etiche dell'utilizzo di tecnologie IA, fornendo loro gli strumenti per navigare il mondo digitale in modo consapevole e critico. L'istruzione gioca un ruolo chiave nell'empowerment degli individui, permettendo loro di comprendere non solo i benefici ma anche i potenziali rischi delle tecnologie digitali.

Dal lato della regolamentazione, è necessario uno sforzo coordinato a livello globale per stabilire normative che equilibrino l'innovazione con la protezione dei consumatori e la salvaguardia dei valori sociali. La collaborazione tra i diversi settori e la condivisione delle migliori pratiche possono aiutare a formare un consenso su standard etici universali per l'utilizzo delle IA.

Inoltre, è importante promuovere un dialogo aperto tra le parti interessate su questioni etiche, incoraggiando una riflessione continua sull'evoluzione delle norme sociali e sulla direzione desiderata dello sviluppo tecnologico. Questo dialogo dovrebbe includere voci diverse, garantendo che le prospettive di gruppi spesso marginalizzati siano considerate nella formazione delle politiche e nella progettazione delle tecnologie.

Concludendo, l'importanza dell'etica e della responsabilità nell'utilizzo di ChatGPT e nella generazione di reddito online invita a un'esplorazione profonda dei valori che vogliamo che guidino il nostro futuro digitale. Creando un ecosistema che valorizzi l'etica tanto quanto l'innovazione, possiamo garantire che le tecnologie come ChatGPT non solo portino prosperità economica, ma contribuiscano anche a costruire una società più giusta, inclusiva e rispettosa dell'ambiente. In questo modo, la generazione di reddito online può diventare una forza per il progresso positivo, rispecchiando i migliori aspetti dell'umanità e della tecnologia in collaborazione.

16. Risorse utili e strumenti: Fornire una lista di risorse utili, strumenti e piattaforme online che possono aiutare i lettori a avviare e gestire con successo la propria attività online.

Avviare e gestire un'attività online richiede accesso a una varietà di strumenti e risorse. Che tu sia agli inizi o in cerca di modi per espandere la tua impresa esistente, ecco una lista curata di risorse, strumenti e piattaforme online che possono supportarti nel tuo viaggio imprenditoriale online.

Ricerca di Mercato e Analisi

1. **Google Trends**: Utile per esplorare le tendenze di ricerca e scoprire cosa interessa al tuo pubblico target.

2. **SEMrush**: Una suite comprensiva per la ricerca di parole chiave, analisi SEO, e monitoraggio della concorrenza.

3. **SurveyMonkey**: Per creare sondaggi online che ti aiutano a raccogliere feedback e insight dai tuoi clienti.

Sviluppo Web e Hosting

4. **WordPress**: Una piattaforma di creazione siti web che offre flessibilità per sviluppare sia blog personali che siti e-commerce complessi.

5. **Shopify**: Una piattaforma di e-commerce tutto-in-uno per creare, gestire e far crescere il tuo negozio online.

6. **Wix**: Una piattaforma di costruzione di siti web intuitiva con centinaia di template personalizzabili.

Marketing e Social Media

7. **Hootsuite**: Un gestore di social media che consente di programmare post, tracciare l'andamento e gestire tutti i tuoi account social da un'unica dashboard.

8. **Mailchimp**: Una piattaforma di email marketing per creare, inviare e analizzare campagne via email.

9. **Canva**: Uno strumento di design grafico user-friendly per creare contenuti visivi accattivanti per i tuoi canali social, siti web e materiali di marketing.

Gestione Progetti e Collaborazione

10. **Trello**: Un'applicazione di gestione progetti basata su sistemi di schede per organizzare compiti e team.

11. **Slack**: Una piattaforma di comunicazione per team che facilita la collaborazione in tempo reale attraverso messaggi e chiamate.

12. **Asana**: Uno strumento per la gestione del lavoro e dei progetti che aiuta i team a pianificare, organizzare e tracciare il progresso delle attività.

Ottimizzazione e Analisi del Sito Web

13. **Google Analytics**: Per monitorare e analizzare il traffico del tuo sito web e capire meglio il comportamento dei visitatori.

14. **Hotjar**: Fornisce heatmaps, session recordings, e sondaggi per comprendere come gli utenti interagiscono con il tuo sito.

15. **Moz**: Offre strumenti per SEO, tra cui tracciamento delle parole chiave, analisi dei link e insight per migliorare la visibilità del sito.

Finanza e Amministrazione

16. **QuickBooks**: Software di contabilità per piccole imprese, utile per gestire le finanze, fatturazione, e stipendi.

17. **Stripe**: Una soluzione di pagamento online per accettare pagamenti sul tuo sito web in modo sicuro.

18. **Wave**: Un software di contabilità gratuito per piccole imprese, perfetto per la fatturazione e la gestione delle spese.

Apprendimento e Sviluppo Professionale

19. **Coursera**: Offre corsi online, certificazioni e lauree da università e aziende di tutto il mondo.

20. **Udemy**: Una piattaforma di apprendimento con corsi su una vasta gamma di argomenti, dalla programmazione al marketing digitale.

21. **LinkedIn Learning**: Corsi video su business, tecnologia e competenze creative, ideali per professionisti che cercano di ampliare le loro conoscenze.

Utilizzare queste risorse e strumenti può aiutarti a navigare le complessità dell'avvio e della gestione di un'attività online, dalla fase di idea iniziale fino alla crescita e all'espansione. Ricorda, tuttavia, che la chiave del successo risiede non solo nella scelta degli strumenti giusti ma anche nell'impegno costante, nell'apprendimento continuo e nell'adattabilità alle nuove sfide e opportunità.

Ottimizzazione SEO e Contenuto

22. **Yoast SEO**: Un plugin per WordPress che guida all'ottimizzazione del tuo sito web per i motori di ricerca, migliorando la visibilità online.

23. **Ahrefs**: Un complesso strumento SEO per analisi dei competitor, ricerca di parole chiave, audit di siti, e tracciamento del ranking.

24. **BuzzSumo**: Perfetto per analizzare quali contenuti performano meglio per qualsiasi argomento o concorrente, aiutandoti a generare idee di contenuto che attraggono traffico.

E-commerce e Vendite

25. **BigCommerce**: Una piattaforma di e-commerce che offre soluzioni robuste per la costruzione di negozi online, con funzionalità avanzate e integrazioni.

26. **Etsy**: Una piattaforma di mercato ideale per artisti, artigiani e venditori di prodotti fatti a mano che desiderano raggiungere un pubblico globale.

27. **Salesforce**: Offre una suite di soluzioni CRM (Customer Relationship Management) per migliorare le relazioni con i clienti e incrementare le vendite.

Strumenti per Freelancer

28. **Upwork**: Una piattaforma che connette freelancer con progetti e opportunità di lavoro in vari settori e specializzazioni.

29. **Fiverr**: Un altro mercato per servizi freelance dove puoi offrire le tue competenze, dalla scrittura e grafica alla programmazione.

30. **Freelancer.com**: Connette aziende e individui con freelancer che offrono una vasta gamma di servizi professionali.

Gestione dei Contenuti e Blogging

31. **Medium**: Una piattaforma di pubblicazione che permette di raggiungere un vasto pubblico interessato ai tuoi contenuti.

32. **Ghost**: Una piattaforma di blogging professionale focalizzata sulla semplicità e sulla velocità, con potenti strumenti SEO integrati.

33. **Substack**: Permette di creare e gestire newsletter, trasformando il tuo pubblico in una comunità pagante.

Strumenti di Produttività

34. **Notion**: Un tuttofare per la produttività che consente di prendere appunti, gestire progetti, database e molto altro in un unico posto.

35. **Evernote**: Un potente strumento di presa appunti che aiuta a organizzare i tuoi pensieri, ricerche e progetti.

36. **Google Workspace**: Offre una suite di strumenti di produttività e collaborazione, inclusi Gmail, Documenti, Fogli, e Drive.

Sviluppo Personale e Networking

37. **MasterClass**: Offre lezioni online da esperti mondiali in vari campi, dalla cucina alla scrittura, alla fotografia.

38. **Ted Talks**: Una fonte inestimabile di ispirazione e conoscenza, con discorsi su un'ampia varietà di argomenti.

39. **Meetup**: Un ottimo modo per trovare e partecipare a eventi locali o gruppi di interesse, ideale per il networking e l'apprendimento.

L'utilizzo strategico di questi strumenti e risorse può significativamente aumentare le tue possibilità di successo nel mondo online. Tuttavia, la vera magia si verifica quando questi strumenti sono integrati in una strategia ben pensata, personalizzata per le specifiche esigenze e obiettivi della tua attività. Mentre esplori e sperimenti con queste risorse, rimani flessibile e pronto ad adattare le tue strategie in risposta all'evoluzione del mercato e alle feedback dei tuoi clienti. Ricorda: il successo online è un viaggio continuo di apprendimento, adattamento e crescita.

Analisi Competitiva e Intelligenza di Mercato

40. **SpyFu**: Uno strumento che permette di visualizzare i dati di ricerca e le strategie pubblicitarie dei tuoi concorrenti, aiutandoti a perfezionare la tua strategia SEO e PPC.

41. **SimilarWeb**: Fornisce analisi del traffico web e dati di mercato per scoprire le strategie digitali dei tuoi concorrenti, aiutandoti a capire meglio il tuo pubblico target.

42. **Compete**: Un altro strumento per l'analisi competitiva che offre insight sul traffico web dei concorrenti e sul comportamento degli utenti online.

Creazione di Video e Multimedia

43. **Adobe Premiere Pro**: Un software professionale per l'editing video utilizzato da creatori di contenuti di tutto il mondo per produrre video di alta qualità.

44. **Final Cut Pro**: Una potente soluzione di editing video per Mac che offre strumenti avanzati per montaggio, correzione colore e audio.

45. **Animoto**: Uno strumento online che facilita la creazione di video accattivanti e professionali, ideale per promozioni o contenuti social.

Gestione Finanziaria e Investimenti

46. **Mint**: Un'applicazione che aiuta a gestire le finanze personali, tracciare spese e impostare budget, essenziale per chi gestisce un'attività online.

47. **Personal Capital**: Combina strumenti di gestione finanziaria con consulenza per investimenti, permettendo una visione olistica delle tue finanze.

48. **Robinhood**: Un'app di investimento che offre trading di azioni, ETF e criptovalute senza commissioni, utile per imprenditori che vogliono diversificare le proprie entrate.

Sviluppo e Programmazione

49. **GitHub**: Una piattaforma di sviluppo collaborativo per ospitare e rivedere codici, gestire progetti e costruire software insieme ad altri sviluppatori.

50. **Stack Overflow**: Una comunità di sviluppatori dove puoi fare domande e condividere conoscenze su programmazione e sviluppo software.

51. **Codecademy**: Offre corsi di programmazione interattivi in diverse lingue di programmazione, inclusi JavaScript, Python e Ruby.

Sicurezza e Protezione dei Dati

52. **NordVPN**: Un servizio VPN che protegge la tua connessione internet e preserva la tua privacy online, essenziale per chi gestisce dati sensibili.

53. **LastPass**: Un gestore di password che conserva in modo sicuro tutte le tue password, facilitando la gestione dell'accesso a servizi online senza compromettere la sicurezza.

54. **Sucuri**: Offre servizi di sicurezza per siti web, inclusa la protezione da malware, l'eliminazione di virus e la prevenzione di attacchi DDoS.

Rimanere aggiornati con gli strumenti e le risorse disponibili è vitale per navigare efficacemente nel panorama digitale in continua evoluzione. La chiave per sfruttare al meglio queste risorse è integrarle strategicamente nelle tue operazioni quotidiane, sperimentando e adattandole alle tue specifiche esigenze imprenditoriali. Mentre esplori queste opzioni, mantieni una mentalità aperta all'apprendimento e sii pronto a pivotare o adottare nuovi strumenti man mano che il tuo business cresce e si evolve. Ricorda, l'obiettivo finale è costruire un'impresa resiliente, scalabile e orientata al futuro, capace di prosperare nell'economia digitale globale.

Ottimizzazione per la Conversione e l'A/B Testing

55. **Optimizely**: Una piattaforma avanzata per l'A/B testing e la personalizzazione, che aiuta a ottimizzare le pagine web per aumentare le conversioni.

56. **Unbounce**: Consente di creare, pubblicare e testare landing page senza richiedere competenze di codifica, con l'obiettivo di migliorare le conversioni.

57. **Crazy Egg**: Offre heatmaps, scrollmaps e altri strumenti di analisi del comportamento degli utenti sul sito, fondamentali per capire come ottimizzare le pagine per incrementare l'engagement e le conversioni.

Collaborazione e Gestione del Team

58. **Microsoft Teams**: Una piattaforma di collaborazione che integra chat, videoconferenze, chiamate e condivisione di documenti, ideale per team distribuiti.

59. **Basecamp**: Uno strumento di gestione progetti che facilita la comunicazione del team e l'organizzazione delle attività, mantenendo tutti allineati e focalizzati sugli obiettivi.

60. **Monday.com**: Un sistema operativo di lavoro che consente ai team di gestire progetti e compiti quotidiani in un'interfaccia visiva e personalizzabile.

Ricerca e Sviluppo di Prodotto

61. **InVision**: Una piattaforma di design digitale che offre strumenti per il prototyping e il testing dell'usabilità, permettendo ai team di creare e testare rapidamente idee di prodotto.

62. **JIRA**: Utilizzato principalmente da sviluppatori software per tracciare bug e gestire progetti agile, ma anche utile per la pianificazione e il follow-up di qualsiasi progetto di sviluppo prodotto.

63. **Miro**: Una lavagna digitale collaborativa che facilita il brainstorming, la pianificazione strategica e la visualizzazione di concetti, utile nelle fasi iniziali di ideazione e sviluppo di nuovi prodotti.

Automazione Marketing e CRM

64. **HubSpot**: Una piattaforma di inbound marketing e vendite che offre strumenti per l'automazione del marketing, il CRM e il servizio clienti, aiutando a creare relazioni più forti con i clienti.

65. **Zapier**: Permette di automatizzare flussi di lavoro tra diverse app e servizi online, risparmiando tempo e

riducendo il lavoro manuale attraverso l'integrazione di strumenti di uso quotidiano.

66. **ActiveCampaign**: Combina funzionalità di email marketing, automazione, vendite e CRM, progettate per aiutare le imprese a coltivare clienti dall'interesse iniziale fino alla fedeltà a lungo termine.

Formazione e Apprendimento Online

67. **Skillshare**: Offre migliaia di corsi creativi e professionali in aree come design, fotografia, programmazione e business, ideali per l'apprendimento continuo e lo sviluppo di nuove competenze.

68. **Pluralsight**: Si concentra sull'offerta di corsi tecnologici, in particolare per sviluppatori, IT e professionisti della sicurezza, mantenendo le competenze tecnologiche aggiornate.

69. **Khan Academy**: Fornisce un'ampia gamma di corsi gratuiti su argomenti che vanno dalla matematica alla storia dell'arte, promuovendo un apprendimento accessibile a tutti.

L'elenco presentato riflette solo una frazione degli strumenti e delle risorse disponibili per chi cerca di avviare o espandere la propria attività online. La chiave è identificare quali risorse si allineano meglio con gli obiettivi specifici della tua impresa e come possono essere integrate per massimizzare l'efficienza, la produttività e il successo complessivo. In questo ambiente in rapida evoluzione, l'abilità di rimanere informati sulle ultime tendenze, strumenti e best practices è indispensabile. Adottare un approccio proattivo all'apprendimento e alla sperimentazione può aiutare a navigare con successo il panorama digitale, trasformando le sfide in opportunità e guidando la crescita sostenibile del tuo business online.

Analisi e Ottimizzazione delle Prestazioni

70. **Google PageSpeed Insights**: Uno strumento essenziale per analizzare la velocità e le prestazioni delle pagine web, offrendo consigli pratici per migliorare il tempo di caricamento e l'esperienza utente complessiva.

71. **Pingdom**: Fornisce analisi dettagliate sulla velocità del sito web, aiutando a identificare colli di bottiglia e ottimizzare le prestazioni per migliorare la soddisfazione degli utenti e il posizionamento nei motori di ricerca.

72. **GTmetrix**: Un altro strumento per testare la velocità del sito web, che combina Google PageSpeed Insights e YSlow per offrire una panoramica completa delle prestazioni del sito e suggerimenti per miglioramenti.

Strumenti di Design e Creatività

73. **Adobe Creative Cloud**: Offre una suite completa di applicazioni di design grafico, video editing, fotografia e web development, essenziale per i professionisti creativi che desiderano produrre contenuti di alta qualità.

74. **Sketch**: Uno strumento di design UI/UX focalizzato sulla semplicità e sull'efficienza, molto apprezzato per la creazione di interfacce utente e prototipi.

75. **Figma**: Una piattaforma di design collaborativo basata su cloud che facilita la progettazione di interfacce, il prototyping e il feedback in tempo reale tra team di design.

Integrazione e Automazione dei Processi Aziendali

76. **Airtable**: Combina la semplicità di un foglio di calcolo con la potenza di un database, permettendo di organizzare il lavoro, i progetti e i dati del cliente in modo più flessibile ed efficiente.

77. **IFTTT (If This Then That)**: Permette di creare "applet" personalizzati che automatizzano azioni tra vari

servizi web e dispositivi, semplificando compiti ripetitivi e aumentando la produttività.

78. **Microsoft Power Automate**: Uno strumento che aiuta a creare flussi di lavoro automatizzati tra le tue app e servizi preferiti per sincronizzare file, ottenere notifiche, raccogliere dati e molto altro.

Sviluppo e Gestione del Contenuto

79. **Contentful**: Un sistema di gestione dei contenuti basato su cloud che consente agli sviluppatori e ai team di marketing di collaborare e gestire contenuti per siti web e applicazioni mobili in modo più dinamico e scalabile.

80. **Drupal**: Una piattaforma di gestione dei contenuti open-source potente e altamente personalizzabile, adatta per siti web complessi e portali con esigenze specifiche.

81. **Joomla**: Un sistema di gestione dei contenuti (CMS) che offre flessibilità e estensibilità per costruire siti web e applicazioni online robuste, con una vasta gamma di estensioni e temi disponibili.

E-learning e Formazione Continua

82. **edX**: Una piattaforma di apprendimento online che offre corsi universitari, master e programmi professionali in una vasta gamma di discipline.

83. **FutureLearn**: Offre una diversa selezione di corsi da università e organizzazioni culturali di tutto il mondo, coprendo argomenti che vanno dalle scienze umane alla tecnologia.

84. **Kajabi**: Una piattaforma all-in-one per vendere, commercializzare e consegnare prodotti informativi online, come corsi, programmi di coaching e podcast.

Continuare a esplorare e integrare nuovi strumenti e risorse nel tuo arsenale imprenditoriale è fondamentale per rimanere competitivi nell'ecosistema digitale in rapida evoluzione. L'abilità di adattarsi rapidamente alle nuove tecnologie, capitalizzare sulle opportunità emergenti e rispondere dinamicamente alle sfide del mercato definirà il successo a lungo termine della tua attività online. Mantenere una mentalità aperta all'innovazione, impegnarsi in un apprendimento costante e perseguire l'eccellenza operativa saranno i tuoi alleati più preziosi in questo viaggio.

Strumenti di Feedback e Coinvolgimento del Cliente

85. **Typeform**: Uno strumento intuitivo per creare sondaggi, quiz e formulari che migliorano il coinvolgimento e raccolgono preziosi feedback dai clienti in modo elegante e user-friendly.

86. **UserTesting**: Offre insight in tempo reale sulle esperienze degli utenti, permettendo di vedere e ascoltare le reazioni dei veri utenti mentre interagiscono con il tuo sito web, app o prodotto.

87. **Hotjar Feedback**: Specificamente progettato per raccogliere feedback diretti dal sito web tramite sondaggi in-page e widget di feedback, fornendo una comprensione profonda delle opinioni degli utenti.

Sviluppo Sostenibile e Impatto Sociale

88. **B Lab**: Una rete globale che fornisce certificazioni B Corp a imprese che soddisfano rigorosi standard di performance sociale e ambientale, trasparenza e responsabilità.

89. **Sustainable Business Toolkit**: Offre una gamma di risorse e guide per aiutare le imprese a implementare pratiche sostenibili nel loro modello operativo.

90. **Ethical Consumer**: Una guida che offre valutazioni e recensioni sulle pratiche etiche delle aziende, aiutando gli imprenditori a prendere decisioni più consapevoli e sostenibili.

Networking Professionale e Sviluppo di Comunità

91. **Eventbrite**: Una piattaforma che permette di scoprire, partecipare o creare eventi in base ai tuoi interessi professionali, facilitando il networking e lo sviluppo di comunità.

92. **LinkedIn Groups**: Offre la possibilità di unirsi a gruppi professionali specifici del settore, consentendo la condivisione di idee, discussioni e opportunità di networking con professionisti simili.

93. **Slack Communities**: Numerose comunità tematiche esistono all'interno di Slack, che coprono una vasta gamma di settori e interessi, fornendo una piattaforma per la collaborazione e il networking professionale.

Strumenti Legalità e Conformità

94. **LegalZoom**: Fornisce una vasta gamma di servizi legali online per le imprese, inclusa la formazione di società, la protezione della proprietà intellettuale e i contratti personalizzati.

95. **DocuSign**: Permette di firmare documenti digitalmente e gestire accordi elettronicamente, semplificando processi legali e riducendo la carta in modi ecologici e conformi.

96. **iubenda**: Offre soluzioni per la generazione di politiche sulla privacy e termini di servizio personalizzati, assicurando che il tuo sito web o app sia conforme con le leggi internazionali sulla privacy, inclusi GDPR e CCPA.

Mantenere un approccio proattivo all'apprendimento e all'innovazione tecnologica ti consente di navigare con successo nell'ambiente digitale in continuo cambiamento, sfruttando le opportunità e affrontando le sfide in modo efficace. Sia che tu stia appena iniziando o che tu sia un imprenditore esperto alla ricerca di crescita e scalabilità, esplorare e integrare questi strumenti e risorse nel tuo workflow può trasformare significativamente il modo in cui operi e interagisci con i tuoi clienti, oltre a influenzare positivamente il tuo impatto sul mondo.

L'adozione di questi strumenti non dovrebbe mai essere vista come una soluzione "taglia unica", ma piuttosto come parte di un processo iterativo di sperimentazione e personalizzazione, in cui valuti costantemente l'efficacia e l'adattabilità delle risorse alle tue esigenze specifiche. In questo viaggio, l'essere guidati da principi etici, l'impegno per la sostenibilità e la responsabilità sociale dovrebbero rimanere al centro delle tue decisioni strategiche, assicurando che il tuo successo contribuisca a un futuro migliore per tutti.

La conclusione dettagliata sulla fornitura di risorse utili, strumenti e piattaforme online per avviare e gestire con successo un'attività online sottolinea un concetto fondamentale: l'ecosistema digitale moderno offre un arsenale senza precedenti di strumenti tecnologici che possono trasformare idee imprenditoriali in realtà tangibili e prosperose. Tuttavia, il vero potenziale di questi strumenti si realizza pienamente solo quando sono impiegati con saggezza, strategia e un impegno costante verso l'innovazione responsabile.

Nell'era dell'informazione, la chiave del successo non risiede solo nella capacità di accedere a queste risorse, ma anche nell'abilità di selezionare quelle più allineate agli obiettivi specifici della propria attività, integrandole in un ecosistema digitale coeso che promuova efficienza, crescita e sostenibilità. Questo processo richiede un approccio olistico che consideri non solo le necessità immediate dell'impresa, ma anche l'impatto a lungo termine sul proprio settore, sulla comunità e sull'ambiente.

L'imprenditoria online moderna, pertanto, richiede una visione che vada oltre il mero profitto economico, abbracciando principi di etica, equità, e responsabilità sociale. Gli strumenti e le piattaforme disponibili dovrebbero essere utilizzati non solo per ottimizzare le operazioni e massimizzare i guadagni, ma anche per costruire relazioni autentiche con i clienti, promuovere pratiche di lavoro inclusive e sostenibili, e contribuire positivamente alle sfide globali del nostro tempo.

In conclusione, mentre navighiamo attraverso l'ampio mare delle opportunità digitali, è essenziale mantenere una bussola etica che guidi le nostre scelte tecnologiche e strategiche. Integrando saggiamente le risorse disponibili e adottando un approccio responsabile all'innovazione, gli imprenditori online possono non solo raggiungere il successo economico ma anche diventare leader nel promuovere un impatto sociale positivo e sostenibile. La strada verso il successo nell'imprenditoria digitale è costellata di sfide, ma anche ricca di possibilità trasformative. Affrontare questo viaggio con curiosità, determinazione e un impegno per l'apprendimento e l'etica ci permetterà di esplorare nuovi orizzonti e di lasciare un segno duraturo nel mondo digitale e oltre.

17.Analisi del mercato e trend futuri: Esamina le tendenze attuali e future nel settore del reddito online e come adattarsi e sfruttare queste tendenze per il successo a lungo termine.

L'analisi del mercato e l'identificazione dei trend futuri nel settore del reddito online sono fondamentali per chiunque aspiri a navigare con successo in questo ambiente in rapida evoluzione. Le tendenze emergenti non solo indicano le direzioni in cui si sta muovendo il mercato, ma offrono anche spunti preziosi su come adattarsi e posizionarsi per il successo a lungo termine. Ecco una panoramica delle tendenze attuali e future e di come sfruttarle efficacemente.

La Crescita dell'Economia dei Gig

L'economia dei gig continua a espandersi, offrendo opportunità flessibili per guadagnare online attraverso lavori freelance, incarichi temporanei e progetti indipendenti. La chiave per avere successo in questo ambiente è la differenziazione attraverso la specializzazione, la costruzione di un marchio personale forte e l'utilizzo di piattaforme freelance per connettersi con potenziali clienti.

Dominio dell'E-commerce

L'e-commerce ha visto una crescita esponenziale, spinta ulteriormente dalle restrizioni legate alla pandemia. I consumatori si aspettano ora esperienze di acquisto online personalizzate, facili e veloci. Per le imprese, ciò significa investire in tecnologie come l'intelligenza artificiale per la personalizzazione, ottimizzare le strategie di logistica e esplorare nuovi canali di vendita come il social commerce.

L'Ascesa del Marketing di Contenuto e dell'Influencer Marketing

Il marketing di contenuto e l'influencer marketing rimangono strategie chiave per coinvolgere il pubblico online. La creazione di contenuti autentici, utili e coinvolgenti, che risuonino con il tuo pubblico target, è essenziale. Collaborare con influencer che condividono i valori del tuo marchio può amplificare ulteriormente la tua portata.

L'Importanza della Sostenibilità

La sostenibilità è diventata una preoccupazione crescente tra i consumatori, che si aspettano che le marche adottino pratiche etiche e rispettose dell'ambiente. Integrare la sostenibilità nel tuo modello di business online non solo può attrarre un pubblico più ampio, ma può anche posizionarti come leader di pensiero nel tuo settore.

La Rivoluzione dei Dati e dell'Analisi

La capacità di raccogliere, analizzare e agire in base ai dati è più critica che mai. Le imprese online devono sfruttare gli strumenti di analisi per comprendere il comportamento dei consumatori, ottimizzare le campagne di marketing e personalizzare l'esperienza di acquisto. La privacy dei dati rimane una preoccupazione principale, richiedendo trasparenza e conformità con le normative globali.

L'Evoluzione dell'Intelligenza Artificiale e dell'Automazione

L'IA e l'automazione continuano a trasformare il modo in cui le imprese operano online, dalla gestione del servizio clienti con chatbot all'automazione dei processi di marketing e vendita. Adottare queste tecnologie può migliorare l'efficienza, ridurre i costi e fornire esperienze cliente superiori.

Nuove Frontiere: Blockchain e Criptovalute

La blockchain e le criptovalute stanno aprendo nuove frontiere per il reddito online, dalla creazione di nuovi sistemi di pagamento alla possibilità di guadagnare attraverso NFT (Non-Fungible Tokens) e economie di gioco basate sulla blockchain. Rimane critico, tuttavia, navigare in queste acque con cautela, data la loro natura altamente speculativa e le sfide normative.

Per adattarsi e sfruttare queste tendenze per il successo a lungo termine, le imprese online devono rimanere agili, continuamente educate e disposte a sperimentare con nuove strategie e tecnologie. Costruire relazioni solide con i clienti, impegnarsi in pratiche di business etiche e sostenibili, e rimanere al passo con i cambiamenti tecnologici saranno aspetti fondamentali per navigare il futuro del reddito online. In questo scenario in rapida evoluzione, l'apprendimento continuo e la capacità di adattamento non sono solo desiderabili, ma essenziali. Le aziende devono adottare un approccio proattivo nell'esplorare nuove tecnologie e nel testare nuove strategie per rimanere rilevanti.

L'Avvento del Web 3.0

Il Web 3.0, con la sua enfasi sulla decentralizzazione, sulla proprietà dei dati da parte degli utenti e su esperienze internet interconnesse e semanticamente ricche, promette di rivoluzionare ulteriormente il modo in cui le imprese operano online. Le aziende che comprendono e implementano le tecnologie del Web 3.0, come i protocolli blockchain, potranno offrire esperienze utente più sicure, personalizzate e coinvolgenti, aprendo nuovi modelli di business e flussi di reddito.

Crescita dell'Apprendimento Online e della Formazione Digitale

L'educazione online ha visto una crescita esponenziale, una tendenza che continuerà nei prossimi anni. Istituzioni educative, formatori e imprenditori che offrono corsi online o risorse formative possono sfruttare questa tendenza creando contenuti educativi di alta qualità, accessibili e pertinenti. L'accento sulla formazione continua, le micro-qualifiche e l'apprendimento personalizzato apre vaste opportunità nel settore dell'educazione digitale.

Integrazione di Realtà Aumentata e Virtuale

La realtà aumentata (AR) e la realtà virtuale (VR) stanno iniziando a giocare un ruolo significativo nel commercio online, offrendo esperienze immersive che possono aumentare l'engagement del cliente e migliorare la conversione. Le imprese che esplorano e integrano AR e VR nei loro processi di vendita e marketing possono distinguersi, offrendo esperienze uniche che migliorano l'interazione con il cliente e la comprensione del prodotto.

Focus sulla Personalizzazione

La personalizzazione rimarrà un tema dominante, poiché le tecnologie basate sui dati permettono di adattare sempre di più le esperienze online agli interessi e comportamenti individuali degli utenti. Le aziende che utilizzano analisi avanzate e intelligenza artificiale per offrire esperienze su misura e comunicazioni pertinenti guideranno l'engagement e la fedeltà del cliente.

Sicurezza e Privacy dei Dati

Con l'aumentare della raccolta e dell'analisi dei dati, la sicurezza e la privacy diventano sempre più critiche. Le imprese dovranno non solo conformarsi alle normative in evoluzione, come il GDPR in Europa, ma anche adottare le migliori pratiche per proteggere i dati dei clienti. Investire in sicurezza informatica e educare i clienti su come vengono utilizzati e protetti i loro dati contribuirà a costruire fiducia e a sostenere relazioni a lungo termine.

Sostenibilità e Responsabilità Sociale

L'attenzione alla sostenibilità e alla responsabilità sociale delle imprese continuerà a crescere. I consumatori si aspettano che le marche agiscano in modo responsabile, non solo nei confronti dell'ambiente, ma anche delle comunità e delle economie in cui operano. Le aziende che dimostrano un impegno autentico verso pratiche sostenibili e iniziative sociali positive non solo attireranno clienti con valori simili, ma potranno anche godere di un vantaggio competitivo nel mercato.

Per adattarsi e sfruttare queste tendenze per il successo a lungo termine, le aziende devono rimanere flessibili, aperte all'innovazione e impegnate in un dialogo continuo con i loro clienti e la comunità più ampia. Adottando un approccio olistico che bilancia crescita, innovazione e responsabilità, le imprese possono navigare efficacemente le acque in rapido cambiamento del reddito online e posizionarsi per un successo sostenibile nel futuro.

La Digitalizzazione dei Servizi Tradizionali

La trasformazione digitale sta riorientando settori tradizionali come l'istruzione, la sanità, e i servizi finanziari, verso soluzioni online. Questo spostamento apre nuove possibilità per le aziende di innovare in servizi che erano precedentemente dominati da interazioni faccia a faccia. Adattarsi a questo trend significa non solo portare i servizi esistenti online ma anche ripensare questi servizi per sfruttare al meglio le potenzialità digitali, migliorando l'accessibilità e personalizzando l'esperienza utente.

La Democratizzazione dell'Accesso al Capitale

Le piattaforme di crowdfunding e i modelli di finanziamento partecipativo continuano a democratizzare l'accesso al capitale per le startup e le piccole imprese. Sfruttare queste opportunità richiede trasparenza, un solido storytelling e la capacità di costruire e mantenere una comunità di sostenitori. Inoltre, l'emergere delle criptovalute e delle finanze decentralizzate (DeFi) potrebbe ulteriormente trasformare il panorama finanziario, offrendo nuovi modi per accedere a finanziamenti, investimenti e servizi finanziari.

Il Potenziamento dell'Economia Collaborativa

L'economia collaborativa continuerà a espandersi, non limitandosi più solo a viaggi e alloggi ma estendendosi a vari settori. Questo modello enfatizza l'uso condiviso delle risorse, sia fisiche che digitali, promuovendo una maggiore efficienza e sostenibilità. Le aziende che possono facilitare lo scambio, la condivisione o il noleggio di risorse in modi innovativi saranno all'avanguardia nell'adattarsi a questo trend in crescita.

L'Importanza del Work-Life Balance

Con l'aumento del lavoro remoto e dell'autoimprenditorialità, la ricerca di un equilibrio tra lavoro e vita privata diventa sempre più centrale. Gli strumenti e le piattaforme che supportano la flessibilità, l'efficienza e il benessere generale degli utenti guadagneranno popolarità. Questo implica la progettazione di soluzioni che non solo aumentano la produttività ma promuovono anche uno stile di vita equilibrato, con attenzione al benessere fisico e mentale.

Crescita dei Mercati Niche e Personalizzati

Il desiderio di prodotti e servizi altamente personalizzati continua a guidare la segmentazione del mercato in nicchie sempre più specifiche. Questa tendenza offre opportunità per le aziende di concentrarsi su segmenti di mercato distinti, offrendo soluzioni su misura che rispondono direttamente alle esigenze e ai desideri unici dei loro clienti. La capacità di identificare, comprendere e servire efficacemente queste nicchie sarà cruciale per le imprese che cercano di distinguersi in un mercato affollato.

Accelerazione dell'Adozione di Tecnologie Emergenti

Tecnologie emergenti come l'intelligenza artificiale, l'Internet delle cose (IoT), la realtà aumentata/virtuale e la blockchain continueranno a maturare e ad essere adottate su scala più ampia. Le aziende che esplorano precocemente queste tecnologie e integrano le loro applicazioni nei propri modelli di business potranno offrire esperienze innovative, migliorare l'efficienza operativa e creare nuovi modelli di valore.

La Responsabilità Sociale d'Impresa come Imperativo

La responsabilità sociale d'impresa (CSR) e l'impegno verso pratiche etiche e sostenibili si stanno trasformando da semplici iniziative di marketing a imperativi aziendali fondamentali. I consumatori, sempre più informati e consapevoli, preferiscono marchi che dimostrano un impegno autentico verso l'impatto sociale positivo. Le aziende che integrano la CSR nel loro nucleo strategico e operativo non solo costruiscono una reputazione positiva ma contribuiscono anche a un cambiamento sociale sostenibile.

Adattarsi e sfruttare queste tendenze richiede un impegno continuo per l'innovazione, un ascolto attento del mercato e una profonda comprensione delle aspettative dei consumatori. La capacità di anticipare i cambiamenti e di agire rapidamente può determinare il successo o il fallimento nell'ambiente imprenditoriale online.

L'Espansione dell'Accessibilità Digitale

Mentre la tecnologia continua a evolversi, cresce anche l'enfasi sull'accessibilità digitale, assicurando che prodotti e servizi online siano utilizzabili da tutti, inclusi coloro con disabilità. Le aziende che adottano principi di design universale e seguono le linee guida per l'accessibilità non solo ampliano il loro mercato ma dimostrano anche un impegno verso l'inclusività. Questo non solo migliora la reputazione del brand ma risponde anche a una crescente normativa globale sull'accessibilità.

Intensificazione della Concorrenza Globale

La digitalizzazione ha abbattuto molte barriere all'ingresso nei mercati globali, intensificando la concorrenza. Le aziende devono ora competere non solo con i concorrenti locali ma anche con quelli da ogni angolo del mondo. Ciò richiede un'enfasi rinnovata sulla differenziazione, sulla qualità del prodotto/servizio e sull'eccellenza del servizio clienti. Sviluppare una strategia di branding forte e unica e mantenere un alto livello di innovazione prodotto sono chiavi per spiccare in un mercato globale affollato.

L'Evoluzione del Lavoro Remoto e dei Team Distribuiti

Il lavoro remoto e i team distribuiti sono diventati la norma per molte aziende, una tendenza accelerata dalla pandemia globale ma destinata a persistere a lungo termine. Questo cambiamento nei modelli di lavoro richiede strumenti e processi che supportano la collaborazione e la comunicazione efficace a distanza. Le aziende che possono gestire con successo team distribuiti saranno meglio posizionate per attrarre talenti da tutto il mondo e mantenere un'alta produttività.

L'Impatto della Tecnologia Blockchain Oltre le Criptovalute

Mentre le criptovalute hanno introdotto molte persone alla tecnologia blockchain, le sue applicazioni vanno ben oltre. La blockchain offre opportunità per trasformare sistemi di voto, registri di proprietà, catene di approvvigionamento e altro ancora, promettendo un futuro con transazioni più sicure, trasparenti e decentralizzate. Le aziende che esplorano e implementano soluzioni basate su blockchain possono non solo ottimizzare le proprie operazioni ma anche aprire nuovi modelli di business.

L'Ascesa del Consumatore come Creatore

L'era digitale ha visto la nascita del "consumatore come creatore", con piattaforme che permettono agli utenti di produrre e condividere i propri contenuti, dalla scrittura alla musica, al design. Questo spostamento rappresenta opportunità per le aziende di collaborare con creatori di contenuti, sfruttando la loro autenticità e il loro seguito per coinvolgere in modo significativo il pubblico. Le strategie di marketing devono quindi evolversi per incorporare e valorizzare i contributi dei consumatori-creatori.

La Priorità della Resilienza Aziendale

Gli eventi recenti hanno sottolineato l'importanza della resilienza aziendale. La capacità di adattarsi rapidamente ai cambiamenti del mercato, di rispondere alle crisi e di continuare a operare di fronte all'incertezza è diventata un fattore critico di successo. Investire in piani di continuità aziendale, diversificazione delle fonti di reddito e flessibilità operativa sono essenziali per costruire imprese capaci di resistere e prosperare nonostante le sfide.

Navigare queste tendenze richiede una visione lungimirante, un impegno per l'innovazione continua e una dedizione al miglioramento e all'adattamento costanti. Le aziende che restano agili, che ascoltano attentamente i loro clienti e che sono pronte a sperimentare e implementare nuove strategie saranno quelle che non solo sopravviveranno ma prospereranno nel dinamico panorama del reddito online. L'abilità di anticipare i bisogni del mercato, abbracciare il cambiamento tecnologico e adottare un approccio centrato sull'utente guiderà l'innovazione e la crescita.

L'Importanza dell'Etica e della Trasparenza

Con l'aumentare della consapevolezza dei consumatori riguardo le pratiche aziendali, l'etica e la trasparenza diventano non solo aspettative ma requisiti. Le imprese che comunicano apertamente le loro politiche, che agiscono con integrità e che dimostrano un impegno verso pratiche etiche costruiranno una fiducia di lungo termine con i loro clienti. Questo impegno verso l'etica non solo salvaguarda la reputazione dell'azienda ma può anche diventare un vantaggio competitivo distintivo.

L'Adozione di Modelli di Business Circolari

Il movimento verso la sostenibilità spinge le aziende a considerare modelli di business circolari, che riducono gli sprechi e promuovono il riutilizzo e il riciclaggio. Questi modelli non solo rispondono alla crescente domanda di prodotti e servizi sostenibili ma possono anche aprire nuove opportunità di mercato e stream di reddito, dalla vendita di prodotti ricondizionati all'offerta di servizi di riparazione o rinnovo.

La Personalizzazione Avanzata attraverso l'IA

L'intelligenza artificiale continuerà a giocare un ruolo cruciale nel consentire livelli senza precedenti di personalizzazione. Dalle esperienze di acquisto online ai contenuti dei media, l'IA può analizzare dati in tempo reale per fornire raccomandazioni personalizzate che migliorano l'engagement dell'utente. Le aziende che implementano efficacemente queste tecnologie potranno offrire esperienze altamente personalizzate che aumentano la soddisfazione e la fedeltà del cliente.

L'Espansione del 5G e l'Impatto sulla Connettività

L'implementazione del 5G promette di rivoluzionare la connettività, offrendo velocità di internet significativamente più elevate e tempi di latenza più bassi. Questo avrà un impatto profondo sullo sviluppo di tecnologie emergenti come l'IoT, la VR e la AR, permettendo nuove applicazioni che richiedono trasferimenti di dati ad alta velocità e in tempo reale. Le aziende devono essere pronte a sfruttare questa nuova ondata di connettività per innovare nei loro prodotti e servizi.

La Valorizzazione della Comunità e delle Connessioni Umane

Nonostante l'evoluzione tecnologica, il valore delle connessioni umane e della costruzione di comunità rimane fondamentale. Le piattaforme che facilitano l'interazione significativa, che supportano la condivisione di interessi comuni e che promuovono un senso di appartenenza vedranno un aumento dell'engagement. Le aziende che riconoscono e coltivano attivamente le loro comunità online attraverso la comunicazione autentica e il supporto reciproco potranno approfondire le relazioni con i clienti e rafforzare la loro lealtà.

L'Ascesa del Telelavoro come Norma

Il telelavoro, accelerato dalle circostanze globali recenti, è destinato a diventare una norma piuttosto che un'eccezione. Questo spostamento richiede alle aziende di ripensare le strategie di gestione dei team, la cultura aziendale e le infrastrutture tecnologiche per supportare la produttività e il benessere dei dipendenti a distanza. Offrire flessibilità, promuovere un equilibrio tra lavoro e vita privata e investire in strumenti di collaborazione diventeranno elementi chiave per attrarre e mantenere talenti.

Navigare con successo in queste tendenze richiede un impegno costante all'innovazione, una comprensione profonda dei bisogni e dei desideri dei clienti, e la capacità di adattarsi rapidamente ai cambiamenti

- Concludi il punto in modo molto dettagliato

ChatGPT

del mercato. Le aziende che prospereranno in questo panorama in evoluzione saranno quelle che non solo anticipano le tendenze emergenti ma che agiscono su di esse in modi che rafforzano la loro proposta di valore, migliorano l'esperienza del cliente e guidano la sostenibilità a lungo termine.

Per assicurare il successo nel futuro del reddito online, è fondamentale adottare un approccio centrato sull'utente, puntando su personalizzazione, accessibilità e esperienze significative. Integrare tecnologie avanzate come l'intelligenza artificiale, il 5G, e la blockchain deve essere fatto con l'intento di migliorare queste esperienze, non solo per l'innovazione in sé. La responsabilità sociale d'impresa e la sostenibilità devono essere intrecciate nella missione e nelle operazioni aziendali, rispondendo alla crescente domanda dei consumatori per marchi etici e ambientalmente consapevoli.

Inoltre, la resilienza aziendale, intensificata dalla capacità di adattarsi rapidamente ai cambiamenti e dalla preparazione a potenziali crisi, diventerà sempre più cruciale. Questo implica diversificare le fonti di reddito, costruire una catena di approvvigionamento flessibile e investire in piani solidi di continuità aziendale.

Infine, l'importanza di costruire e mantenere comunità forti non può essere sottovalutata. Nell'era digitale, le relazioni autentiche e il supporto reciproco tra aziende e clienti possono trasformarsi in una lealtà profonda e in un vantaggio competitivo duraturo. Le aziende che ascoltano, valorizzano e coinvolgono attivamente le loro comunità saranno meglio posizionate per navigare il futuro incerto del reddito online.

In sintesi, adattarsi e sfruttare le tendenze emergenti richiede una visione olistica che abbraccia l'innovazione tecnologica, l'impegno etico, la resilienza operativa e la costruzione di relazioni significative. Le aziende che perseguono questi obiettivi con determinazione e flessibilità non solo sopravviveranno ma trarranno vantaggio dal dinamico paesaggio del reddito online, assicurandosi un posto di rilievo nell'economia digitale del futuro.

18.Consigli finanziari e gestione del denaro: Offri consigli su come gestire i guadagni, investire saggiamente e pianificare per la sicurezza finanziaria futura.

La gestione efficace dei guadagni, gli investimenti saggi e la pianificazione per la sicurezza finanziaria futura sono pilastri fondamentali per il benessere economico. Ecco alcuni consigli chiave per navigare il panorama finanziario con saggezza e prudenza.

Creare un Budget e Monitorarlo

1. **Stabilire un Budget**: Inizia creando un budget che delinei le tue entrate, le tue spese fisse (come affitto o mutuo, bollette, assicurazioni) e le spese variabili (come cibo, divertimento, shopping). Questo ti darà una visione chiara delle tue finanze.

2. **Monitoraggio delle Spese**: Utilizza strumenti di gestione finanziaria o app di budgeting per tracciare le tue spese e assicurarti di rimanere nei limiti del tuo budget. Questo ti aiuterà a identificare aree in cui potresti ridurre le spese non necessarie.

Fondo di Emergenza

3. **Costruire un Fondo di Emergenza**: Prima di investire, è essenziale mettere da parte un fondo di emergenza che copra da 3 a 6 mesi di spese di vita. Questo ti proteggerà in caso di imprevisti come perdita del lavoro, malattie o riparazioni domestiche urgenti.

Ridurre i Debiti

4. **Strategia per Ridurre i Debiti**: Se hai debiti, specialmente quelli ad alto interesse come le carte di credito, elabora una strategia per ridurli. Potresti considerare il metodo della "bola di neve", pagando prima i debiti più piccoli, o il metodo dell'"avalanche", concentrando i pagamenti sui debiti ad interesse più alto.

Investimenti

5. **Diversificare gli Investimenti**: Non mettere tutti i tuoi risparmi in un unico investimento. Diversificare tra azioni, obbligazioni, fondi indicizzati e altre classi di asset

può ridurre il rischio e stabilizzare i rendimenti nel tempo.

6. **Investire a Lungo Termine**: Considera investimenti a lungo termine piuttosto che cercare guadagni rapidi. Il mercato azionario, per esempio, ha mostrato di crescere nel lungo periodo nonostante la volatilità a breve termine.

7. **Piano di Risparmio Automatico**: Imposta un piano di risparmio automatico che trasferisca una parte delle tue entrate in conti di investimento o di risparmio. Questo approccio "paga te stesso per primo" ti aiuta a costruire risparmi nel tempo.

Pianificazione Pensionistica

8. **Contribuire a un Piano Pensionistico**: Se disponibile, approfitta di piani pensionistici offerti dal datore di lavoro, come il 401(k) negli Stati Uniti, specialmente se offrono un contributo corrispondente. Considera anche l'apertura di piani pensionistici individuali, come un IRA.

9. **Considerare l'Assicurazione Vita**: L'assicurazione vita può fornire sicurezza finanziaria ai tuoi cari in caso di eventi imprevisti. Valuta le tue necessità e scegli una polizza che si adatti alla tua situazione finanziaria e familiare.

Educazione Finanziaria Continua

10. **Mantenere l'Educazione Finanziaria**: Rimani informato sulle tendenze finanziarie, gli strumenti di investimento e le strategie di risparmio. Leggi libri, segui blog finanziari, partecipa a webinar e consulta professionisti finanziari per prendere decisioni informate.

Consultare un Professionista Finanziario

11. **Chiedere Consiglio a Professionisti**: Considera di consultare un pianificatore finanziario o un consulente per una pianificazione personalizzata. Possono offrire consigli su investimenti, tassazione, pianificazione successoria e altro, adattati alle tue esigenze e obiettivi specifici.

Adottando questi principi, puoi costruire una solida base finanziaria, massimizzare i tuoi guadagni e assicurarti una maggiore sicurezza finanziaria per il futuro. Ricorda, la gestione del denaro è un processo continuo che richiede attenzione, disciplina e adattamento alle circostanze in evoluzione della tua vita.

Sfruttare la Tecnologia Finanziaria

12. **Utilizzo di App e Piattaforme FinTech**: Le tecnologie finanziarie offrono strumenti avanzati per il monitoraggio delle spese, l'investimento, la pianificazione finanziaria e molto altro. Esplora app come Mint, Personal Capital o Robinhood per semplificare la gestione delle tue finanze personali e prendere decisioni informate basate sui dati.

Investire in Conoscenza

13. **Educazione Finanziaria Continua**: L'apprendimento non si ferma mai quando si tratta di finanza personale e investimenti. Dedicare tempo per educarti su concetti finanziari, mercati emergenti (come le criptovalute o l'investimento in startup), e strategie di diversificazione può aumentare significativamente la tua competenza finanziaria e potenzialmente aprire nuove opportunità di investimento.

Gestione del Rischio

14. **Assicurazione e Protezione del Patrimonio**: Oltre all'assicurazione sulla vita, considera polizze assicurative

che proteggano il tuo patrimonio e i tuoi investimenti. Ciò include assicurazioni sulla proprietà, contro calamità naturali, responsabilità professionale e altre polizze rilevanti che possono salvaguardare la tua sicurezza finanziaria contro eventi imprevisti.

Creare Flussi di Reddito Passivi

15. **Esplorare Opportunità di Reddito Passivo**: Investire in fonti di reddito passivo, come immobili in affitto, dividendi azionari, o creazione di contenuti digitali (corsi online, libri, ecc.) può fornire flussi finanziari supplementari e contribuire alla sicurezza finanziaria a lungo termine.

Pianificazione Successoria

16. **Preparare Documenti di Pianificazione Patrimoniale**: Assicurati che il tuo patrimonio sia distribuito secondo i tuoi desideri creando un testamento, una procura e altri documenti legali importanti. Questo passaggio è cruciale per la gestione della tua eredità e per evitare complicazioni legali per i tuoi eredi.

Salute Finanziaria a Lungo Termine

17. **Rivedere e Aggiornare Regolarmente il Piano Finanziario**: La tua situazione finanziaria cambierà nel tempo, quindi è essenziale rivedere e aggiustare periodicamente il tuo piano finanziario. Ciò include riequilibrare il portafoglio di investimenti, aggiornare i piani di risparmio e pensionistici e riconsiderare le tue esigenze di assicurazione.

Sostenibilità e Investimenti Etici

18. **Considerare Investimenti Socialmente Responsabili (SRI)**: Gli investimenti che considerano criteri ambientali, sociali e di governance (ESG) non solo possono contribuire a un mondo migliore, ma possono anche offrire rendimenti solidi. Valuta la possibilità di includere nei tuoi investimenti aziende e fondi che rispecchiano i tuoi valori etici.

Evitare Decisioni Finanziarie Precipitate

19. **Mantenere la Calma nei Mercati Volatili**: I mercati finanziari possono essere imprevedibili, con periodi di alta volatilità che testano la tua strategia di investimento. Mantenere una prospettiva a lungo termine e resistere all'impulso di prendere decisioni finanziarie affrettate durante le fluttuazioni di mercato può proteggere il tuo portafoglio dall'essere danneggiato da reazioni eccessive.

Attraverso la pratica diligente di questi principi, puoi navigare il mondo complesso della finanza personale e degli investimenti con maggiore sicurezza. Ricorda che la chiave per il successo finanziario a lungo termine non risiede nella ricerca dell'arricchimento rapido, ma nel costante impegno verso la prudenza finanziaria, l'investimento informato, e una pianificazione attenta e proattiva.

Coltivare la Mentalità dell'Investitore

20. **Adottare un'Approccio Orientato al Valore**: Gli investimenti più saggi sono spesso quelli che offrono valore nel lungo termine. Impara a valutare gli investimenti non solo per il loro potenziale di guadagno immediato ma per la loro capacità di fornire valore costante e crescita nel tempo. Questo può includere l'analisi fondamentale delle aziende in cui investi,

valutando la loro salute finanziaria, la leadership e il potenziale di mercato.

Tecnologia e Automazione

21. **Sfruttare la Robo-advisory**: Per coloro che preferiscono un approccio meno manuale agli investimenti, i robo-advisor offrono una gestione del portafoglio automatizzata basata su algoritmi, adattata ai tuoi obiettivi di rischio e investimento. Questi strumenti possono aiutare a diversificare i tuoi investimenti e riequilibrare automaticamente il tuo portafoglio.

Ricerca e Diligenza

22. **Dedicare Tempo alla Ricerca**: Prima di fare qualsiasi investimento, dedica tempo alla ricerca approfondita. Ciò include non solo l'analisi del potenziale di investimento stesso ma anche la comprensione del contesto economico più ampio, dei fattori di mercato che potrebbero influenzarlo, e di come si adatta alla tua strategia di investimento complessiva.

Costruire Relazioni e Reti

23. **Coltivare una Rete di Consulenti Finanziari**: Mentre è possibile gestire molti aspetti della tua finanza personale da solo, avere una rete di professionisti fidati - come consulenti finanziari, commercialisti, e avvocati - può fornire un supporto prezioso. Questi esperti possono offrire consulenza personalizzata, aiutarti a navigare complessità fiscali e legali e offrire nuove prospettive sugli investimenti.

Salute Finanziaria e Benessere Personale

24. **Bilanciare Finanze e Benessere**: La tua salute finanziaria è intrinsecamente legata al tuo benessere generale. Stress e ansia finanziaria possono influenzare

negativamente la tua salute fisica e mentale. Adottare un approccio bilanciato che considera sia la sicurezza finanziaria sia il benessere personale è cruciale. Ciò può includere pratiche come la mindfulness finanziaria, che enfatizza essere consapevoli e intenzionali con le decisioni finanziarie, riducendo lo stress e promuovendo un senso di controllo.

Innovazione e Adattabilità

25. **Rimanere Adattabili**: Il panorama finanziario è in costante evoluzione, con nuove tecnologie, strumenti di investimento e tendenze economiche che emergono regolarmente. Mantenere una mentalità aperta e adattabile, essere disposti a imparare e ad adattare la tua strategia di investimento di conseguenza, è vitale per navigare questi cambiamenti con successo.

Valutazione Periodica del Portafoglio

26. **Revisione Regolare del Portafoglio**: Valuta periodicamente il tuo portafoglio di investimenti per assicurarti che sia allineato con i tuoi obiettivi finanziari a lungo termine e tolleranza al rischio. Questo potrebbe significare fare aggiustamenti in risposta a cambiamenti nella tua vita personale, obiettivi finanziari o nel contesto economico generale.

Adottando questi principi e strategie, puoi costruire e mantenere una solida base finanziaria che non solo ti proteggerà durante i tempi incerti ma ti posizionerà anche per cogliere opportunità di crescita nel lungo termine. La gestione del denaro e degli investimenti richiede impegno, disciplina e un approccio olistico che considera tutti gli aspetti della tua vita finanziaria e personale. Con la giusta pianificazione e strategia, è possibile raggiungere sia la sicurezza finanziaria sia i tuoi obiettivi di vita più ampi.

Imparare dagli Errori Finanziari

27. **Analisi Retrospettiva**: È importante non solo celebrare i successi ma anche riflettere sugli errori finanziari. Questo non dovrebbe essere visto come un fallimento, ma come un'opportunità di apprendimento. Analizzare decisioni passate che non hanno portato i risultati sperati può fornire insight preziosi e prevenire errori simili in futuro.

Sfruttare la Forza del Composto

28. **Capire l'Interesse Composto**: L'interesse composto è spesso definito come l'ottava meraviglia del mondo. Investire i tuoi guadagni in modo che generino ulteriori guadagni nel tempo può portare a una crescita esponenziale del tuo patrimonio. Iniziare presto, reinvestire i rendimenti e mantenere un orizzonte di investimento a lungo termine sono chiavi per sfruttare la potenza dell'interesse composto.

Pianificazione Fiscale Strategica

29. **Ottimizzazione Fiscale**: Mentre pagare le tasse è una responsabilità inevitabile, esistono strategie legali per ottimizzare il carico fiscale. Questo può includere l'investimento in conti con vantaggi fiscali, come i piani pensionistici, o l'uso di deduzioni e crediti fiscali. Consultare un professionista della fiscalità può aiutare a identificare le strategie più efficaci per la tua situazione.

Continuare l'Educazione Finanziaria

30. **Apprendimento Continuo**: Il mondo delle finanze personali e degli investimenti è vasto e in continuo cambiamento. Dedica tempo a educarti su nuovi

strumenti di investimento, leggi di regolamentazione finanziaria e strategie di gestione del patrimonio. Ciò può includere la lettura di libri, la partecipazione a seminari, l'iscrizione a corsi online e l'ascolto di podcast finanziari.

Diversificazione Globale

31. **Esplorare Mercati Globali**: Non limitarti agli investimenti nel tuo paese di residenza. I mercati globali offrono opportunità diverse e possono aiutare a diversificare ulteriormente il tuo portafoglio. Tuttavia, è importante considerare i rischi, compresi quelli legati al tasso di cambio e alla stabilità politica ed economica.

Automatizzazione degli Investimenti

32. **Sfruttare l'Automatizzazione**: Configura contributi automatici ai tuoi conti di investimento e risparmio. L'automatizzazione riduce la tentazione di spendere eccessivamente e assicura che stai costantemente costruendo il tuo patrimonio senza doverci pensare ogni mese.

Responsabilità Personale e Consapevolezza Finanziaria

33. **Mantenere la Consapevolezza Finanziaria**: Sii sempre consapevole della tua situazione finanziaria complessiva. Questo include conoscere il tuo punteggio di credito, monitorare i tuoi conti per frodi o errori e comprendere pienamente i termini di qualsiasi debito o investimento.

Stabilire Obiettivi Finanziari Chiari

34. **Definire Obiettivi Realistici**: Stabilisci obiettivi finanziari a breve, medio e lungo termine che siano SMART (Specifici, Misurabili, Raggiungibili, Rilevanti, Temporizzati). Avere obiettivi chiari può aiutarti a

rimanere motivato e a tracciare un percorso chiaro per il tuo futuro finanziario.

Bilanciamento tra Risparmio e Spesa

35. **Vivere Entro i Propri Mezzi**: Mentre è importante investire per il futuro, è anche cruciale godersi il presente senza eccedere. Impara a bilanciare le spese immediate con il risparmio per obiettivi futuri, trovando un equilibrio che ti permetta di vivere bene oggi pur costruendo sicurezza per domani.

Attraverso l'applicazione di questi principi e strategie, individui e famiglie possono navigare il paesaggio finanziario con maggiore sicurezza, massimizzando i guadagni, minimizzando i rischi e assicurando una fondazione solida per la sicurezza finanziaria futura. La gestione attenta del denaro richiede non solo conoscenza e pianificazione, ma anche la disciplina di aderire a principi finanziari sani nel tempo.

Rafforzare il Controllo Finanziario

36. **Controllo Proattivo delle Finanze**: Assumi un ruolo attivo nella gestione delle tue finanze. Ciò significa non solo seguire un budget e monitorare le spese, ma anche essere proattivi nel cercare opportunità per aumentare i tuoi guadagni, che si tratti di avanzare nella tua carriera, intraprendere attività collaterali o investire in continuo sviluppo personale e professionale.

Creazione di un Ecosistema Finanziario Supportivo

37. **Costruire una Rete di Supporto**: Circondati di individui che condividono i tuoi obiettivi finanziari o che hanno una solida conoscenza finanziaria. Avere una rete di supporto può fornire un prezioso scambio di idee, incoraggiamento e consigli per navigare le sfide finanziarie.

Valutazione Periodica del Progresso

38. **Revisione Regolare dei Progressi**: Dedica tempo ogni trimestre o anno per valutare i progressi verso i tuoi obiettivi finanziari. Questo può includere la revisione dei rendimenti degli investimenti, l'esame delle spese e l'adeguamento dei piani di risparmio. Riconoscere i progressi e identificare le aree di miglioramento può mantenerti sulla giusta strada verso il raggiungimento dei tuoi obiettivi finanziari a lungo termine.

Adattabilità ai Cambiamenti di Vita

39. **Flessibilità e Adattabilità**: La vita può cambiare in modi inaspettati, portando sfide finanziarie impreviste o opportunità. Mantenere la flessibilità nei tuoi piani finanziari ti permetterà di adattarti e reagire in modo efficace, sia che si tratti di una perdita di lavoro, di un cambiamento familiare o di un'imprevista fortuna finanziaria.

Investimento in Benessere a Tutto Tondo

40. **Oltre le Finanze**: Ricorda che il vero benessere va oltre la ricchezza materiale. Investire in relazioni, salute, crescita personale e contributi alla comunità può arricchire la tua vita in modi che il denaro da solo non può. Bilanciare gli obiettivi finanziari con questi aspetti della vita ti porterà verso una soddisfazione e felicità più profonde.

Concludendo, la gestione finanziaria e gli investimenti saggi richiedono un approccio equilibrato che integri la pianificazione strategica, l'educazione finanziaria continua, la prudenza negli investimenti e la cura per il benessere personale e della comunità. Implementando questi principi e rimanendo impegnati in un percorso di apprendimento e adattamento, puoi costruire una fondazione finanziaria robusta che sosterrà non solo la tua sicurezza economica futura ma anche una vita ricca di significato e soddisfazione. Navigare il mondo finanziario con saggezza, pazienza e integrità ti preparerà per affrontare sia le opportunità sia le sfide che incontrerai lungo il cammino verso il successo finanziario e personale.

19. Comunità e networking: Sottolinea l'importanza della costruzione di una rete e della partecipazione a comunità online per il supporto, lo scambio di idee e le opportunità di collaborazione.

La costruzione di una rete robusta e la partecipazione attiva a comunità online sono componenti fondamentali per il successo in quasi ogni aspetto della vita professionale e personale, specialmente nell'era digitale. Questi elementi non solo forniscono supporto e scambio di idee ma aprono anche porte a innumerevoli opportunità di collaborazione, crescita professionale e sviluppo personale.

Supporto e Orientamento

Le reti e le comunità possono offrire un'inestimabile fonte di supporto, sia emotivo che pratico. Condividere sfide e successi con persone che hanno interessi o obiettivi simili può non solo fornire conforto ma anche suggerimenti pratici su come superare ostacoli specifici. Inoltre, i membri della comunità che hanno già attraversato percorsi simili possono offrire orientamento e mentorship, accelerando la tua curva di apprendimento e aiutandoti a evitare errori comuni.

Scambio di Idee e Innovazione

Le reti e le comunità fungono da crogioli per l'innovazione, permettendo lo scambio di idee tra membri con diversi background e esperienze. Questa diversità può stimolare la creatività, ispirare nuove soluzioni a problemi vecchi e nuovi e generare approcci unici al lavoro e agli obiettivi di vita. In molti casi, una singola conversazione o un thread di discussione può illuminare una nuova direzione o aprire la mente a possibilità inesplorate.

Opportunità di Collaborazione

Attraverso il networking, è possibile incontrare potenziali partner di business, clienti, mentori o investitori che possono avere un impatto significativo sul tuo percorso professionale. Le collaborazioni nate all'interno di reti e comunità tendono a essere basate su fiducia e rispetto reciproci, fornendo una solida base per iniziative congiunte di successo. Che si tratti di avviare un nuovo progetto, esplorare mercati inesplorati o creare prodotti innovativi, le reti possono fungere da catalizzatore per la realizzazione di queste opportunità.

Crescita Professionale e Sviluppo Personale

Partecipare a comunità online e coltivare una rete di contatti professionali offre accesso continuo a risorse di apprendimento, workshop, webinar c conferenze che possono arricchire sia la tua vita professionale sia quella personale. Essere esposti a nuove conoscenze e competenze è vitale in un mondo che cambia rapidamente, e le reti possono fornire le risorse e la motivazione per perseguire la crescita e lo sviluppo continuo.

Costruzione di una Presenza Online

Nell'ambito digitale, la tua rete e la tua partecipazione a comunità online contribuiscono significativamente alla tua presenza e reputazione online. Essere attivi in forum di discussione, gruppi di LinkedIn, o comunità di nicchia non solo aumenta la tua visibilità ma anche stabilisce la tua autorità e credibilità in un determinato campo. Questo può attrarre opportunità professionali, inviti a parlare in pubblico o a contribuire a pubblicazioni, ampliando ulteriormente il tuo impatto e la tua rete.

Costruire Relazioni Autentiche

Infine, ma non meno importante, la costruzione di reti e la partecipazione a comunità dovrebbero essere guidate dal desiderio di costruire relazioni autentiche. Avvicinati al networking non con l'obiettivo di cosa puoi ottenere dagli altri, ma con l'idea di come puoi offrire valore, condividere conoscenze e supportare i tuoi colleghi. Le relazioni costruite su fondamenti autentici e reciprocamente vantaggiosi sono quelle che portano i frutti più significativi nel lungo termine.

In conclusione, investire tempo e risorse nella costruzione di una rete e nella partecipazione attiva a comunità online è cruciale per chiunque cerchi di navigare con successo nel mondo moderno. Questi sforzi possono aprire porte a opportunità inaspettate, arricchire la tua vita professionale e personale, e fornire un solido supporto nei momenti di sfida.

Sfruttare le Piattaforme di Social Media

Le piattaforme di social media come LinkedIn, Twitter e Facebook offrono ambienti ricchi per la creazione di reti professionali. Partecipare attivamente a discussioni di settore, condividere contenuti rilevanti e interagire con i post di altri può aumentare la tua visibilità e attrarre connessioni significative. Specialmente su LinkedIn, dove è possibile unirsi a gruppi specifici del settore, condividere realizzazioni professionali e ricevere raccomandazioni, la costruzione di una rete diventa una potente leva per la crescita professionale.

Contribuire a Forum e Comunità Online

Partecipare a forum di settore e comunità online specifiche può non solo ampliare la tua rete ma anche approfondire la tua comprensione di tematiche specifiche. Piattaforme come Reddit, Quora e Stack Exchange, così come comunità di nicchia specifiche per il tuo campo di interesse, possono essere luoghi preziosi per scambiare idee, risolvere problemi e costruire autorità nel tuo settore.

Networking Offline e Online

Nonostante l'enfasi sul digitale, il valore del networking faccia a faccia rimane ineguagliabile. Partecipare a conferenze, workshop e meetup può fornire opportunità uniche di connessione. Inoltre, molti eventi si stanno spostando verso formati ibridi, offrendo componenti sia online sia in presenza, il che amplia le opportunità di networking oltre i confini geografici.

Mentorship e Mastermind Groups

Cercare mentori o unirsi a gruppi mastermind può offrire supporto mirato e consigli preziosi per il tuo sviluppo professionale. Queste relazioni e gruppi forniscono un contesto per la riflessione strategica, il feedback costruttivo e l'accountability, accelerando il tuo percorso verso il successo.

Volontariato e Progetti Collaborativi

Contribuire volontariamente a progetti o iniziative può non solo aiutarti a dare indietro alla comunità ma anche a costruire relazioni significative. Queste esperienze possono anche dimostrare le tue competenze e il tuo impegno a cause più ampie, aumentando il tuo appeal agli occhi di potenziali datori di lavoro o partner.

Costruire una Presenza di Pensiero Leadership

Sviluppare e condividere contenuti che riflettono la tua esperienza e visione può attrarre persone con interessi simili, stabilendo la tua posizione come leader di pensiero nel tuo settore. Che si tratti di blog, podcast, video o articoli, la condivisione proattiva delle tue conoscenze può amplificare la tua voce e attirare una comunità di follower e sostenitori.

Uso Etico e Responsabile dei Social Media

Nella costruzione della rete, è fondamentale adottare un approccio etico e rispettoso. Ciò significa interagire in modo autentico, dare credito dove è dovuto e evitare la diffusione di informazioni non verificate. La reputazione online è fragile e preziosa; agire con integrità e rispetto può aiutare a costruire relazioni durature e fiducia.

Investire tempo e energia nella costruzione di reti e nella partecipazione a comunità, quindi, non solo espande il tuo orizzonte professionale ma arricchisce anche la tua vita personale, fornendo una base solida su cui costruire e crescere. In un mondo sempre più interconnesso, la capacità di navigare e coltivare queste relazioni sarà un fattore chiave per sbloccare potenziali inesplorati, scoprire nuove opportunità e raggiungere nuove vette nel tuo percorso professionale e personale.

Ampliare la Rete Oltre il Proprio Settore

Mentre costruire una rete solida all'interno del proprio settore è cruciale, espandere la propria rete al di fuori dei confini settoriali può aprire a prospettive e opportunità inaspettate. Interagire con professionisti di altri campi può stimolare l'innovazione cross-settoriale, fornire insight unici e creare ponti per collaborazioni che trascendono i tradizionali ambiti di competenza. Questo approccio olistico al networking può rivelarsi particolarmente vantaggioso in un'epoca caratterizzata da cambiamenti rapidi e convergenze tra diversi settori.

Valorizzare Ogni Connessione

Ogni persona che incontri ha qualcosa di unico da offrire. Valorizzare ogni connessione, indipendentemente dalla sua posizione o esperienza apparente, è fondamentale. Spesso, le opportunità più sorprendenti e le lezioni più preziose provengono da fonti inaspettate. Approcciare il networking con un senso di curiosità e apertura può trasformare semplici incontri in relazioni significative e durature.

Utilizzare Strumenti Digitali per Mantenere i Contatti

In un mondo dove le interazioni fisiche possono essere limitate, strumenti digitali come i CRM (Customer Relationship Management) o semplici database personalizzati possono aiutare a tenere traccia delle connessioni e a mantenere i rapporti nel tempo. Programmare regolari check-in, inviare aggiornamenti su progetti rilevanti o condividere articoli di interesse comune sono modi efficaci per mantenere vivi i rapporti e dimostrare la tua considerazione verso la rete che hai costruito.

Partecipazione Attiva a Eventi Virtuali

Con l'evoluzione del digitale, gli eventi virtuali sono diventati una componente chiave del networking. Partecipare attivamente a webinar, conferenze online e tavole rotonde virtuali non solo può arricchire la tua conoscenza ma anche esporti a una comunità globale di pensatori simili. Porsi domande, partecipare a discussioni e offrire contributi significativi durante questi eventi possono aumentare la tua visibilità e attrarre connessioni di valore.

Costruzione di Progetti Collaborativi Online

L'avvio o la partecipazione a progetti collaborativi online è un altro modo potente per rafforzare le reti e le comunità. Che si tratti di un'iniziativa di ricerca condivisa, di un progetto creativo o di una causa sociale, lavorare insieme verso un obiettivo comune può cementare relazioni, costruire fiducia e facilitare uno scambio profondo di competenze e idee.

Essere un Connettore

Trasformarsi da partecipante della rete a creatore di reti eleva il tuo ruolo all'interno della comunità. Essere un "connettore" significa attivamente introdurre persone con interessi o obiettivi complementari, facilitando nuove collaborazioni e ampliando ulteriormente il tessuto della rete comune. Questo non solo rafforza il tuo valore all'interno della comunità ma contribuisce anche al successo collettivo del tuo network.

Riconoscimento e Gratitudine

Esprimere riconoscimento e gratitudine verso coloro che contribuiscono al tuo percorso professionale e personale è essenziale. Un semplice ringraziamento, un messaggio di apprezzamento o un gesto di riconoscimento può fare molto per rafforzare i legami e costruire una cultura positiva all'interno della tua rete.

Il processo di costruzione e mantenimento di reti e comunità è un viaggio continuo, ricco di scoperte, apprendimenti e opportunità. Approcciando il networking con un mix di strategia, autenticità e generosità, si possono creare legami significativi che trascendono il professionale, contribuendo in modo significativo al proprio sviluppo e al benessere collettivo. In questo mondo interconnesso, la forza delle nostre reti e la qualità delle nostre comunità possono veramente definire la ricchezza della nostra esperienza umana e professionale.

Abbracciare la Diversità all'Interno delle Reti

Valorizzare e cercare attivamente la diversità nelle tue reti e comunità può arricchire enormemente la tua prospettiva e stimolare l'innovazione. La diversità non si limita solo a sfondi culturali o geografici ma include anche diverse discipline, settori, livelli di esperienza e punti di vista. Questa ricchezza di prospettive può stimolare il pensiero critico, promuovere soluzioni creative ai problemi e aprire a collaborazioni uniche che potrebbero non emergere in ambienti omogenei.

Contribuire Prima di Ricevere

Adottare un approccio incentrato sul dare prima di ricevere può trasformare radicalmente l'efficacia del tuo networking. Offrendo supporto, condividendo risorse, o semplicemente ascoltando attivamente, puoi stabilire te stesso come un membro prezioso della comunità. Questo approccio generoso costruisce fiducia e rispetto, rendendo gli altri più inclini a offrire supporto quando ne avrai bisogno.

Sviluppare Competenze di Networking Online

Nell'era digitale, sviluppare competenze specifiche per il networking online è cruciale. Ciò include saper comunicare efficacemente attraverso varie piattaforme, gestire la tua identità digitale, e utilizzare strumenti online per organizzare e mantenere le tue reti. Comprendere le norme e le aspettative delle diverse piattaforme può aiutarti a navigare con successo il mondo digitale, facendo connessioni significative e mantenendo relazioni durature.

Uso Strategico dei Social Media

Mentre i social media sono strumenti potenti per la costruzione di reti, il loro uso richiede una strategia. Decidere consapevolmente quali piattaforme si adattano meglio ai tuoi obiettivi di networking, creare contenuti che riflettano i tuoi interessi professionali e personali, e impegnarsi in modo autentico con la tua rete può ottimizzare la tua presenza online. Inoltre, impostare limiti su come e quando usi i social media può aiutare a prevenire l'overload di informazioni e mantenere un equilibrio sano.

Creare Spazi per l'Incontro e la Condivisione

Mentre unirsi a comunità esistenti è fondamentale, vi è anche valore nell'iniziare i tuoi spazi di incontro e condivisione. Questo può essere qualcosa di semplice come un gruppo di discussione online, un club del libro professionale, o una serie di incontri virtuali su argomenti di interesse comune. Creare spazi dove le persone possono condividere idee e esperienze non solo arricchisce la tua rete ma contribuisce anche al tessuto più ampio della conoscenza collettiva e del supporto comunitario.

Networking al di Là del Professionale

Mentre la costruzione di una rete professionale è spesso l'obiettivo principale, è importante riconoscere il valore delle connessioni che trascendono il puramente professionale. Costruire relazioni basate su interessi condivisi, valori o esperienze di vita può fornire un senso di appartenenza e supporto che è vitale sia per il successo professionale che per il benessere personale. Queste connessioni possono diventare fondamentali in momenti di transizione o sfida, offrendo una rete di sicurezza emotiva oltre che professionale.

Riflettere e Agire con Intenzionalità

Infine, la costruzione di reti e la partecipazione a comunità dovrebbero essere azioni intenzionali. Prenditi il tempo per riflettere sui tuoi obiettivi di networking, sui tipi di connessioni che desideri costruire e sul valore che puoi offrire e ricevere all'interno della tua rete. Agire con intenzionalità non solo rende il processo di networking più significativo ma assicura anche che le tue azioni e interazioni siano allineate con i tuoi obiettivi a lungo termine.

Attraverso questi approcci continui e evolutivi al networking e alla partecipazione comunitaria, puoi costruire reti ricche e multidimensionali che sostengono sia il tuo sviluppo professionale che personale. Il networking, al suo meglio, non riguarda solo l'avanzamento della carriera o la ricerca di opportunità immediate; è un processo profondamente umano di costruire relazioni significative che arricchiscono la nostra esperienza di vita e promuovono una crescita condivisa e sostenibile.

Incorporando attivamente la diversità, valorizzando ogni connessione, utilizzando strumenti digitali in modo strategico, contribuendo prima di aspettarsi di ricevere, e curando autenticamente le relazioni oltre il contesto professionale, si crea un tessuto di rete robusto che può resistere alle prove del tempo e ai cambiamenti del panorama professionale.

L'impatto di una rete ben coltivata va oltre il successo individuale; alimenta l'innovazione, sostiene le comunità, e ha il potenziale per indirizzare cambiamenti positivi all'interno delle industrie e della società in generale. Le reti diventano piattaforme per la condivisione di conoscenze, per il sostegno reciproco in tempi di sfida, e per la celebrazione collettiva dei successi.

Inoltre, la partecipazione attiva a comunità, sia online che offline, contribuisce a un senso di appartenenza e scopo, rafforzando il nostro legame con gli altri e con gli obiettivi e valori più ampi che ci guidano. Queste comunità diventano luoghi di apprendimento continuo, di ispirazione e di innovazione, dove ogni membro gioca un ruolo cruciale nel tessere la rete di supporto e opportunità.

Concludendo, il networking e la costruzione di comunità non sono solo strategie per il progresso professionale; sono pratiche fondamentali per una vita ricca e soddisfacente. Avvicinarsi a questi sforzi con intenzionalità, generosità e un impegno per il benessere collettivo apre la strada a relazioni più profonde, a un impatto più ampio e a un futuro in cui tutti possiamo prosperare. In questo contesto, ogni individuo ha l'opportunità di essere sia un apprendista che un maestro, sia un datore che un ricevente di saggezza, sostegno e ispirazione, tessendo insieme il tessuto di una comunità globale interconnessa e resiliente.

20. Conclusioni e prospettive future: Riassumi le principali lezioni apprese e offri una visione del futuro dei "ChatGPT Millionaires" e del panorama del reddito online, incoraggiando i lettori a prendere l'iniziativa e perseguire i loro obiettivi.

ChatGPT

Concludendo questo approfondimento sul fenomeno dei "ChatGPT Millionaires" e sul vasto panorama del reddito online, emergono diverse lezioni fondamentali e prospettive future che possono servire da guida e ispirazione per chiunque aspiri a navigare con successo in questo ambiente in continua evoluzione.

Lezioni Chiave

Adattabilità e Apprendimento Continuo: L'ambiente digitale è in costante mutamento, con nuove tecnologie, piattaforme e strategie che emergono regolarmente. La capacità di adattarsi rapidamente e di rimanere impegnati in un percorso di apprendimento continuo è cruciale per sfruttare al meglio le opportunità online.

Innovazione e Creatività: La storia dei "ChatGPT Millionaires" sottolinea l'importanza dell'innovazione e della creatività nel trovare e sfruttare nicchie di mercato inesplorate o nel creare soluzioni uniche che rispondano a bisogni specifici. Pensare fuori dagli schemi può aprire le porte a successi inaspettati.

Costruzione di Reti e Comunità: Le relazioni autentiche e le comunità di supporto giocano un ruolo fondamentale nel successo online. Creare e mantenere reti professionali e partecipare attivamente a comunità possono offrire supporto, opportunità di collaborazione e accesso a risorse preziose.

Etica e Responsabilità: Nella ricerca del successo online, è fondamentale operare con integrità, trasparenza e un forte senso di responsabilità sociale. Questi valori non solo contribuiscono a costruire una reputazione solida, ma promuovono anche un impatto positivo più ampio.

Prospettive Future

Il futuro del reddito online e dei "ChatGPT Millionaires" si prospetta ricco di possibilità, con la continua evoluzione dell'IA, l'espansione dell'economia digitale e la crescente integrazione della tecnologia nella vita quotidiana che aprono nuovi orizzonti di opportunità.

Integrazione tra Umano e IA: Mentre strumenti come ChatGPT diventano sempre più sofisticati, vedremo un'evoluzione nelle modalità di collaborazione tra intelligenza umana e artificiale, con nuove professioni, servizi e prodotti che nascono da questa sinergia.

Sostenibilità del Successo Online: L'attenzione verso pratiche sostenibili e responsabili diventerà ancora più centrale, con i consumatori e le piattaforme che privilegiano aziende e individui che dimostrano un impegno autentico verso l'etica e la sostenibilità.

Democratizzazione dell'Opportunità: La tecnologia continuerà a democratizzare l'accesso alle opportunità di reddito online, abbattendo le barriere geografiche e socio-economiche e consentendo a un pubblico globale di partecipare all'economia digitale.

Evoluzione dei Modelli di Business: Assisteremo all'emergere di modelli di business innovativi che sfruttano la tecnologia digitale per rispondere a esigenze emergenti, creare valore in modi inediti e affrontare sfide globali.

Prendere l'Iniziativa: Incoraggiare i lettori a prendere l'iniziativa e perseguire i propri obiettivi nel panorama del reddito online richiede coraggio, determinazione e la volontà di imparare dai fallimenti tanto quanto dai successi. Il percorso verso il diventare un "ChatGPT Millionaire" o trovare il proprio spazio unico online può essere impegnativo, ma è anche ricco di opportunità per crescere, innovare e fare la differenza.

In conclusione, il futuro del reddito online si prospetta luminoso per coloro che sono pronti ad abbracciare il cambiamento, a coltivare relazioni significative, a rimanere fedeli ai propri valori e a esplorare nuove frontiere con curiosità e apertura. Il viaggio verso il successo online è tanto personale quanto professionale, e iniziare con un passo alla volta, armati di conoscenza, passione e resilienza, può portare a realizzazioni oltre ogni aspettativa . L'era digitale è caratterizzata da un ritmo di innovazione senza precedenti, dove nuove piattaforme, tecnologie emergenti e paradigmi di business vengono costantemente introdotti. In questo contesto dinamico, l'abilità di continuare ad adattarsi e crescere diventa un elemento chiave del successo.

Espansione delle Frontiere Digitali

Il futuro vedrà un'ulteriore espansione delle frontiere digitali, con l'Internet delle Cose (IoT), la realtà aumentata (AR), la realtà virtuale (VR) e altre tecnologie emergenti che si intrecciano sempre più con la vita quotidiana. Queste tecnologie offrono opportunità inesplorate per creare esperienze utente innovative, servizi personalizzati e modi completamente nuovi di interagire con il mondo. Gli aspiranti "ChatGPT Millionaires" e imprenditori digitali che sanno come sfruttare queste tecnologie saranno in grado di accedere a mercati inediti e soddisfare bisogni ancora non espressi.

Responsabilità e Impatto Sociale

Man mano che le opportunità di guadagno online continuano a moltiplicarsi, cresce anche la responsabilità degli imprenditori di considerare l'impatto sociale e ambientale delle loro iniziative. La sostenibilità, la privacy dei dati, l'equità e l'inclusione diventeranno criteri sempre più importanti per i consumatori nella scelta di prodotti e servizi. Integrare questi principi nei modelli di business non solo aiuterà a costruire un mondo migliore ma contribuirà anche a costruire relazioni di fiducia a lungo termine con i clienti.

L'Importanza della Resilienza e dell'Agilità

Il percorso verso il successo online è raramente lineare. La resilienza e l'agilità diventano quindi qualità indispensabili per navigare in un ambiente che può cambiare rapidamente. Essere in grado di pivotare in risposta a nuove informazioni, fallimenti o cambiamenti del mercato può fare la differenza tra stagnazione e crescita. La resilienza personale aiuta anche a mantenere la motivazione e il focus, anche quando le cose non vanno come previsto.

Costruire su Fondamenta di Apprendimento Continuo

In un mondo in rapida evoluzione, l'apprendimento continuo è fondamentale. Questo non si limita solo all'acquisizione di nuove competenze tecniche o di business ma comprende anche la comprensione delle dinamiche sociali, economiche e ambientali globali. I futuri "ChatGPT Millionaires" saranno coloro che mantengono una mentalità aperta, sono curiosi di esplorare nuovi domini di conoscenza e sono impegnati a migliorare se stessi e le comunità in cui operano.

La Collaborazione Come Chiave del Successo

Mentre l'immagine dell'imprenditore solitario può essere seducente, il futuro del successo online appartiene a coloro che sanno collaborare e costruire partnership strategiche. La condivisione di risorse, competenze e visioni può accelerare l'innovazione e amplificare l'impatto. Creare e mantenere ecosistemi collaborativi dove le idee possono prosperare sarà essenziale per cogliere le opportunità emergenti del mercato digitale.

Conclusione

Il panorama del reddito online continua a evolversi, offrendo possibilità illimitate a coloro che sono pronti ad abbracciare il cambiamento, a perseguire l'apprendimento continuo e a costruire con intenzionalità. L'invito ai lettori è quindi di prendere l'iniziativa, armati di conoscenza, passione e una visione chiara, per esplorare audacemente questo territorio inesplorato. Con dedizione, resilienza e un impegno verso l'innovazione responsabile, il futuro dei "ChatGPT Millionaires" e del reddito online è luminoso, promettendo non solo successo personale ma anche la possibilità di contribuire positivamente alla società globale. La chiave è iniziare con un passo alla volta, mantenendo la mente aperta alle infinite possibilità che il futuro digitale ha in serbo.

Promuovere l'Accessibilità e l'Inclusione

Nel futuro del reddito online, l'accessibilità e l'inclusione giocheranno ruoli sempre più centrali. Creare contenuti, prodotti e servizi che siano accessibili a tutti, indipendentemente dalle abilità fisiche, dalla posizione geografica o dal background socio-economico, non è solo una questione di responsabilità sociale; è anche una strategia aziendale intelligente che apre mercati più ampi. Gli imprenditori che adottano proattivamente principi di design universale e considerano la diversità dei bisogni dei loro utenti saranno meglio posizionati per avere successo in un ambiente globale.

Sfruttare la Potenza dei Dati

I dati giocano un ruolo cruciale nell'ottimizzazione e personalizzazione delle esperienze online. Tuttavia, con il potere dei dati, viene anche la responsabilità di gestirli eticamente. I futuri leader digitali dovranno navigare nel delicato equilibrio tra l'utilizzo dei dati per migliorare i servizi e la protezione della privacy e della sicurezza degli utenti. La trasparenza sulle pratiche di raccolta e utilizzo dei dati, insieme al rispetto delle normative globali sulla privacy, sarà essenziale per mantenere la fiducia degli utenti.

Prepararsi per la Blockchain e la DeFi

Le tecnologie Blockchain e la finanza decentralizzata (DeFi) stanno iniziando a rivoluzionare il modo in cui pensiamo al denaro e alle transazioni online. Mentre queste tecnologie offrono opportunità di creare nuovi modelli di business e flussi di reddito, richiedono anche una comprensione profonda e una considerazione attenta dei rischi associati. Gli imprenditori che possono navigare con successo in questi nuovi spazi, sfruttando le loro potenzialità pur gestendo i rischi, potranno aprire nuove frontiere nel reddito online.

L'Importanza della Sostenibilità

La sostenibilità è un tema che continuerà a guadagnare importanza nel mondo del business online. I consumatori sono sempre più interessati all'impatto ambientale e sociale delle aziende con cui scelgono di fare affari. Gli imprenditori che integrano pratiche sostenibili nel cuore della loro strategia aziendale non solo contribuiranno a un futuro più verde e giusto ma incontreranno anche un favore crescente da parte dei consumatori consapevoli.

Creare Impatti Sociali Positivi

Oltre a perseguire il successo finanziario, vi è un'opportunità crescente per gli imprenditori online di contribuire a risolvere sfide sociali globali. Che si tratti di migliorare l'accesso all'istruzione, combattere il cambiamento climatico o promuovere l'uguaglianza, il reddito online offre piattaforme potenti per generare non solo profitto ma anche impatti sociali positivi. Coloro che mirano a combinare obiettivi di business con missioni sociali troveranno un terreno fertile per l'innovazione e l'impatto nel futuro digitale.

Conclusione Estesa

Mentre guardiamo al futuro del reddito online e al potenziale dei "ChatGPT Millionaires", è chiaro che ci troviamo all'inizio di una nuova era di opportunità senza precedenti. Questo panorama in evoluzione richiede una combinazione di creatività, adattabilità, competenza tecnologica e un forte senso di responsabilità etica e sociale. Incoraggiare i lettori a intraprendere questo viaggio non solo con l'obiettivo di successo personale ma anche con l'intenzione di contribuire positivamente al mondo intorno a loro, apre la strada a un futuro in cui l'innovazione e il progresso vanno di pari passo con l'equità, la sostenibilità e l'inclusione. Con queste considerazioni in mente, l'avventura del reddito online promette di essere tanto gratificante quanto sfidante, offrendo a chi è pronto ad abbracciare il cambiamento la possibilità di ridefinire il successo in termini non solo economici ma anche umani e ambientali.

In conclusione, il panorama del reddito online e il fenomeno emergente dei "ChatGPT Millionaires" delineano un futuro ricco di potenzialità e sfide. Questo ambiente in rapida evoluzione richiede una miscela di ingegnosità, perseveranza e una visione orientata al futuro, che tiene conto non solo delle opportunità economiche ma anche dell'impatto sociale e ambientale delle azioni intraprese.

Le principali lezioni apprese includono l'importanza critica dell'adattabilità e dell'apprendimento continuo in un mondo dove il cambiamento è l'unica costante. La creatività e l'innovazione emergono come motori fondamentali del successo, permettendo agli individui di sfruttare le tecnologie emergenti e di navigare in nuovi mercati con agilità. La costruzione di reti e la partecipazione a comunità non solo forniscono sostegno e ispirazione ma aprono anche porte a collaborazioni significative che possono amplificare il successo individuale e collettivo.

Guardando al futuro, è chiaro che la tecnologia continuerà a plasmare il paesaggio del reddito online in modi che possiamo solo iniziare a immaginare. L'integrazione tra intelligenza umana e artificiale offrirà nuove modalità di lavoro e creazione, mentre la sostenibilità e la responsabilità etica diventeranno criteri sempre più importanti per consumatori e imprenditori. Le tecnologie blockchain e la finanza decentralizzata promettono di rivoluzionare ulteriormente il nostro approccio al denaro e alla proprietà, presentando sia opportunità che sfide da navigare con cura.

In questo contesto, l'invito ai lettori è di abbracciare il futuro con un atteggiamento proattivo e ottimistico, riconoscendo che, sebbene il percorso possa essere disseminato di incertezze, è anche ricco di opportunità infinite per crescere, imparare e avere un impatto positivo. Affrontare questo viaggio con intenzionalità, preparazione e un impegno verso pratiche sostenibili ed etiche non solo aumenterà le possibilità di successo personale ma contribuirà anche a costruire un mondo digitale più inclusivo, equo e sostenibile.

I "ChatGPT Millionaires" del futuro saranno coloro che non solo raggiungono traguardi finanziari significativi ma che lo fanno trovando modi per utilizzare il loro successo e le loro piattaforme per affrontare questioni globali, elevare le comunità e ispirare la prossima generazione di imprenditori online. Così, mentre esploriamo e sfruttiamo le possibilità del reddito online, possiamo anche contribuire a plasmare un futuro in cui l'innovazione tecnologica va di pari passo con il progresso umanitario e ambientale, creando un eredità duratura che trascende il successo finanziario.

In questo viaggio attraverso il panorama del reddito online e l'emergere dei "ChatGPT Millionaires", abbiamo esplorato una vasta gamma di tematiche che vanno dall'introduzione al fenomeno stesso, alla storia di successo di individui che hanno sfruttato le potenzialità di ChatGPT e altre tecnologie digitali, fino ad arrivare alle strategie e agli approcci necessari per generare reddito in modo etico e sostenibile nel mondo online. Abbiamo discusso l'importanza dell'innovazione, della costruzione di reti solide, della gestione finanziaria sagace e di molto altro ancora.

Ecco un riassunto dei punti chiave:

1. **Introduzione al Fenomeno**: Abbiamo esplorato cosa significa diventare un "ChatGPT Millionaire" e come questo si inserisce nel contesto più ampio della generazione di reddito online.

2. **Storie di Successo**: Le narrazioni ispiratrici di coloro che hanno trovato il successo utilizzando ChatGPT e altre risorse digitali hanno offerto modelli di cosa sia possibile.

3. **Strategie di Reddito**: Abbiamo discusso vari metodi e approcci per generare reddito online, dall'uso di ChatGPT per la creazione di contenuti alla diversificazione delle fonti di reddito.

4. **Importanza della Scrittura Persuasiva**: Le tecniche per migliorare la comunicazione e massimizzare l'impatto dei contenuti online sono state analizzate.

5. **Uso Avanzato di ChatGPT**: Strategie avanzate per sfruttare al meglio le capacità di ChatGPT sono state esplorate, enfatizzando l'innovazione.

6. **Diversificazione e Costruzione di una Presenza Online**: L'importanza di espandere le fonti di reddito e costruire una solida presenza digitale è stata sottolineata.

7. **Ruolo dei Social Media e Automatizzazione**: Abbiamo discusso come integrare efficacemente i social media e utilizzare l'automatizzazione per scalare le attività online.

8. **Gestione del Tempo e Sfide**: Sono stati offerti consigli su come navigare le sfide comuni e gestire efficacemente il tempo per massimizzare la produttività.

9. **Impatto dell'Educazione Continua**: L'importanza dell'apprendimento continuo e del miglioramento personale è stata evidenziata come fondamentale per il successo a lungo termine.

10. **Visione Etica**: Abbiamo riflettuto sull'importanza di mantenere un approccio etico e responsabile nel perseguire il reddito online.

Per coloro che cercano di approfondire e di trovare guide utili, esistono numerose risorse online che possono offrire assistenza supplementare:

- **OpenAI (https://openai.com/)**: Per ulteriori informazioni su ChatGPT e le sue applicazioni.

- **Coursera (https://www.coursera.org/)** e **Udemy (https://www.udemy.com/)**: Per corsi che coprono una vasta gamma di competenze necessarie per il successo online.

- **LinkedIn Learning (https://www.linkedin.com/learning/)**: Offre corsi

professionali su marketing digitale, scrittura persuasiva e
molto altro.

- **HubSpot Academy
  (https://academy.hubspot.com/)**: Una risorsa
  eccellente per corsi gratuiti su marketing, vendite e
  servizio clienti.

- **Reddit (https://www.reddit.com/)**: Comunità come
  r/Entrepreneur e r/SideProject possono fornire
  ispirazione e consigli pratici.

In conclusione, il libro ha cercato di fornire una panoramica
completa e strategie pratiche per chiunque aspiri a generare
reddito online, incoraggiando al tempo stesso un approccio che
tenga conto dell'etica, della sostenibilità e del continuo
miglioramento personale. Nel perseguire i tuoi obiettivi, ricorda
che la perseveranza, l'innovazione e l'impegno per la crescita
sono i tuoi alleati più preziosi. Con le giuste conoscenze,
strumenti e mentalità, il percorso verso il diventare un
"ChatGPT Millionaire" o raggiungere il successo nel tuo ambito
online selezionato è pienamente alla tua portata. Mentre navighi
in questo viaggio, è fondamentale mantenere una prospettiva
aperta, sfruttando le opportunità di apprendimento che
emergono e rimanendo flessibile di fronte ai cambiamenti del
mercato e alle nuove tecnologie.

Sviluppo di una Mentalità di Crescita

La mentalità con cui affronti le sfide e le opportunità può fare
una grande differenza. Sviluppare una mentalità di crescita, in
cui ogni ostacolo è visto come un'opportunità per imparare e
migliorare, può aiutarti a navigare nei momenti difficili e a
capitalizzare quelli positivi. Ricorda che il fallimento non è
l'opposto del successo; è parte del percorso verso di esso.

Importanza della Comunità

Non sottovalutare il potere della comunità. Che tu stia cercando feedback, supporto o collaborazione, costruire e partecipare attivamente a comunità di persone con interessi simili può offrire risorse inestimabili. Le comunità online, in particolare, offrono accesso a una vasta rete globale di conoscenze e esperienze. Sii generoso nel condividere le tue conoscenze e aperto a ricevere da altri; il dare e ricevere supporto è fondamentale per il successo collettivo.

Continuare a Innovare

In un mondo digitale in rapida evoluzione, l'innovazione continua è chiave. Stai al passo con le ultime tendenze, sperimenta con nuove tecnologie e non aver paura di adottare approcci non convenzionali. L'innovazione non riguarda solo la tecnologia ma anche il modo in cui pensi ai problemi, sviluppi soluzioni e crei valore per altri.

Bilanciare il Lavoro e la Vita

Mentre persegui il successo online, è essenziale mantenere un sano equilibrio tra lavoro e vita personale. Definire chiari confini, dedicare tempo a passioni e relazioni al di fuori del lavoro e prendersi cura della propria salute fisica e mentale sono tutti aspetti cruciali che contribuiscono non solo al tuo benessere ma anche alla tua capacità di sostenere il successo a lungo termine.

Guardare al Futuro

Il futuro del reddito online è luminoso, con infinite possibilità che attendono coloro che sono pronti ad esplorarle. Mentre procedi, mantieni una visione lungimirante, pianificando non solo per i successi immediati ma anche per la sostenibilità e l'impatto a lungo termine delle tue azioni. Il mondo digitale è il tuo campo da gioco, e con la giusta combinazione di conoscenza, abilità e atteggiamento, puoi realizzare i tuoi obiettivi e oltre.

Risorse Ulteriori

Per coloro che cercano di approfondire ulteriormente o necessitano di strumenti specifici per il loro viaggio, esistono innumerevoli risorse online disponibili. Siti web come **GitHub** per progetti di codice, **Medium** per approfondimenti su una vasta gamma di argomenti, e piattaforme di e-learning come **Khan Academy** o **EdX** offrono materiali educativi gratuiti in molti campi. Esplorare queste risorse può fornire il supporto, la conoscenza e l'ispirazione necessari per avanzare.

In definitiva, il percorso verso il successo nel reddito online è tanto variato quanto coloro che lo percorrono. Affronta ogni fase con curiosità, determinazione e un impegno per l'apprendimento e la crescita. Le possibilità sono vaste, e il futuro è tuo da creare.

www.ingramcontent.com/pod-product-compliance
Lightning Source LLC
Chambersburg PA
CBHW050500160726
48003CB00001B/96